上海三联人文经典书库

95

曼多马著作集

芬兰学派马丁·路德新诠释

[芬兰] 曼多马 著

黄保罗 译

THE WORKS OF TUOMO MANNERMAA AS THE FATHER OF FINNISH SCHOOL

上海三联书店

"十三五"国家重点图书出版规划项目

国家出版基金资助项目

总　序

陈　恒

　　自百余年前中国学术开始现代转型以来,我国人文社会科学研究历经几代学者不懈努力已取得了可观成就。学术翻译在其中功不可没,严复的开创之功自不必多说,民国时期译介的西方学术著作更大大促进了汉语学术的发展,有助于我国学人开眼看世界,知外域除坚船利器外尚有学问典章可资引进。20 世纪 80 年代以来,中国学术界又开始了一轮至今势头不衰的引介国外学术著作之浪潮,这对中国知识界学术思想的积累和发展乃至对中国社会进步所起到的推动作用,可谓有目共睹。新一轮西学东渐的同时,中国学者在某些领域也进行了开创性研究,出版了不少重要的论著,发表了不少有价值的论文。借此如株苗之嫁接,已生成糅合东西学术精义的果实。我们有充分的理由企盼着,既有着自身深厚的民族传统为根基、呈现出鲜明的本土问题意识,又吸纳了国际学术界多方面成果的学术研究,将会日益滋长繁荣起来。

　　值得注意的是,20 世纪 80 年代以降,西方学术界自身的转型也越来越改变了其传统的学术形态和研究方法,学术史、科学史、考古史、宗教史、性别史、哲学史、艺术史、人类学、语言学、社会学、民俗学等学科的研究日益繁荣。研究方法、手段、内容日新月异,这些领域的变化在很大程度上改变了整个人文社会科学的面貌,也极大地影响了近年来中国学术界的学术取向。不同学科的学者出于深化各自专业研究的需要,对其他学科知识的渴求也越来越迫切,以求能开阔视野,迸发出学术灵感、思想火花。近年来,我们与国外学术界的交往日渐增强,合格的学术翻译队伍也日益扩大,同时我们也深信,学术垃圾的泛滥只是当今学术生产面相之一隅,高质量、原创作的学术著作也在当今的学术中坚和默坐书斋的读书种子中不断产生。然囿于种种原因,人文社会科学各学科的发展并不平衡,学术出版方面也有畸轻畸重的情形(比如国内还鲜有把国人在海外获得博士学位的优秀论文系统地引介到学术界)。

有鉴于此,我们计划组织出版"上海三联人文经典书库",将从译介西学成果、推出原创精品、整理已有典籍三方面展开。译介西学成果拟从西方近现代经典(自文艺复兴以来,但以二战前后的西学著作为主)、西方古代经典(文艺复兴前的西方原典)两方面着手;原创精品取"汉语思想系列"为范畴,不断向学术界推出汉语世界精品力作;整理已有典籍则以民国时期的翻译著作为主。现阶段我们拟从历史、考古、宗教、哲学、艺术等领域着手,在上述三个方面对学术宝库进行挖掘,从而为人文社会科学的发展作出一些贡献,以求为 21 世纪中国的学术大厦添一砖一瓦。

汉语版出版说明

"芬兰学派马丁·路德新诠释丛书"是赫尔辛基大学普世神学（ecumenics）荣休教授、芬兰学派之父曼多马（Tuomo Mannermaa，1937—2015）的代表作，包括著作三本：《基督就在信本身之中：信义宗与东正教基督教概念的相通点》（*In ipsa fide Christus adest*：*Luterilaisen ja ortodoksisen kristinuskonkäsityksen leikkauspiste*）、《两种爱：马丁·路德的信仰世界》（*Kaksi Rakkautta*：*Johdatus Martin Lutherin Uskonmaailmaan*）和《上帝》（*Pieni Kirja Jumalasta*）。其版权由作者曼多马教授赠予本著作集译者黄保罗（Paulos Huang）及世界华人路德学会（Luther Academy for China Ry [Helsinki]）。《上帝》一书曾于 2002 年由道声出版社在香港和台湾出版，2006 年由中国基督教两会在中国大陆出版。

现在，译者黄保罗及世界华人路德学会将本著作集汉语版授权给上海三联书店出版发行。

本书的翻译出版受到山东大学儒家文明协同创新中心资助。

目　录

汉译本导读：什么是芬兰学派？

黄保罗

　　"芬兰学派"（Finnish School），也称"曼多马学派"（Mannermaa School，Finnish New Interpretation of Martin Luther），是芬兰学者对马丁·路德进行新诠释的神学学派，诞生于 1970 年代末期，学派之父是芬兰神学家曼多马教授。

　　《基督就在信本身之中：信义会与东正教基督教概念的相通之处》是曼多马教授的开山之作，初版于 1979 年，其后多次再版，并被翻译成德语和英语出版。2006 年，笔者曾经以译介的方式对该书第一部分进行编译，写成一篇题为《基督教的"信"概念——曼多马教授〈基督就在信本身之中——信义会与东正教基督教概念的相通之处〉研究》的长文，发表于复旦大学张庆熊和徐以骅教授主编的《基督教学术》第四辑（上海古籍出版社，2006 年），但是该文至今没有引起学界的充分关注。现在笔者将本书全部译出，作为"芬兰学派马丁·路德新诠释丛书"之一出版，希望汉语学界能对此多加关注。

　　《两种爱：马丁·路德的信仰世界》是曼多马教授的第二本重要著作。对于芬兰学派的神学研究来说，它促进神学家们对路德进行更好的理解；二十多年来，它在芬兰大学的神学教育中，成为学生们的必读课本；在芬兰的教会里，关于上帝之爱与人之爱的区分，让许多信徒在信仰生活上反思自我和经历上帝。本书被翻译成德语与英语后，在国际上也发生了重要的影响，成为许多神学家和学生的参考与必读书目。

　　《上帝》一书是曼教授为了纪念其夫人于 1994 年 12 月 1 日去世而作。当时,曼教授经历了深刻的痛苦和孤独。我们阅读这本小书,发现它其实是一个祷告。他以精炼而震撼的语言抒发他对上帝的体认。曼教授还告诉笔者,这本书当时是作为遗嘱来写的。书中的虔诚、深沉和热情引起了很多人的共鸣,出版后更被评为"1995 年芬兰最优秀基督教书籍",在神学界、教会界、新闻界和艺术界都非常引人注目。

　　为了说明芬兰学派的意义,以及笔者特别希望将之介绍到汉语语境的原因,笔者撰写此"汉译本导读:什么是芬兰学派?",作为理解这本书诞生语境之芬兰学派的情况,而且,本书还收录了萨瑞宁(Risto Saarinen)教授的汉语版序言及基尔斯·斯特耶尔纳(Kirsi Stjerna)教授的英语版序言,对此进行补充。

　　同时,请读者容许我在这里介绍一下自己的学术背景,以说明笔者与芬兰学派及汉语语境之间的关系。

　　笔者本是中国语言文学系出身,且修完现代汉语修辞学专业,后来移民到芬兰,至今已经二十多年了。1991—1998 年间在赫尔辛基大学东亚学系从事中芬语言和道家哲学、特别是老子的研究,1998—2000 年间携家人一起到日本东京大学东洋文化研究所从事郭店竹简老子的博士后研究,前后在欧洲和日本等许多国家的汉学界学习交流近十年。

　　到美国短暂住过几个月后,于 2000 年重新回到赫尔辛基大学,进入神学院继续攻读我在 1990 年代就已开始的系统神学学士和硕士的学位,并于 2006 年就"拯救"问题的儒基对话完成了神学博士论文。除去芬兰神学界和教会界的活动之外,我还多次参与和组织了北欧神学界的学术活动。2003 年开始与赫尔辛基大学系统神学系罗明嘉(Miikka Ruokanen)教授一起组织芬兰-中国学术会议,邀请中国大陆及海外华人学界的代表性学者和教会代表二十多人,就基督宗教与中国文化的相遇进行了研讨,并且与汉语哲学和宗教学界建立了联系;此次会议论文集之后以汉语和英语分别在中国和美国出版。自 2007 年开始,我赴香港汉语基督教文化研究所担任教授和研究员，并到中国大陆近四十所大学进行客座讲学，在多种类型的学术会议中作报告，同时开始以汉语在中国大陆出版关于汉语神学方面的学术著作。

2010年，我回到赫尔辛基大学工作，但每年固定到中国大陆的一些大学担任讲座、客座和访问教授并出席学术会议。我的授课、演讲和学术出版，主要集中在大国学、作为学科体系建设的汉语神学以及基督教与中国文化的对话这三个方面。从2011年开始，我创办了《国学与西学国际学刊》（www. sinowesternstudies. com）和"国学与西学北欧论坛"（Nordic Forum of Sino-Western Studies），并在2011—2013年间组织了以基督宗教和新媒体为研究主题的"中芬天使学术论文奖"评选活动。现在期刊已经出了六期，论坛举办了三届，论文奖也主办了三届。最近，我与荷兰著名的博睿（Brill）出版社合作，由我主编英文版《中国神学年鉴》（*Yearbook of Chinese Theology*），计划每年出一本。

综合我的国学、西学、中西对话这三个方面的专业背景与学术活动，现在我计划系统地向汉语学界介绍马丁·路德新诠释的芬兰学派。这不仅因为真正令我牵挂的是我对路德及芬兰学派的兴趣；而且在我看来还有两个原因，一是芬兰学派的路德研究抓住了基督新教的本质问题，二是芬兰学派触及的"信""爱""称义""成圣""成神"①"神化""合一"等问题，都是基督教与中国文化、特别是儒家之间有可能进行深入对话的切入点。

路德及其研究的芬兰学派

生活在以路德宗的信义会为主流的芬兰，我的个人生命受到路德的极大影响，其悖论神学、十架神学、上帝的隐藏性、义的两种区分、律法的三种功用、律法与福音的关系、基督徒同时是罪人和义

---

① Jumalallistaminen 一般被翻译为"成神"，但在新教中则被翻译为"成圣"，这个词有时被翻译成两个术语，特此说明。

人、上帝之爱与人之爱的对立、唯独恩典、唯独信仰和唯独基督的因信称义等等,不仅塑造了我的外在,而且触及了我灵魂深处的儒家思想。我与生俱来的对明知不可为而为之的内圣外王的企图,经历着与唯独因信称义之信仰的相遇与碰撞,在我的生命中不断闪烁出火花,一次又一次谱写出酸甜苦辣和喜怒哀乐,以至于我一方面珍视人为努力在生命中的价值与意义,另一方面,我又非常警惕任何类型的人间偶像的危害。这一切都变成了我生命中一篇又一篇的乐章。

路德不仅根本性地改变了教会和神学界,而且也改变了社会、政治、文化和世界的历史。路德的十架神学(theology of the cross)矫正了成功神学(theology of prosperity)的偏颇,他的唯独信仰和唯独恩典的原则可以促进加尔文式的律法主义进行反思,他将基督徒理解为同时是罪人和义人,对于卫理公会的完美性成圣也是一个重要参考,他的唯独《圣经》原则,对于全福音教会的激情主义和神秘主义(the Full Gospel Church's enthusiasm [God-within-ism] and mysticism)更是良好借鉴,而他关于律法与福音的区分,则对于一般狭隘的基要主义的圣经观点有着积极的比较价值,他的教会和圣礼神学对于低教会关于教会和圣礼的理解、他的福音性的礼仪对于过分简单的礼拜仪式、他的两个国度的教导对于宗教和政治的关系之处理,都有极大的参考意义。

虽然以英文版为根据的《路德文集》两卷、路德的《桌边谈话》和《加拉太书注释》等已在中国大陆先后翻译出版,但比起上百册的《路德文集魏玛版》来说,其被翻译成汉语的著作仍然非常有限。

芬兰学派的意义

多年来,为了促进芬兰路德宗信义会与汉语世界的交流,我陆续翻译出版了芬兰信义会以马丁·路德的《小教义问答》为基础所编写的《教义问答》(芬兰信义会全国总会)、针对海外芬兰侨民和居住在芬兰的移民所编写的《基督徒在芬兰》(芬兰信义会全国总会)、应芬兰信义会全国总会和中国宗教事务管理局的需要而翻译的《芬兰宗教自由法》（中国驻芬兰大使馆）、罗明嘉教授的《谁为末日定分界？》（香港及台湾：道声出版社）、霍维宁（Eero Huovinen）主教的《牧师？》（香港及台湾：道声出版社）及路德研究的芬兰学派之父曼多马被评为"1995 年芬兰全国最优秀基督教书籍"的灵修著作《上帝》，并在 2010 年将中国基督教协会提供的《中国神学思想建设》（芬兰信义会全国总会）翻译成芬兰语出版。但对于路德研究的芬兰学派，汉语世界却知之甚少。

儒家对于中国社会甚至是华人基督徒在"成圣"（sanctification）与"神化"（divination）中都有重大影响，芬兰学派的引介将会对中国神学的文化处境化反思有积极意义，而且对芬兰信义会与中国后宗派时代教会之间的交流也会有重要价值。在构建核心价值观与传统国学复兴的当代中国大陆语境中，怎样避免精神偶像的产生，芬兰学派将能提供重要的参考。

以曼多马为代表的芬兰学派对路德的研究，主要有两个发现，一是"基督就在信本身之中"（in ipsa fide Christus adest），二是"信是神性的创造者"（fides est creatrix divinitatis）。也就是说，在后路德时代的墨兰顿（Philipp Melanchthon）及作为新教根基的《协同信纲》（Formula of Concord）作者们的信纲文献中，法庭式的和法律的（in foro coeli：imputare，the forensic and judicial）视角是首要的，而基督"在我们里面"的居住只是被理解为注入之义的结果或后果。但芬兰学派认为，在路德那里，"效果性思维"（effective thinking）是重要的，也就是说，通过信，基督就住在信徒里面，因信称义的基督徒不仅在法律上拥有了被称为义的法庭式宣判，而且实际上也真的拥有了基督的义且体现在真实的效果上。人的称义不只是法律性的（oikeudellinen），即法庭式的行动（forensinen toimi），在其中，上帝好像法官一样宣告人无罪。而且，法律性行动之外，称义中包含着人变得更好（ihmisen paremmaksi tekeminen），即有效的义（efektiivinen vanhurskaus），但这并非要教导人以任何方式来自我拯救，实际上基督才是拯救者和使人成义者。当基督自己在基督徒的信里临在时，这个"在基督里"（Kristuksessa oleminen）能够使人变得更好,但只有在天堂中人才会成为完全。

2012 年世界路德大会(International Luther Congress)在赫尔辛基大学召开时,除去欧美学者以外,笔者得以与来自香港、台湾、中国大陆及日本、韩国的亚洲学人交通,深感路德对于中国大陆及整个华人文化圈的重要意义。为了迎接 2017 年马丁·路德宗教改革五百周年(1517—2017),笔者组建了世界华人路德学会(Luther Academy for China),以期整合多种力量,促进汉语文化圈的路德介绍和研究。笔者负责带领的"路德证道集汉译"项目选了路德六十多篇讲道,现在已经完成了初稿,即将结合教会年历主题,根据每年五十二个主日的顺序进行排列出版。

同时,笔者计划翻译和介绍路德研究的芬兰学派之代表性著作。今次笔者翻译芬兰学派之父曼多马教授的三部经典:《基督就在信本身之中:信义宗与东正教基督教概念的相通点》《两种爱:马丁·路德的信仰世界》和《上帝》,权作向汉语世界介绍的开始。作为导读,现在笔者专门介绍"什么是芬兰学派",以期帮助汉语读者了解这三本书及其在芬兰学派中的意义。

芬兰学派之父曼多马及其著作

曼多马教授是芬兰著名的路德研究专家,被称为芬兰学派之父。他本是赫尔辛基大学系统神学系的普世神学教授,现在已经荣休。他在芬兰的神学界、文化界和教会界都拥有极高的地位。

芬兰的路德研究,因为曼多马而在世界的神学领域占据了重要的一席之地,他的《基督就在信本身之中》,就是这个领域的开山之作,现在已经成为研究路德和信义会神学的一部重要经典。

曼教授的《基督就在信本身之中》,是他对信义会与东正教基督教概念的相通之处进行思考的结果。在芬兰的神学研究中,这本书已经成为经典,是每位研究路德神学的学者与学生不可不读的著作。自 20 世纪 70 年代出版以来,它在芬兰成为开创性的著作,影响了其后的芬兰路德研究。该书初版于 1979 年,1981 年再版时没有作任何改动，此后多次再版，一直保持原貌。其后被翻译成德语版，作为曼多马另一著作的一部分而出版，即 *Der im Glauber gegenwärtige Christus：Rechtfertigung und Vergottung. Zum ökumenschen Dialog*（Hannover：Lutherusches Verlagshaus，1989）。该书芬兰语版本的标题可按字面翻译为英语的 *In faith itself Christ is really present：The point of intersection between Lutheran and Orthodox theology*。但 2005 年基尔斯·斯特耶尔纳教授将之翻译成英语出版时，用的名称是 *Christ present in Faith Luther's View of Justification*（Minneapolis，Fortress Press，2005）。现在笔者将本书全部译出，作为"芬兰学派马丁·路德新诠释丛书"之一来出版。本书是芬兰学派的开山之作，希望汉语学界能对此多加关注。

另外，曼多马的《两种爱》出版于 1995 年，集中反映了路德关于"爱"的神学思想，相比瑞典的尼格仁（Anders Nygren）更加简明扼要。该书于 2010 年被翻译成英语在美国出版。现在笔者也已将之翻译成汉语，题为《两种爱：马丁·路德的信仰世界》，作为"芬兰学派马丁·路德新诠释丛书"之二来出版。

被曼多马视作精神遗产赠送给儿女们的小书《上帝》，充满感情而富于理智，是一本散文诗式的杰作，以精炼而深邃的语言阐述了作者对基督教核心问题的路德宗神学家的思考。本书作为"芬兰学派马丁·路德新诠释丛书"之三来出版。

曼多马教授的其他著作还有许多，包括"Kristuksen kuvan kaltaisuuteen muuttuminen（Jäähyväisluento ekumeniikan professorin virasta 15. 9. 2000）". *Johdatus Lutherin Teologiaan*. Tomittanut Pekka Kärkkäinen（Julkaisija Helsingin yliopiston systemaattisen theologian laitos. Kirjapaja Oy，Helsinki，2001）。路德研究的芬兰学派或曼多马学派的英语世界代表作是论文集 Carl E. Braaten & Robert W. Jenson，*Union with Christ：The New Finnish Interpretation of Luther*（Eerdmans，1998），其中收录了曼多马及其同事和学生们的文章，并有两位编者的回应和点评。另一个重

要的多语种论文集是 *Caritas dei*：*Beiträge zum Verständnis Luthers und der gegenwärtigen Ökumene*，ed. Oswald Bayer, Robert W. Jenson, Simo Knuuttila（Luther-Agricola-Gesellschaft, 1997），这是一个庆祝曼多马六十岁寿辰的纪念文集，其中包含曼多马1961—1997年间的论著目录。曼多马的继任者萨瑞宁教授的网站对此有专门介绍："Luther Studies in Finland"，见 http：//blogs. helsinki. fi/ristosaarinen/luther-studies-in-finland/。

芬兰学派的形成和发展

关于芬兰学派的形成和发展，以下笔者将曼多马教授的助手和长期合作者尤哈尼·弗尔斯博格（Juhani Forsberg）博士用德语撰写的《1979年以来的芬兰路德研究》一文，根据英文缩减版翻译成汉语，抄录于此，介绍自1979年以来芬兰学派的情况。笔者在此特别感谢位于美国葛底斯堡的路德宗神学院的斯特耶尔纳教授，她授权笔者将此文翻译成汉语出版。以下为弗尔斯博格博士此文的汉译。

1979年以来的芬兰路德研究

自宗教改革时代以来，在米卡尔·阿格里高拉（Mikael Agricola, 1510—1557）的领导下，马丁·路德在芬兰的神学历史和教会生活中，已经扮演着核心角色（这与瑞典国王古斯塔夫·瓦萨[Gustaf Vasa]1527年统治时期的瑞典宗教改革相重合，因为其时的芬兰在瑞典王国统治之下）。这种关系，首先通过路德著作翻译成芬兰新的书面语言而发生，后来通过对路德进行的学术研究而持续。直到我们当代，路德著作被翻译成芬兰语而发行于不同的场合。比如在2000年，路德的《小教义问答》的现代翻译，被赠送给近两百万个芬兰家庭。对路德所进行的现代而独特的研究的根源，可以追溯到19世纪末期，从那时以来，一个传统就被强有力地延续下来。

    本文集中讨论芬兰路德研究的最近阶段，即 1979 年[1]以来的阶段，主要强调介绍至今为止所发表的路德研究学术专著。本文只介绍——至少目前是——芬兰语的著作，因此，对于国际读者是无缘得以阅读的（除非一些个人讲座与特别的翻译）。由于篇幅限制，学术论文和文集即使值得关注，还是被忽略了[2]，因为针对更广

---

[1] 本文是对弗尔斯博格德语原文的缩减翻译，原文为 Juhani Forsberg 2005："Die Finnische Lutherforschung seit 1979"，*Luther-Jahrbuch*，147 - 182。完整的内容请参考原文。关于芬兰路德研究的历史之更多信息，参看德语版的 Miikka Ruokanen ed. 1986，*Der Einfluss der Theologie Martin Luthers in Finnlan und finnische Beiträge zur Lutherforschung*. 2nd ed. (Helsinki) 和 Eeva Martikainen 1988："Die finnische Lutherforschung seit 1934"，in *ThR* (*Theologische Rundschau*) 53,371 - 387。（汉译者注：本文根据基尔斯·斯特耶尔纳的英文缩减版翻译成汉语，英文版见 Tuomo Mannermaa 2010：*Two kinds of Love*：*Martin Luther's Religious World*. Translated, edited, and Introduced by Kirsi I. Stjerna. With an Afterword by Juhani Forsberg. Minneapolis：Fortress Press. 89 - 103，121 - 123）。

[2] 一些最重要的论文集，可参见：Tuomo Mannermaa, Anja Ghiselli, and Simo Peura, eds. , *Thesaurus Lutheri*：*Auf der Suche nach neuen Paradigmen der Luther-Forschung* (Helsinki, 1987)；Simo Peura and Antti Raunio, eds. , *Luther und Theosis*：*Vergöttllichung als Thema der abendländischen Theologie* (Helsinki und Erlangen, 1990)；Anja Ghiselli, Kari Kopperi, and Rainer Vinke, eds. , *Luther und Ontologie*：*Das Sein Christi im Glauben als strukturierendes Prinzip der Theologie Luthers* (Helsinki und Erlange, 1993)；Carl E. Braaten and Robert W. Jenson, eds. , *Union with Christ*：*The New Finnish Interpretation of Luther* (Grand Rapids and Cambridge, 1998)。自 1991 年以来，the Nordische Forum für das Studium von Luther und lutherischer Theologie 已经在下列文集中发表了其演讲：Tuomo Mannermaa, Petri Järveläinen, and Kari Kopperi, eds. , *Widerspruch*：*Luther Auseinandersetzung mit Erasmus von Rotterdam* (Helsinki, 1997)；Ulrik Nissen, Anna Vind, Bo Holm, and Olli-Pekka Vainio, eds. , *Luther between Present and Past*：*Studies in Luther and Lutheranism* (Helsinki, 2004)。其他出版物来自于 Luther-Akademie Ratzeburg and Martin-Luther-Bundes Erlange：Joachim Heubach, ed. , *Luther und die trinitarische Tradition*：*Ökumeni sche und trinitarische Perspektiven* (Ratzeburg und Erlange, 1994)；Joachim Heubach, ed. , *Der Heilige Geist*：*Ökumenische und reformatorische Untersuchungen* (Ratzeburg und Erlange, 1996)。

泛的读者面和教育目的（常常以关于路德的学术研究为基础）的路德文献，非常丰富。国际学者对芬兰路德研究的学术性回应，也没有被包括在本文之中。[①] 不用说，本文中选择和提出的著作，是尽可能中立与客观地被加以介绍，即使本文作者来自于芬兰路德研究这个圈子。

历史视角中的曼多马著作

在 1973—1974 年交接之际，世界基督教联会（World Church Council）的世界差传与福音主义委员会（Commission on World Mission and Evangelism）在泰国曼谷举行了一次主题为"今日的拯救（Salvation Today）的会议。在本次会议上，拯救问题被片面地理解为一种社会-伦理现象，这引起了俄国东正教代表以及芬兰信义会及其代表们的严厉批评。在 1974 年的双边对话中，拯救主题被再次提起，进一步批评了曼谷会议的片面性。在 1977 年于基辅进行的下一轮对话中，对拯救主题作了更深入全面的讨论。

代表芬兰信义会对这个会议进行的预备，产生了一个根本性的问题：信义会的信纲、特别是路德，是如何教导拯救的？在与俄罗斯东正教进行对话的谈判中，我们能带去的最独特而核心的教导是什么？在基辅，时任赫尔辛基大学普世神学教授的**曼多马**（生于1937 年），作了一个题为"路德的称义（justification）教义与教父-正教的神化（divination，theosis）教义之间的关系和联系"的报告。以全面而新颖的对路德本人的文本阅读为基础，曼多马得出结论说，路德的称义教义与东正教的神化教义在根本上并非"直接对立"，这个立场与 19 和 20 世纪的一些最重要的新教导师们（特别是里敕尔［Albrecht Ritschl］和哈纳克［Adolf Harnack］）的论证是相反的。曼多马承认，在这两个教义之间，确定的区别既存在于术语

---

① 完整而时效性强的关于路德最新芬兰著作及其国际性视角，请参看赫尔辛基大学萨瑞宁教授的网站"Finnish Luther Studies"，www. helsinki. fi。关于芬兰路德研究所获得的国际性反应与批评的概况，请参考 Risto Saarinen 1993，"Die Teilhabe an Gott bei Luther und in der finnischen Lutherforschung，" in *Luther und Ontologie*，167 - 182。

中，也存在于内容中，但是他论证说，二者在术语和内容上也有着明确的一致性。这意味着，在这两个传统之间拥有如此程度的相通点，以至于它们无法被简单地分开，即使它们也不能被认为是相同的。后来，曼多马将他的这个发现更加详细地进行发展，并且发表了一项学术研究，题为"基督就在信本身之中"（这是他引用路德《加拉太书注释》中的一句话）。① 通过这个研究，曼多马以特殊的视角转向路德。这里要承认的是，当时与东正教进行的对话，的确在这个新研究中扮演了一个催化剂的角色；其结果将在曼多马的著作及其后来的学生们的著作中被体现出来。然而，尽管如此，在这个路德神学的新诠释中，与东正教伙伴的讨论被予以确定的意义，并非是自明的。正如萨瑞宁总结的那样，芬兰路德研究将诠释历史的路德视为首要任务，无论所出现的路德画像是否有任何普世神学性的关联。②

曼多马研究的主要发现，与两个核心的、相互关联的主题相关：（1）称义的教义，及（2）信和爱的关联。曼多马研究的最重要发现是路德的称义论使得他明显不同于墨兰顿及《协同信纲》的作者们，而路德教导的核心体现在他的两个信条中："基督就在信本身之中"（in ipsa fide Christus adest）和"信是神性的创造者"（fides est creatrix divinitatis），自然不是"in sua substantia"，而是"in us"。

曼多马的阅读表明，有一个基本差异存在于路德所理解的称义和墨兰顿及《协同信纲》的作者们所主张的其他视角之间：在信纲文献中，法庭式的和法律的视角是位于第一线的，而基督"在我们里面"的居住只是被理解为注入之义的结果或后果。为了全面理解路德宗/信义会关于称义的信条教导，重要的是要意识到，《协同

① 这本于1979年出版的芬兰语著作，于2005年被翻译成英语出版：*Christ Present in Faith: Luther's View of Justification*（Minneapolis: Fortress Press, 2005）。英译者斯特耶尔纳在其前言中诠释了曼多马所使用的术语"real ontic"或"Real-Ontischen"的意义，并提示对这个术语的误解和误用。此后，曼多马的《两种爱》一书，也被翻译成英语出版。

② Saarinen, "Die Teilhabe," 170.

信纲》并没有发展出自己的或"扩展的"独特的称义论,而主要是反对"错误的"教导,明确高举路德的《加拉太书注释》作为称义的最权威根基,这些相同的文字见上文提到的两个关键短语。在路德的学生奥西安德尔(Andreas Osiander)批评了墨兰顿的教导之后,因为他自己也没有足够正确地理解路德的教导,以至于被他的改教家同伴们拒绝了;名正言顺地,信义会信纲教导中的基督居住在信之中的表述核心就变得令人怀疑、暧昧而几乎被遗忘了。尽管在路德自己的教导中,这个思想是明确而占有核心地位的,但这种怀疑和遗忘还是发生了。

在《两种爱》这本书里,曼多马首先表明,路德对爱的诠释是如何不同于经院神学的理解。根据中世纪晚期的理论,爱将形成一种"统一的力量"(vis unitiva),并能引导自己趋向善和价值;而根据路德,上帝之爱将自己指向"什么都不是"(nothing)及那"不存在者"(which was not)。爱将从那本身什么都不是的对象身上产生出一些善而美好的东西。这个声明在路德的《海德堡辩论》中被提出,并且在路德的著作中以不同的形式出现;这个声明形成了路德关于爱的神学的基础,这在曼多马接下来的考察中被进一步证明。

曼多马得出的结论是,路德关于爱的观点已经被理解得过于狭隘:爱被上帝通过信而赐下,在信徒中被进一步表述为对邻舍的爱。曼多马的结论是,长期流行的来源于尼格仁的将 eros 与 agape 对立起来的概念——这是尼格仁用来诠释整个神学历史(包括路德)的前提——在路德的神学中实际上根本不起作用。根据尼格仁的视角,路德的立场被理解得过于片面,只被当作通过信来自上帝的爱和活在邻舍的爱之中。但是,我们应该在中世纪后期语境中,并根据当时关于 eros 之爱的教导,来寻求理解路德关于人对上帝的爱。对于路德来说,上帝对人类的爱一定是人类之爱的根基,但这个爱不仅吸引人去爱自己的邻舍,而且还去爱上帝。

在路德神学里,关于"上帝的爱"这个主题的基本困难,事实在于,路德的宗教改革如此强烈地攻击中世纪的传统观点:也就是说,使人称义的信实际上是由爱形成的(fides caritate formata)。与之相关的问题存在于这样错误的诠释：在称义中"唯独信心"的角色被低估了，只有爱才被理解为过程中的一种功劳王冠。

在这个起初发现之后的一些年里，曼多马作为神学教授，做了关于路德的更多研究，在他的带领下和通过他的研讨班，学生们为了考试和撰写论文而阅读路德的著作。在他的带领下，芬兰路德研究开始了最集中的阶段，其时越来越多的神学家将他们的工作集中在路德神学上。[①]

曼多马的先锋性工作使得芬兰路德学者与美因茨欧洲历史学院和拉策堡（Ratzeburg）路德学院之间进行了富有成果的合作。日益增多的研究路德的芬兰博士生作为"奖学金获得者"经常到美因茨去工作，在曼多马教授和美因茨学院西方宗教历史系主任彼得·曼斯（Peter Manns，1924—1991）及其同事莱讷尔·文科（Rainer Vinke）博士的指导下进行研究。曼多马和曼斯都意识到，他们二人在自己阅读和讲授路德时，共同注意到并且对围绕路德的以前诠释传统进行了批评。

在下文中，将根据编年顺序来介绍一些来源于这个研究网络的独立学术专著。（由于篇幅所限，只有第一手和根本性的研究才被详细论述，而较新的研究只以一两句话来加以概括性介绍。——英译版编者注。）

根基性的著作

尤哈尼·弗尔斯博格（Juhani Forsberg，生于 1939 年）是曼多马的长期助手和同事。他首先作为芬兰的"奖学金获得者"在美因茨工作，并于 1984 年发表了一部研究路德诠释亚伯拉罕的根基性专著。[②] 研究这个主题的思想来源于曼斯教授，基本任务是回答路德神学如何体现于他对亚伯拉罕的解释之中这个问题，即路德是

---

① 自 1980 年以来，曼多马的大约十位博士生完成了研究路德神学的论文；他的影响也体现于一些其他带有不同问题关注领域的著作中。

② Juhani Forsberg 1984：*Das Abrahambild in der Theologie Luthers：Pater fidei sanctissimus*（Stutgart）.

如何使用亚伯拉罕的故事作为其全部神学的一个范式的？作为旧约的中心人物,对于路德来说,亚伯拉罕最主要地是变成了福音的范式,与之相连,[变成了]拯救教义、信、义、望、爱和教会的概念[的范式]。① 在其对亚伯拉罕的研究中,路德并没有讨论基督教信仰的所有方面(比如,他在这里对律法只给予了次要关注),但是,像"隐藏"(absconditus)之类的母题,则在路德的亚伯拉罕诠释中占有核心位置,即使上帝对亚伯拉罕进行了"口对口"(von Mund zu Mund, de ore ad os)的说话。需要声明的是,这里的"隐藏的上帝"(Deus absconditus)并非指超越人类掌握的"赤裸裸的上帝"(deus nudus)或"本质的上帝"(deus in sua substantia)。在路德的使用中,隐藏母题是一个正面的和启示的神学概念。上帝的隐藏性对于启示的目的恰恰是必要的,因为人类无法揭示一个没有掩盖的上帝的启示。像在亚伯拉罕这个最神圣的信心之父的例子中那样,上帝只在其对立面(sub contraria specie)中将他自己向人类启示出来。同样值得注意,路德使用"上帝的缺场"(absence of God, Verborgenheit)这个概念来表示两层意思,这是在任何对这个术语的诠释或使用中都需要注意的。

解释经文,不言自明的是,路德处理亚伯拉罕范式的核心问题与他处理称义教义是一样的。我们可以期待,亚伯拉罕的经文将会特别提升发生在称义里的注入性特点,但是,这并不是真正的问题所在。相反,在他的亚伯拉罕解经里,路德把称义当作新的创造、完全的改变和成为义一样来讨论,对于称义的法庭式的方面只给予了次要的关注。根据这些经文,称义的注入性方面主要意味着原罪不再被考虑。尽管路德的《创世记讲义》和《加拉太书注释》的词汇并非每个词语都能对应起来,这两个文本里实际上的称义教义是相同的。因此,路德关于亚伯拉罕的解经支持曼多马的主要诠释。

关于亚伯拉罕的经文,允许路德得出结论认为,罪人的称义也能在

---

① 方括号内文字为译者根据上下文内容的意思所加。全书下同,不另注。——译者注

信徒中带来一个新的存在的真实（a new reality of being，Seinswirklichkeit）。这个真实是我们用我们的理性、感觉或意念所无法理解的东西——这需要上帝自己的启示，信徒只能在对立面（sub contraria specie）中接受这一点。因此，十架神学的母题贯穿于路德对亚伯拉罕的诠释之中。而且，十架神学在成熟期的路德神学中也占据中心地位。尽管关于亚伯拉罕的叙事解读被作了相反的诠释，在 1518 年撰写《海德堡辩论》时还不明显或还未被关注的一些事情，变得显然易见了，即十架神学和新的"存在真实"不是互相对立的，而是本质上属于一体的。

霍维宁（Eero Huovinen，生于 1944 年），赫尔辛基大学神学院的前任教义学教授和芬兰信义会的赫尔辛基主教（1991—2010），出版了两本关于路德神学的专著。① 作为曼多马的同事，霍维宁在赫尔辛基大学同样的学术网络和气氛中撰写其论著。他的诠释也反映了一定的"确实的现实主义"（Wirklichkeitsrealismus，actual realism），这正是曼多马及其学派的思想特征。

霍维宁对路德的死亡神学的研究，开始于讨论传统确定的替代方案"灵魂的不朽"以及"身体的复活"。在列举了斯坦格（Carl Stange）、尼格仁、巴特（Karl Barth）和格兰讷（Leif Grane）的不同立场之后，霍维宁高举这些学者的普遍路径来描述人类与上帝之间的关系，不是从本体论上，而是通过使用伦理的、关系的和个人的概念来进行。然而，霍维宁论证说，这个诠释学的路径，不适宜于路德的死亡神学。而且，霍维宁论证说，对于路德而言，"灵魂的不朽"和"肉体的复活"实际上是无关的两个替代方案。

以路德的原文资料为根据，特别是他的《创世记讲义》，霍维宁根据

---

① Eero Huovinen 1981：*Kuolemattomuudesta osallinen*：*Martin Lutherin kuoleman teologian ekumeeninen perusongelma*（Helsinki）.（Participantion in Immortality：Martin Luther's Theology of Death and Its Central Ecumenical Problem 分享不朽：马丁·路德的死亡神学及其核心的普世神学问题）；Huovinen 1997：*Fides infantium*：*Martin Luthers Lehre vom Kinderglauben*（婴儿的信：马丁·路德关于婴儿的信仰学说）（Mainz）.

人类在被造中的原始状态及其后的堕落,分析了路德的人学。他得出结论认为,作为上帝的形象,人类本来被赋予不朽作为对神圣生命的分享(participation)。这个分享并不属于人类的"可能性"(potentia)或特性范围里路德本人所批评的经院人学中的一些东西,而是路德把这个分享理解为"真实的-本体的"(real-ontic, ontological and real)上帝与人类之间的关系。即使罪损坏了人里面原始的上帝形象(imago Dei),他们仍然可以通过信来分享不朽。将死亡理解为"睡觉",对于那些通过基督和在基督里被称为义的人来说,无论在死亡里还是在死亡的睡觉里,都将继续分享神性的生活,路德并没有将它视为完全的死亡。

在其另一本关于路德的专著里,霍维宁考察了路德关于儿童或婴儿的信(fides infantium)的教导,他高举路德的极端论证,认为新生婴儿接受他们自己的信。这个主题以前被研究过(如德国的布林克尔[Karl Brinkel]在1958年出版过专著),但霍维宁在这里对路德的思想进行了一种新的诠释,既澄清又修改了前人的发现。霍维宁引用了许多其他学者及其对路德关于儿童或婴儿之信的思想所进行的诠释。霍维宁批评了那些认为婴儿之信或多或少是不信的公设(unfortunate postulate)的思想(如阿尔塔乌斯[Paul Althaus]、铁里克[Helmut Thielicke]、贝热乌特尔[Erich Beyreuther]、佩希[Otto Hermann Pesch]、赫仁[Peder Højen]、卡斯滕[Horst Kasten]、法尔克[Heino Falcke]和胡伯尔特[Hans Hubert]),而从其他地方找到了补充的研究(如约瑟森[Ruben Josefson]、布鲁内尔[Peter Brunner]、普仁特[Regin Prenter]和格仁维克[Lorenz Grönvik])。

霍维宁并不接受如下观点:婴儿之信的概念对于路德来说只是一个有用的建构或工具。恰恰相反,霍维宁认为,婴儿或儿童之信的思想是与路德的两种义(duplex iustitia)的教义捆绑在一起的。与这个论证相关,霍维宁断定,路德思想里的"第一种义"(the first kind of righteousness)确实已经被严重误解了。根据霍维宁,在解释一个婴儿或儿童之信的这个特殊语境里,路德实际上给了婴儿或儿童之信一个正面的诠释;对于理解一个婴儿之信的可能性来说,这个概念是必要的,即使改教家同时仍在批评经院学派关于"获得的信——注入的信"

(fides acquisita—fides infusa)的一般教导。霍维宁断言说,在路德的理解中,儿童或婴儿之信和"注入的信"之思想是属于一体的。而且,儿童或婴儿之信导致一个真正的对上帝的分享,并因此在一个信徒里面开始了"第二种义"(the second kind of righteousness)。最后,在洗礼中,一个儿童接受"一个不可磨灭的特性",意味着洗礼及其效果将会在永恒中持续下去。

[曼多马、弗尔斯博格和霍维宁的著作产生于同一个时期。通过教学、出版和指导学位论文的写作,他们促进了路德研究芬兰学派的出现,并且发出了不同的、甚至是独特的声音。——英译者]

芬兰路德研究的新学术圈

萨瑞宁(Risto Saarinen,生于1959年)是曼多马教授的继任者、赫尔辛基大学普世神学教授,他所写的博士论文是研究自新新教(Neoprotestantism)以来路德研究中的哲学和诠释学问题。[①] 他进一步发展了曼多马对一些人(比如里敕尔、哈纳克、赫尔曼[Wilhelm Hermann]和霍尔[Karl Holl])的诠释中的问题的批评,它假设在路德的思想里存在着"存在/自然"(Being/Nature,Sein/Natur)或"宗教/伦理"(Religion/Ethics)之间的区分,它们在新康德主义的思想(罗泽[Hermann Lotze])中是相互依赖的。这个动态和镜头,导致了误解路德所说的"真实的-本体的"之实际意义。在这些被萨瑞宁所批评的路径里,人与上帝的关系已经被主要理解为一种伦理关系了,在其中人的意志是以神的意志为导向的。后来,(受到巴特影响的)20世纪早期的路德研究,将路德神学欣赏为"实际的"(actual)或"存在-神学的"(existential-theological)神学,而"本体论的"(ontological,ontologischen)一词则在"关系"(relation)或"位格"(persons)的框架里被理解。在他的哲学-诠释学分析里,萨瑞宁观

---

① Risto Saarinen 1989: *Gottes Wirken auf uns: Die transzendentale Deutung des Gegenwart—Chrisrti-Motivs in der Lutherforschung* (Wiesbaden). Saarinen 1990: "Gottes Sein-Gottes Wirken: Die Grunddifferenz von Substanzdenken und Wirkungsdenken in der evangelischen Lutherdeutung," in *Luther und Theosis*, 103 – 119.

察,"效果性思维"在接下来的新新教的路德研究学界里是怎么变成根本性的。接下来的辩证神学家们(巴特和沃尔夫[Ernst Wolf])认为,自己不是必要地远离这个"效果"的原则,而是远离新新教关于基督"为我们"所做的工作,而不是基督"在我们里面的"临在这个焦点。萨瑞宁的论证更加尊重"本质性思维"(Substance thinking, Substanzdenken)和"效果性思维"(effect thinking, Wirkungsdenken),而不是新新教将路德的称义教导削减为某种形式的"伦理主义"(ethicism, ethicismus)的倾向。他也展示出,关于新教和罗马天主教思想之间基本差异的假设,在这个诠释历史及其问题中有深层的根源。根据他的分析,萨瑞宁得出结论,这个基本差异无法真正地被认为存在于路德自己的神学里。

培乌拉(Simo Peura,生于1957年),赫尔辛基大学神学系的前任研究员及曼多马长期的合作者,现在的芬兰拉普阿(Lapua)教区的主教,他所写的挑衅性的博士论文,是关于"神化"(divinization, Vergöttlichung, theosis, deification)这个概念的。其博士论文的标题是:Mehr als ein Mensch?(more than a human?)①培乌拉分析了路德从1513—1519年间文献中所使用的"神化"这个概念,并且据此测试了曼多马的原始论证。这个研究分成三个部分,第一部分集中分析1513—1516年间的文献,标题是"神化作为在我们里面的一种属灵的诞生"(Vergöttlichung als geistliche Geburt in uns, divinization as a spiritual birth in us)。第二部分以分析路德的《罗马书讲义》为基础,标题是"称义与上帝之爱语境里的神化"(Vergöttlichung im Kontext von Rechtfertigung und Gottesliebe, divinization in the context of justification and God's love)。第三部分分析路德1517—1519年间的文献,标题是"神化"(divinization, Vergöttlichung)。除去考察路德在其所有文献中二十多处使用到

---

① Simo Peura 1994: *Mehr als ein Mensch? Die Vergöttlichung als Thema der Theologie Martin Luthers von 1513 bis 1519*(Mainz). 萨瑞宁的网站"Finnish Luther Studies"有更详细的介绍。

的"神化"这个术语外，这个研究实际上将一些由"神化"这个概念有机连接、相互关联的熟悉主题联系到了一起。在回答人们的批评，即怎么可能以这个极少被认可的术语作为起点来诠释路德的全部神学时——特别是对于大多数路德学者来说这个概念是完全陌生的——培乌拉以十架神学及其对于路德自己的核心意义进行立论。①

"分享"（participation，Teilhabe）这个概念，本质上正好包括"神化"作为解释上帝与人在信、望、爱的联合（unio）上的一个部分。神化在路德神学里根本不是一个陌生或边缘性的概念，而是像在教父神学里一样为着同样的凝聚性目的而服务。神化并不表示任何类型的尊人类为神，因为人类仍然是人类，在他们里面"什么都不"（nothing，Nichts）存在。通过"比一个人更多"（more than a human），培乌拉表示，人类在信和爱里分享基督自己和基督给我们的礼物，只有在十字架的记号下面，对于我们才有可能和"有效"。培乌拉赞同前人通过"真实的－本体的"思想和作为"十字架之下的本体论"（ontology under the cross）而对路德的本体论所进行的研究。他证明，"神化"这个概念及其密切相关的问题，不仅局限于"年轻"路德的前宗教改革时期。

［在萨瑞宁与培乌拉的研究之后，有一些新的研究成果已经和正在出版。下文中只简要地介绍三位学者的研究，其他学者则更是简单提及，尽管像在原文中所处理的那样，他们每个人都值得用更长篇幅来介绍。——英译者注］

拉乌尼奥（Antti Raunio，生于 1958 年），赫尔辛基大学系统神学系的前任研究员［现任东芬兰大学的系统神学教授］，他所写的博士论文是关于路德神学中的金律（golden rule）。② 本研究的第一

---

① Peura 1990：”Die Teilhabe,” in *Luther und Theosis*，121.

② Antti Raunio 2001：*Summe des christlichen Lebens*：*Die ”Goldene Regel” als Gesetz der Liebe in der Theologie Martin Luthers von* 1510‐1527（Mainz）. 关于拉乌尼奥对"律法与爱"的研究，请参考萨瑞宁的网站"Finnish Luther Studies"。

部分标题是"自然律和神圣之爱之间的关系"（Das Verhältnis zwischen natürlichem Gesetz und göttlicher Liebe），考察了路德在其早期著作中对金律的诠释。接下来分析的是年轻路德及其关于《罗马书》的讲座。最后本书研究了路德 1517—1527 年间的文本。芬兰学者拉乌拉亚（Jorma Laulaja）曾将金律理解为路德的社会-伦理准则，[①]但拉乌尼奥论证说，金律在路德神学中扮演的是一个更大的角色。它不仅是一种伦理的或社会-伦理准则，更是理解神-人关系的一个本质部分；也就是说，在理解与上帝关系、与人对上帝的爱的关系中人的称义时，它拥有一个位置。信就是金律的实现，规则之下的生活应该根据十架神学来理解。金律是路德关于上帝如何在上帝的圣爱（agape）里面对人类思想中的一个部分——基督的成圣和拯救工作，基督的成为人及其救赎工作——可以被理解为金律的实现。

曼多马对《海德堡辩论》的研究，将人的爱与神的爱之间的差异，当作路德神学的核心结构。他高举的观念是，神的爱的特点是，从"什么都不是"（what is not）身上创造出"什么都是"（what is）。在曼多马的指导下，这一点在其他人的工作中被不断深入研究。

尤图宁（Sammeli Jutunen，生于 1964 年），赫尔辛基大学系统神学系的前任研究员，现在是芬兰萨沃林那（Savolinna）教会的主任牧师，其博士论文是研究路德的"虚无"（nothingness）和"倒空"（annihilation）概念。[②] 第一部分概述了路德之前的哲学传统中对术语 nihil 的使用情况，从古典和早期基督教神学、到经院神学和中世纪神秘主义，直到路德在艾尔弗特（Erfurt）大学里的老师们。本研

---

① Jorma Laulaja 1981："Kultaisen säännön etiikka：Lutherin sosiaalietiikan luonnonoikeudellinen perusstruktuuri（Zusammenfassung：Die Ethik der Goldenen Regel：Die naturrechtliche Grundstruktur von Luthers Sozialethik）"（diss.，Helsinki）.（The Ethics of the golden rule：The Natural-Rights Basic Structure of Luther's Social Ethics.）

② Sammeli Jutunen 1996："Der Begriff des Nichts bei Luther in den Jahren von 1510 bis 1523"（diss.，Helsinki）.

究的主要部分是根据编年史的顺序排列的：研究了路德从1515—1518年和从1519—1523年间的早期著作。在本研究的第一部分，路德关于《诗篇》的讲座占据核心的位置。而在第二部分，路德关于《罗马书》的讲座及《海德堡辩论》则是焦点。第三部分集中于《诗篇》的第二份讲座"The Magnificat"以及一些选编的证道。

在路德的第一个阶段，我们注意到他所使用的最重要的术语是"nihil ex se"这个句式中的"虚无"（nothingness, Nichts）和"倒空"（annihilatio）。在第二个阶段，术语"倒空"在与人类的形式（forma）之关系中被用作为一个罪人。第三个阶段使用"减弱到虚无之中"（redigere ad nihilum）的表述。编年史的调查显示出，在1510—1530年间，路德在使用"虚无"这个术语时，没有什么发展变化。

总结一下尤图宁的发现：当路德说人是"nihil"时，他表示，从本体论意义上说，人类在自然上、存在上都依赖于上帝。然而，这个"虚无"并不会使基督在信里的真正临在成为不可能。就像基督变成了"nothing"（什么都不是，虚无）一样，在分享基督及基督的所有良善（bona）时，人类就接受了一种新的存在。在这个分享中，人站在上帝之爱的对立面，［上帝之爱］趋向"所不是"（which is not），为的是从"虚无"（nothingness）中创造出良善来。被成为基督（to be made Christ），意味着成为上帝的创造性的和使人称义的爱的对象。基督是一个"什么都不是"，而且通过上帝的外在工作（opus alienum dei）持续地倒空的人。在上帝面前，罪就是虚无，因为在基督里它们是不存在的。自然人的形式，即情欲，在称义中会被摧毁，并被赋予一种新的形式（即基督）而建立。在人里面的这种本体论的极端改变，被称为"倒空"。在他/她的爱里只会追求他/她所认为的良善的自然人，应该不仅视邻舍的罪为虚无，而且也赞赏上帝的否性存在（negativa essentia），因为上帝在自然人所认为的"良善"（good）和"所是"（which is）的对立面显示给他们。

参考了前人对路德所理解的"relational—personal"（关系性-位格的）和"nothingness"（虚无）、"nihil"（虚无）和"annilation"（倒空）

的研究（艾伯林［Gerhard Ebeling］和约俄斯特［Wilfried Joest］），尤
图宁继续去研究，在基督的倒空工作之后跟随而来的是一种什么
样的内在真实，以及恩典的真实是如何体现在其外在关系之中的。
从路德那里，尤图宁得到的结论是，当人在上帝面前被成为虚无
时，他们同时就分享了基督并且通过他而成为"新的创造"（nova
creatura）。这意味着，作为新的创造，人类接受从上帝而来的圣爱
（agape），不仅会去爱他们的自然存在（natural esse），也会去爱他
们新的灵性的存在（their new spiritual esse），这通过与基督的联合
而实现。路德将教父神学家传统中的"本质"（substantia）的两种
意义捆绑到一起：对路德来说，人在信里变成"基督"，即属灵的
"外在本质"，而这个基督然后就变成人类的属灵的"内在实质或
本质"。

克佩瑞（Kari Kopperi，生于 1960 年），在他的博士论文里，对路
德在《海德堡辩论》里的神学和哲学命题提供了完整的分析。[①] 克
佩瑞批评了前人对《海德堡辩论》及其十架神学的诠释，他指出
了路德的十架神学与路德的爱的神学之间的联系。也就是说，
在路德的中世纪晚期的神学语境里，有关上帝的"纯洁"之爱的
问题是一个核心问题，由于路德意识到人类无法向上帝提供"纯
洁"的爱，这导致路德对上帝之爱和人之爱进行区分。这个区分
是路德十架神学的核心。对于这两个方面，论纲 28 都占据着核
心地位。

在其结论中，克佩瑞指出，《海德堡辩论》里的哲学命题只有从
神学上加以诠释，才会被正确理解。即路德的动机是指出亚里士
多德的哲学是如何无法帮助基督教神学，而不是要否定哲学本身
的重要性。通过他的悖论式命题，路德离开了"做他所是的"（facere
quod in se est）和"功劳"（merit）的思维，离开了对自由意志的信任

---

① kari Kopperi 1997："Paradoksien teologia：Lutherin disputaatio Heidelbergissä
1518"（diss.，Helsinki）.（Theology of Paradox：Luther's Heidelberg Disputation of
1518）.

和佩拉纠主义（Pelagianism），离开了荣耀神学。对于路德来说，正确的神学是建立在上帝之爱基础上的，它通过基督的十字架体现给人类，而且超越人的理解力，直到十字架的启示来临为止。

其他值得关注的研究：博士论文及其他

在其他值得关注的研究中，我们将介绍下面一些著作。**卡尔卡宁**（Pekka Kärkkäinen，生于 1967 年），[现任赫尔辛基大学教义学代理教授]在其博士论文中，从三一论视角并结合路德对圣礼、教会和圣经及核心的基督教概念（如"属性的交换"[communicatio idiomatum]）来研究路德的圣灵神学。① **瓦伊尼奥**（Olli-Pekka Vainio，生于 1976 年），[现任赫尔辛基大学系统神学系代理高级讲师]在其博士论文中考察了路德的神学以及称义论从路德到《协同信纲》的发展。他展示出，在改教家们对称义论所作解释的不同强调点中（特别是强调其两个极端：法庭式和效果性），对称义的信心之效果有着明显的一致性意见，"Wirklichkeit des Glaubens"（forma dei，信心的形式）产生了一个明显不同的路德关于称义的教导。② **约尔科宁**（Jari Jolkonen，生于 1970 年），[现任芬兰库奥皮奥 [Kuopio]主教]其博士论文研究了路德关于圣餐及其在当时实践的教导，并研究了这个教义与实践之间的关系。③

除去明显以路德为中心的博士论文之外，也出版了其他类型的博士论文等专著。比如，**罗明嘉**（Miikka Ruokanen，生于 1953 年），[赫尔辛基大学教义学教授]曾专门发表过研究路德的圣经观的专

---

① Pekka Kärkkäinen 2003："Luthers trinitarische Theologie des Heiligen Geistes"（diss.，Helsinki）.（Luther's Trinitarian Theology of the Holy Spirit）.

② Olli-Pekka Vainio 2004："Luterilaisen vanhurskauttamisopin kehitys Luterista yksimielisyyden ohjeeseen"（diss.，Helsinki）.（The Development of the Lutheran Doctrine of Justification from Luther to the Formula of Concord）.

③ Jari Jolkonen 2004："Uskon ja rakkauden sakramentti：Opin ja käytännön yhteys Martti Lutherin ehtoollisteologiassa"（diss.，Helsinki）.（The Sacrament of Faith and Love：The Connection between Doctrine and Practice in Martin Luther's Theology of the Lord's Supper.

著。① **坦斯卡宁**（Kalevi Tanskanen，生于 1936 年），其博士论文研究路德及中世纪的经济伦理学。② **马尔提凯宁**（Eeva Martikainen，1949—2010），［东芬兰大学系统神学教授］发表过研究路德关于教义的专著。③ 在芬兰说瑞典语的学术界，位于图尔库（Turku）的奥博大学（Åbo Akademi）拥有悠久的路德研究传统，比如，**克勒维**（Fred Cleve，生于 1930 年）和**格洛维克**（Lorenz Grönvik，生于 1930 年）就是代表。**克维斯特**（Hans-Olof Kvist，生于 1941 年），是该大学的系统神学教授，最近写过一些关于宗教改革神学的论文。**孙德科维斯特**（Bernice Sundkvist，生于 1956 年），就路德声明的圣礼特点撰写了博士论文。④ **阿尔夫曼**（Kaarlo Arffman，生于 1950 年），是一个在芬兰不同于系统神学家的教会历史学家和著作丰富的学者，他发表了一些涉及路德和宗教改革的著作。他的博士论文研究的是宗教改革初期的大学和行政制度，⑤此后，他发表了许多关于路德和路德主题的著作。⑥ 其他与路德相关的研

---

① Miikka Ruokanen 1985：”Doctrina divinitus inspirata：Martin Luther's Position in the Ecumenical Problem of Biblical Inspiration”（diss. Helsinki）. Ruokanen 1986：*Lutherin raamattukäsitys*.（Tampere）.

② Kalevi Tanskanen 1990：”Luther ja keskiajan talousetiikka：Vertaileva tutkimus”（diss. , Helsinki）.（Economic Ethics in Luther and in the Middle Ages）.

③ Eeva Martikainen 1987：”Oppi —— metafysiikka vai teologiaa? Lutherin käsitys opista”（diss. , Helsinki）（Doctrine —— Metaphysics or Theology? Luther's Notion of Doctrine）.

④ Bernice Sundkvist 2001：”Det sakramentala draget i Luthers förkunnelse”（diss. , Åbo）（The Sacramental Character of Luther's Proclamation）.

⑤ Kaarlo Arffman 1981：” Yliopistot ja kirkon magisterium reformaation alku-vaiheessa,” vol. 1：1517 - 1521（Helsinki）；1985：vol 2：1521 - 1528（Helsinki）；1990：vol. 3：1521 - 1528（Helsinki）（The Universities and the Magistrium of the Church at the Beginning of the Reformation）.

⑥ Arffman 1993：*Sanan järjet：Kirkon historian merkitys Martti Lutherin teologiassa*（Helsinki）（Tracks of the Word：The Significance of the History of the Church in Martin Luther's Theology）. Arffman 1994：*Reformaatio vai restituutio? Historiallinen argumentti reformaattoreiden ja kastajaliikkeen väittelyssä lapsikasteen oikeutuksesta*（Helsinki）（Reformation or Restitution? Historical- （转下页）

究还有一些，在此就不一一提及了。

总而言之，自 1979 年以来，芬兰的路德研究已经发表数千页的学术文字，大多数是博士论文。从长远的观点来看，它们在国际路德研究学界的影响和意义还有待观察；时间将会说明一切。需要提及的是，芬兰学者的学术发现已经引起了世界范围内相当多的国际关注，既引起了学者们的热情，也遭到了学者们的批评。辩论和讨论是所有学术的一个核心组成部分，未来将显明，芬兰的路德研究将会产生怎样的成功与多久的影响，以及将会导致向什么方向发展。

[以上是弗尔斯博格的文章翻译，黄保罗译毕于 2014 年 3 月 18 日]

曼多马学派的其他代表性学者及其代表著作

路德研究的芬兰学派，也称曼多马学派，是以曼多马为核心的一批芬兰学者在路德研究上所形成的学派，这些学者都是曼多马的学生或同事。学派的开始，是以 1979 年《基督就在信本身之中》的出版为起点。除去曼多马本人之外，曼多马学派主要包括大约二十位学者，现在分别简要介绍如下。

1. 赫尔辛基大学教义学教授、赫尔辛基教区主教霍维宁（Helsingin yliopiston dogmatiikan professori ja Helsingin hiipakunnan Piispa Eero Huovinen，1943— ）

Fides infantium. Martin Luthers Lhre vom Kingderglauben. （Veröffentlichungen des Institut für Europäische Geschichte Mainz，Band. 159. Philipp von Zabern，Mainz. 1977a.）

（接上页）Arguments at the Debates between the Reformers and Anabaptists about the Justification of Infant Baptism）. Arffman 1997：*Die Reformation und die Geschichte*（Helsinki）（Reformation and the History of the Church）. Arffman 1996：*Mitä oli luterilaisuus? Johdatus kadonneeseen eurooppalaiseen kristinuskon tulkintaan*（Helsinki）（What was Lutheranism? Introduction to the Lost European Interpretation of the Christian Faith）.

"Martin Luthers Lehre vom Kinderglauben: fides infantium als reale Gabe Gottes und reale Teilhabe an Gott. " *Das Sakrament der heiligen Taufe*. Ed. J. Heubach. (Luther-Akademie Ratzeburg, Martin-Luther-Verlag, Erlangen 1997), 41 - 61.

"Fides infantium- fides infusa? Ein Beitrag zum Verständnis des Kinderglaubens bei Luther. " *Thesaurus Lutheri*. (1987), 155 - 170.

"Opus operatum. 1st Luthers Verständnis von der Effektivität des Sakraments richtig verstandent?" *Luther und Theosis*. (1990), 187 - 214.

" Der infusion-Gedanke als Problem der Lutherforschung. " *Caritas Dei*. (1997), 192 - 204.

"Sakramentin vaikutus. " *Johdatus Lutherin Teologiaan*. Tom-ittanut Pekka Kärkkäinen. (Julkaisija Helsingin yliopiston systemaa-ttisen theologian laitos. Kirjapaja Oy, Helsinki, 2001), 252 - 268.

2. 赫尔辛基大学系统神学教授黑基·基尔亚外宁（Helsingin yliopiston systeemaattinen teologian professori Heikki Kirjavainen, 1950? — ）

"Die Spezifierung der Glaubensgegenstände bei Luther im Licht der Spätmittelalterlichen Semantik. " *Thesaurus Lutheri*. (1987), 237 - 257.

" Die Paradoxie des Simul-Prinzips. " *Neue Zeitschrift für Systematische Theologie und Religionsphilosophie* 28:29 - 50.

3. 赫尔辛基大学宗教及伦理学教授西面·克奴提拉（Helsingin yliopiston uskonnon ja etiikan professori Simo Knuuttila,1950? — ）

"Remarks on Late Medieval and Early Modern Theories about Eternal Truths. " *Thesaurus Lutheri*. (1987), 53 - 62.

—— &. Saarinen, Risto, "Innertrinitarische Theologie in der Scholastik und bei Luther. " *Caritas Dei*. (1997), 243 - 264.

"Luther's View of Logic and the Revelation. " *Medioevo* 24:

19 - 34.

——&. Saarinen，Risto，"Luther's Trinitarian Theology and Its Medieval Background. " *Studia theolica* 53：3 - 12.

"Logiika ja ilmoitus". *Johdatus Lutherin Teologiaan*. Tomittanut Pekka Kärkkäinen. (Julkaisija Helsingin yliopiston systemaattisen theologian laitos. Kirjapaja Oy，Helsinki，2001)，85 - 91.

4. 系统神学博士芬兰教会学院院长卡瑞·克佩瑞博士 (Seurakuntaopiston rehtori tohtori Kari Kopperi,1960—   )

"Luthers theologische Zielsetzung in dern philosophischen Thesen der Heidelberger Disputation. " *Nordiskt Forum* 1. (1993)，67 - 103.

Paradoksien teologia. Lutherin disputaatio Heidelbergissä 1518. ［Theology of paradox. Luther's Heidelberg Disputation in 1518.］ (STKS：n julkaisuja 208. (diss.)，Helsinki，1997.)

"Renessanssi ja humanismi. " *Johdatus Lutherin Teologiaan*. Tomittanut Pekka Kärkkäinen. (Julkaisija Helsingin yliopiston systemaattisen theologian laitos. Kirjapaja Oy，Helsinki，2001)，54 - 70.

5. 东芬兰大学系统神学教授艾娃·玛尔提凯宁(Idän Suomen yliopiston systemaatinen teologian professori Eeva Martikainen，1949—2010)

"Der Doctrina-Begriff in Luthers Theologie. " *Thesaurus Lutheri*. (1987)，171 - 184.

"Die Lehre und die Gegenwart Gottes in der Theologie Luthers. " *Luther und theosis*. (1990)，215 - 232.

Doctrina. Studien zu Luthers Begriff der Lehre. (Luther-Agricola Society，Helsinki，1992).

"Der Begriff 'Gott' in De servo arbitrio. " *Widerspruch*. (1997)，26 - 45.

"Lutherforschung in Filand seit 1934. " *Theologische Rundschau* 53.

6. 拉普阿教区主教西面·培乌拉(Lapuan hiippakunnan piispa

Simo Peura,1957—)

"Der Vergöttlichungsgedanke in Luthers Theologie 1517 - 1519. " *Thesaurus Lutheri*. (1987), 171 - 184.

"Die Teilhabe an Christus bei Luther." *Luther und theosis*. (1990), 121 - 162.

"Wort, Sakrament und Sein Gottes." *Luther und Ontologie*. (1993a), 35 - 69.

"Christus praesentissmus: The Issue of Luther's Thought in the Luther-Orthodox Dialogue." *Pro Ecclesia* (1993b)2: 364 - 371.

"Die Vergöttlichung des Menschen als Sein in Gott." *Luther-Jahrbuch* (1993c)60, 39 - 71.

"Das Sich-Geben Gottes: Korreferat zu Ulrich Asendorf. Die Trinitätslehre als integrades Problem der Theologie Martin Luthers." *Luther und die trinitarische Tradition*. (1994a), 131 - 146.

Mehr als ein Mensch? Die Vergöttlichung als Thema der Theologie Martin Luthers von 1513 bis 1519. (Veröffentlichungen des Institut für Europäische Geschichte Mainz. Philipp von Zabern, Mainz, 1994b).

"Die Kirche als geistliche communion bei Luther." *Der Heilige Geist*. (1996a), 131 - 156.

"Gott und Mensch in der Unio: Die Unterschiede im Rechtfertigungsverständnis bei Osiander und Luther." *Unio*. (1996b), 33 - 61.

"Chirstus als Gunst und Gabe." *Caritas Dei*. (1997), 340 - 363.

"Christ as Favor and Gift: The Challenge of Luther's Understanding of Justification." *Union with Christ*. (1998a), 42 - 69.

"What God Gives Man Receives: Luther on Salvation." *Union with Christ*. (1998b), 76 - 95.

"In memorian Lennart Pinomaa." *Luther-Jahrbuch* (1998c)65,

11 - 14.

"Luthers Verständnis der Rechtefertigung: forensisch oder effektiv?" *Recent Research on Martin Luther*. (Evangelical Theological Faculty, Bratislava, 1999), 34 - 57.

"Vanhurskauttamisoppi." *Johdatus Lutherin Teologiaan*. Tomittanut Pekka Kärkkäinen. (Julkaisija Helsingin yliopiston systemaattisen theologian laitos. Kirjapaja Oy, Helsinki, 2001), 207 - 226.

"Luther ja lutherilais-katolinen ekumenia." *Johdatus Lutherin Teologiaan*. Tomittanut Pekka Kärkkäinen. (Julkaisija Helsingin yliopiston systemaattisen theologian laitos. Kirjapaja Oy, Helsinki, 2001), 303 - 319.

7. 东芬兰大学系统神学教授安提·拉乌尼奥教授(Idän Suomen yliopiston systemaattinen teologian professori Antti Raunio,1958—)

"Die 'Goldene Regel' als theologisches Prinzip beim jungen Luthers." *Thesaurus Lutheri*. (1987), 309 - 327.

"Die Goldene Regel als Gesetz der göttlichen Natur." *Luther und theosis*. (1990), 163 - 186.

Summe des christlichen Lebens. Die "Goldene Regel" als Gesetz der Liebe in der Theologie Martin Luthers von 1510 bis 1527. (Helsingin yliopiston systemaattisen theologian laitoksen julkaisuja XIII. Helsinki. 1993, Diss.)

"Die Gegenwart des Geistes im Christen bei Luther." *Der Heilige Geist*. (1996a), 89 - 104.

"The Golden Rule as the Summary of the Sermon on the Mount in the Reformed and Lutheran Traditions." *Towards a Renewed Dialogue: The First and Second Reformations*. Ed. Milan Opo-censky. (Studies from the World Alliance of Reformed Churches 30. Geneva, 1996b), 122 - 142.

"Natural Law and Faith: The Foundations of Ethics in Luther's

Theology. " *Recent Research on Martin Luther.* (Evangelical Theo-logical Faculty, Bratislava, 1999a), 9 - 33.

"The Church as Diaconal Communion: Some Signposts for the Renewal of the Church. " *Recent Research on Martin Luther.* (Evangelical Theological Faculty, Bratislava, 1999b), 73 - 84.

"Glaube und Liebe in der Theologie Martin Luthers in ihre Bedeutung für die diakonische Praxis. " *Diakonie an der Schwelle zum neuen Jahrtausend.* (Hedelberg, 2000), 172 - 187.

"Rakkauden teologia. " *Johdatus Lutherin Teologiaan.* Tomittanut Pekka Kärkkäinen. (Julkaisija Helsingin yliopiston systemaattisen theologian laitos. Kirjapaja Oy, Helsinki, 2001), 154 - 180.

"Luther ja yhteiskunta. " *Johdatus Lutherin Teologiaan.* Tomittanut Pekka Kärkkäinen. (Julkaisija Helsingin yliopiston systemaattisen theologian laitos. Kirjapaja Oy, Helsinki, 2001), 290 - 302.

8. 赫尔辛基大学教义学教授罗明嘉（Helsingin yliopiston dogmaatiikan professori Miikka Ruokanen,1953— ）

Doctrina divinitus inspirata. Martin Luther's position in the ecumenical problem of biblical inspiration. (Publications of Luther-Agricola Society B 14, Helsinki, 1985).

"Does Luther Have a Theory of Biblical Inspiration?" *Thesaurus Lutheri.* (1987), 259 - 278.

"Lutherin raamattukäsitys. " *Johdatus Lutherin Teologiaan.* Tomittanut Pekka Kärkkäinen. (Julkaisija Helsingin yliopiston systemaattisen theologian laitos. Kirjapaja Oy, Helsinki, 2001), 92 - 110.

9. 赫尔辛基大学系统神学兼职教授尤哈尼·弗斯博瑞博士 (Helsingin yliopiston syetmaattisen teologian dosentti Juhani Fors-berg, 1940—)

Das Abrahambild in der Theologie Luthers: Pater fidei - sancti-

ssimus. （Veröffentilichungen des Institut für europäische Geschichte Mains，Band. 117. Frans Steiner Verlag. Wiesbaden. 1984.）

10. 赫尔辛基大学系统神学兼职教授萨麦理·尤图宁博士（Helsingin yliopiston syetmaattisen teologian dosentti Sammeli Juntunen，1964— ）

Der Begriff des Nichts bei Luther in den Jahren von 1510 *bis* 1523. （Schriften der Luther-Agricola Gesellschaft 36，Helsinki，1996）.

"Luther and Metaphysics：What Is the Structure of Being according to Luther?" *Union with Christ.* （Eerdmans，1998），129 – 160.

"Der Begriff des Nichts bei Luther." *Mensch-Gott-Men-schwerdung.* （Text aus der VELKD. Hannover，1999），79 – 99.

"Teologia ja filosofia." *Johdatus Lutherin Teologiaan.* Tomittanut Pekka Kärkkäinen. （Julkaisija Helsingin yliopiston systemaattisen theologian laitos. Kirjapaja Oy，Helsinki，2001），72 – 84.

"Kristologia." *Johdatus Lutherin Teologiaan.* Tomittanut Pekka Kärkkäinen. （Julkaisija Helsingin yliopiston systemaattisen theologian laitos. Kirjapaja Oy，Helsinki，2001），127 – 142.

"The Notion of 'Gift' in Luther's Theology." *Luther between Present and Past：Studies in Luther and Lutheranism.* Ed. by Ulrik Nissen，Anna Vind，Bo Holm and Olli-Pekka Vainio. （Schriften der Luther-Agricola-Gesellschaft 56. Helsinki，2004），53 – 69.

11. 赫尔辛基大学宗教合一运动研究学教授瑞斯托·萨瑞宁（Helsingin yliopiston ekumeniikan professori Risto Saarinen，1959— ）

"Metapher und biblische Redefiguren als Elemente der Sprachphilosophie Luthers." *Neue Zeitschrift für systematische Theologie und Religionsphilosophie.* （1988）30：18 – 39.

Gottes Wirken auf uns. Die transzendentale Deutung des Gegenwart-Christi-Motivs in der Lutherforschuang. （Veröffentlichungen des Instituts für Europäischer Geschichte Mainz，Band. 137. Frans Steiner，Wiesbaden，1989）.

"The Word of God in Luther's Theology. " *Lutheran Quarterly*. n. s. (1990), 4:31 - 44.

"The Presence of God in Luther's Theology. " *Lutheran Quarterly*. n. s. (1994), 8:3 - 14.

"Lutherin teologian tulkintahistoria. " *Johdatus Lutherin Teologiaan*. Tomittanut Pekka Kärkkäinen. (Julkaisija Helsingin yliopiston systemaattisen theologian laitos. Kirjapaja Oy, Helsinki, 2001), 11 - 24.

12. 赫尔辛基大学系统神学教授雷约·推瑞诺亚(Helsingin yliopiston systemaattinen teologian professori Reijo Työrinoja, 1950? —)

"Proprietas Verbi. " *Faith, Will and Grammar*. Ed. H. Kirjavainen. (Publications of Luther-Agricola Society B 15. Helsinki, 1986). 140 - 178.

" 'Teologinen teko' - Luther ja skolastinen teonteoria. " *Johdatus Lutherin Teologiaan*. Tomittanut Pekka Kärkkäinen. (Julkaisija Helsingin yliopiston systemaattisen theologian laitos. Kirjapaja Oy, Helsinki, 2001), 38 - 53.

13. 赫尔辛基大学系统神学高级讲师拜卡·卡尔卡宁博士 (Helsingin yliopiston systemaattinen teologian yliopistolehtori Pekka Kärkkäinen,1967—)

"Lutherin filosofianopinnot. " *Johdatus Lutherin Teologiaan*. Tomittanut Pekka Kärkkäinen. (Julkaisija Helsingin yliopiston systemaattisen theologian laitos. Kirjapaja Oy, Helsinki, 2001), 26 - 30.

"Pyhä Henki. " *Johdatus Lutherin Teologiaan*. Tomittanut Pekka Kärkkäinen. (Julkaisija Helsingin yliopiston systemaattisen theologian laitos. Kirjapaja Oy, Helsinki, 2001), 143 - 152.

"Luthers Pneumatologie. " *Luther between Present and Past: Studies in Luther and Lutheranism*. Ed. by Ulrik Nissen, Anna

Vind，Bo Holm and Olli-Pekka Vainio.（Schriften der Luther-Agricola-Gesellschaft 56. Helsinki，2004），40 - 52.

14. 东芬兰大学系统神学高级讲师维萨·黑尔沃宁（Idän Suomen yliopiston systemaattisen teologian yliopistolehtori Vesa Hirvonen，1964— ）

"William Ockhamin teologia ja Luther." *Johdatus Lutherin Teologiaan*. Tomittanut Pekka Kärkkäinen.（Julkaisija Helsingin yliopiston systemaattisen theologian laitos. Kirjapaja Oy，Helsinki，2001），26 - 30.

15. 库奥皮奥主教雅瑞·约尔科宁（Kuopion hiipakunnan piispa Jari Jolkonen，1970— ）

"Jumalanpalvelus." *Johdatus Lutherin Teologiaan*. Tomittanut Pekka Kärkkäinen.（Julkaisija Helsingin yliopiston systemaattisen theologian laitos. Kirjapaja Oy，Helsinki，2001），228 - 240.

"Rukous." *Johdatus Lutherin Teologiaan*. Tomittanut Pekka Kärkkäinen.（Julkaisija Helsingin yliopiston systemaattisen theo-logian laitos. Kirjapaja Oy，Helsinki，2001），241 - 251.

"Ehtoollinen." *Johdatus Lutherin Teologiaan*. Tomittanut Pekka Kärkkäinen.（Julkaisija Helsingin yliopiston systemaattisen theologian laitos. Kirjapaja Oy，Helsinki，2001），269 - 288.

16. 赫尔辛基大学系统神学系研究员奥利-拜卡·瓦伊尼奥 （Hensingin yliopiston tutkija Olli-Pekka Vainio，1976— ）

"Christ for Us and in Us - Mutually Exclusive? Different Aspects of Justification in the Early Lutheranism from the Viewpoint of Certainty of Salvation." *Luther between Present and Past*：*Studies in Luther and Lutheranism*. Ed. by Ulrik Nissen，Anna Vind，Bo Holm and Olli-Pekka Vainio.（Schriften der Luther-Agricola-Gesellschaft 56. Helsinki，2004），89 - 106.

17. 美国葛底斯堡路德宗神学院教授斯特耶尔纳（Kirsi Stjerna，? — ），英语翻译和介绍者

Tuomo Mannermaa, *Christ present in Faith Luther's View of Justification*. Edited and introduced by Kirsi Stjerna. (Minneapolis, Fortress Press, 2005).

Tuomo Mannermaa, *Two kinds of love*: *Martin Luther's religious world*. Translated, edited, and introduced by Kirsi I. Stjerna; with an afterword by Juhani Forsberg. (Minneapolis, Fortress Press, 2010).

18. 弗尔斯博格(Juhani Forsberg, 1940—　)和丹尼尔(Hans-Christian Daniel),德语翻译和介绍者

Tuomo Mannermaa, Hans-Christian Daniel & Juhani Forsber, *In ipsa fide Christus adest*: *Der Schnittpunkt zwinschen lutherischer und orthodoxer Theologie*), in Tuomo Mannermaa, Der im Glauben gegenwärtige Christus: Rechtfertigung und Vergottung. Zum ökumenschen Dialog(Hannover: Lutherusches Verlagshaus, 1989).

19. 黄保罗(Paulos Huang, 1966—　)

黄保罗编著、翻译的 16 本芬兰学派著作:

2018:黄保罗编著(待出):《墨兰顿研究》。

2018:《曼多马著作集——芬兰学派马丁·路德新诠释》,上海:上海三联书店。

2018:《路德新诠释:芬兰学派及其意义》(合译,待出),北京:宗教文化出版社。

2018:《马丁·路德论婚姻》,济南:山东省基督教两会。

2018:《马丁·路德论两个国度》,济南:山东省基督教两会。

2018:《马丁·路德论洗礼》,济南:山东省基督教两会。

2018:《马丁·路德论教会秩序:提摩太前书和提多书讲义》,济南:山东省基督教两会。

2018:《论信心的确具与爱里的接纳:马丁·路德希伯来书和腓利门书讲义》。

2018:《马丁·路德书信集 119 封》,济南:山东省基督教两会。

2015:《马丁·路德书信集 49 封》(合译),济南:山东大学出

版社。

2015：《马丁·路德证道集》，济南：山东省基督教两会。

2007：《基督徒在芬兰》，赫尔辛基。

2004：《牧师？》，香港/台北：道声出版社。

2003：《芬兰宗教自由法》，中国驻芬兰大使馆。

2002：《教义问答》，赫尔辛基。

2002：《谁为末日定分界？》，香港/台北：道声出版社。

黄保罗研究芬兰学派的 36 篇论文：

2018："Martin Luther and Nestorianism"（待出），*Brill Yearbook of Chinese Theology*. Leiden and Boston.

2018：《"天人合一"乃国学所独有的的吗？——西学视野中的"天人合一"》（待出），载《华夏文化论坛》，吉林大学。

2018：《马丁·路德论一夫一妻制》（待出），载《伦理学术》，上海：上海人民出版社。

2018：《马丁·路德宗教会与芬兰教育全球第一的价值观念之间的关系》（待出），载《2016 宗教与可持续发展国际论坛论文集》，爱德基金会、中国社会科学院基督教研究中心、中国宗教学会。

2017：《试论马丁·路德所强调的"因信称义"中的"义"》，载黄保罗主编：《探寻路德的脚踪》（Exploring the Footsteps of Martin Luther），赫尔辛基，1—13。

2017：《从理论到实践的宗教改革家马丁·路德》，载《宇宙光》第 7 期，台北，54—61。

2017：《马丁·路德发表〈九十五条论纲〉而开启宗教改革（1517—1519 年）》，载《宇宙光》第 5 期，台北，60—65。

2017：《对话与批判：16 世纪的宗教改革与现代性》，No. 12，June. 2017：International Journal of Sino/Western Studies，赫尔辛基，1—13。

2017：《马丁·路德所论的"信"及其对于基督教中国化的意义》，发表于"宗教改革 500 周年"国际学术论坛 2017 年 9 月 4 至 6 号，中国社会科学院世界宗教研究所、北京市基督教两会、中国宗教学会。

2017:《马丁·路德的青少年时代》,载《宇宙光》第 3 期,台北,48—53。

2017:《马丁·路德诞生的时代:中世纪末期的特点和新纪元的开始》,载《宇宙光》第 2 期,台北,50—55。

2017:《马丁·路德的婚姻观初探》,载许志伟、孙向晨主编:《基督教研究评论》,北京:宗教文化出版社。

2016:《从马丁·路德的政教关系学说来探索中国当代的宗教战略与国家安全》,载卓新平、蒋坚永主编:《一带一路战略与宗教对外交流(中国社会科学论坛文集)》,北京:社科文献出版社。

2016:《马丁·路德婚姻观的神学反思》,载《山道》第 19 卷第 2 期总第 38 期,香港,107—128。

2016:《马丁·路德 1519 年的婚姻观——以〈约翰福音〉2:1—11 诠释为基础》,载《圣经文学研究》第 12 辑,北京:人民文学出版社。

2016:《马丁·路德论男女之别与婚姻的目的——以〈创世记〉和〈哥林多前书〉第七章的相关注解为基础》,载《暨南大学学报(哲学社会科学版)》第 38 卷第 5 期,75—84。

2016:《反思马丁·路德在农民起义、使用暴力和反对造反三方面所受到的批评》,载《云南民族的大学学报(哲学社会科学版)》第 1 期,47—56。

2016:《马丁·路德论服从俗世权力的限度问题》,载马丁·路德研究原始文献选编:《路德书信集》附录二,黄保罗、刘新利编译,济南:山东大学出版,140—148。

2015:《芬兰学派尤图宁关于马丁·路德"性观念"的神学研究》,载《金陵神学志》第 4 期总第 105 期,82—96。

2015:《芬兰学派在宗教对话上的贡献》,载陈建明主编:《和而不同:宗教对话与不同文明之间的和谐之道》,成都:四川大学出版社,248—274。

2015:《基督教慈善事业对于现代社会发展的意义》,载卓新平、郑筱筠主编：《宗教慈善与社会发展》，北京：中国社会科学出版社。

2015：《从和谐的视角看基督教在当代中国的挑战与机遇》，载卓新平、蔡葵主编：《基督教与和谐社会建设》，北京：中国社会科学出版社。

2015：《从芬兰学派来看马丁·路德研究的默示观》，载《宗教学研究》第 3 期，四川大学道教及跨文化研究中心。

2015：《马丁·路德研究的芬兰学派及其突出贡献》，载《世界宗教文化》第 2 期，中国社会科学院。

2015：《称义、成圣、成神、成佛与成仙》，载赵林等：《中西文化的精神差异与现代转型》（赵林、郭齐勇、林安梧、温伟耀、张祥龙、林鸿信、黄保罗、王忠欣对谈），上海：华东师范大学出版社。

2015：《马丁·路德研究的芬兰学派与中国佛教的互动》（The Interaction between the Finnish School of Martin Luther Study and Chinese Buddhist Study），黄保罗（Paulos Huang）、陈坚（Chen Jian）合撰，载《国学与西学国际学刊》（*International Journal of Sino-Western Studies*），No. 8，87 – 101。

2015：《中国道教视野中的马丁·路德研究之芬兰学派》（Finnish School of Mrtin Luther Research in the Light of Chinese Daoist Religion），黄保罗（Paulos Huang）、霍克功（Huo Kegong）合撰，载《国学与西学国际学刊》（*International Journal of Sino-Western Studies*），No. 8，103 – 110。

2015：《关于路德研究的芬兰学派与中国文化之间的对话》（A Dialogue between Paulos Huang and Thomas Leung concerning the Finnish School of Martin Luther Study and Chinese Culture），黄保罗（Paulos Huang）、梁燕城（Thomas Leung）合撰，载《国学与西学国际学刊》（International Journal of Sino-Western Studies），No. 8，113 – 123。又以《生命本性转化与感通的哲学神学——关于芬兰学派与中国文化的对话》（A Dialoue between Paulos Huang and Thomas Leung concerning Finnish School of Martin Luther Study and Chinese

Culture) 为题改编,载《文化中国》(Cultural China-Journal) 2015 年第 2 期(总第 85 期),温哥华:文化更新研究中心(Cultural Regeneration Center),4—16。

2014:《儒家与基督教中的饶恕概念》,载《光明日报》2014 年05 月 16 日,第三届"尼山世界文明坛"论文选编。另见:《构建人类共同新伦理——第三届"尼山世界文明论坛"学术巡礼》,载《光明日报》2014 年 5 月 28 日;《中国文化报:艺彩山东》2014 年 5 月 21 日;《福音时报》2014 年 5 月 16 日。

2012:《儒学和基督教对中西传统社会的影响》(The influence of Confucianism and Christianity to Chinese and Western Traditional Societies),载《中西文化三人谈:传统氤氲与现代转型》,上海:上海人民出版社。

2012:《建立大国学的多元一体——关于中国文化走向的对话》(Dialogue on The Big Sinology between Paulos Huang and Thomas Leung),黄保罗(Paulos Huang)、梁燕城(Thomas Leung)合撰,载《文化中国》(Cultural China-Journal),No. 72,Volume 1 (March 2012),Vancouver, Canada: Cultural Regeneration Research Society, pp. 4 - 14.

2013:《基督教在当代中国的挑战和机遇》,*International Journal of Sino-Western Studies*,No. 5,pp. 11 - 21。

2011:《基督教与儒家中的"造"与"生":兼评考夫曼、南乐山与杜维明等人的过程神哲学"》(The Conceptions of "to Create" and "to Beget" in Christianity and Confucianism—A Comment on the Process Theology/Philosophy of Kaufman, Neville and Tu Weiming),载《求是学刊》,No. 4,Vol. 38,July, 2011,1 - 9。

2011:《汉语索隐神学:对法国耶稣会士续讲利玛窦之后文明对话的研究》(Sino-Christian Academic Figurist Theology: An Analysis of the Cultural Dialogical Attempt by Some French Jesuits in Following the Footprints of Matteo Ricci),载《深圳大学学报》,No. 2,March 2011,5 - 11。

2010:《萨瑞宁关于信义会——东正教 1995—2006 年间对话历史的概述及其对于汉语神学的意义》，载《俄罗斯思想与中国文化论文集》，哈尔滨：黑龙江大学出版社。

2010:《全球化时代东正教与西方新教对话的汉语文化意义》，载《俄罗斯文艺》第 2 期。

20. 芬兰路德研究论文集

由多位作者贡献而出版的关于路德研究的论文集主要如下：

Thesaurus Lutheri. Auf der Suche nach neuen Paradigmen der Luther-Forschung. Ed. Tuomo Mannermaa, Anja Ghiselli und Simo Peura. (Veröffentlichungen der Finnishchen Theologischen Literaturgeselleschaft 153. Scvhriften der Luther-Agricola-Gesellschaft A 24. Helsinki，1987).

Luther und Theosis. Vergöttlichung als Thema der abendländischen Theologie. Ed. Simo Peura un Antti Raunio. (Schriften der Luther-Agricola-Gesellschaft A 25 und Veröffentlichungen der Luther-Akademie Ratzeburg, Band. 15. Helsinki und Erlangen，1990).

Luther und Ontologie. Das Sein Christi im Glauben als structurierendes Prinzip der Theologie Luthers. Ed. Anja Ghiselli, Kari Kopperi, Reiner Vinke. (Schriften der Luther-Agricola-Gesellschaft 31. Veröffentlichungen der Luther-Akademie Ratzeburg. Helsinki und Erlangen，1993).

Nordiskt Forum för Studiet av Luther och Luthersk teologi 1. Ed. Tuomo Mannermaa, Petri Jäveläinen, Kari Kopperi. (Referate des ersten Forums für das Studium von Luther und lutherischer Theologie. Schriften der Luther-Agricola-Gesellschaft 28. Helsinki，1993).

Luther und die trinitarische Tradition. Ökumenische und trinitarische Perspecktiven. Ed. Joachim Heubach. (Veröffentlichungen der Luther-Akakemie Ratzeburg 23. Martin-Luther-Verlag, Erlangen，1994).

Unio. Gott und Mensch in der nachreformatorischen Theologie. Ed. Matti Repo und Rainer Vinke. (Veröffentlicheúngen der Finnischen Theologischen Literaturgesellschaft 200. Schriften der Luther-Agricola Gesellschaft 35. Helsinki, 1996).

Widerspruch. Luthers Auseinandersetzung mit Erasmus von Rotterdam. Nordiskt *Forum* 2. Ed. Kari Kopper. (Schriften der Luther-Agricola-Gesellschaft 37. Helsinki, 1996).

Der Heilige Geist. Ökumenische und reformatorische Untersunchungen. Ed. Joachim Heubach. (Veröffentlichungen der Luther-Akademie Ratzeburg 25. Martin-Luther-Verlag, Erlangen, 1996).

Caritas Dei. Beiträge zum Verständnis Luthers und der gegenwärtigen Ökumene. Festschrift für Tuomo Mannermaa. Ed. Oswald Bayer, Robert Jenson, Simo Knuuttila. (Schriften der Luther-Agricola-Gesellschaft 39, Helsinki, 1997).

Union with Christ: The New Interpretation of Luther. Ed. Carl E. Braaten and Robert W. Jenson. (Grand Rapids: Eerdmans, 1998).

Johdatus Lutherin Teologiaan. Tomittanut Pekka Kärkkäinen. (Julkaisija Helsingin yliopiston systemaattisen theologian laitos. Kirjapaja Oy, Helsinki, 2001).

Luther between Present and Past: Studies in Luther and Lutheranism. Ed. by Ulrik Nissen, Anna Vind, Bo Holm and Olli-Pekka Vainio. (Schriften der Luther-Agricola-Gesellschaft 56. Helsinki, 2004).

曼多马的继任者萨瑞宁教授的网站对路德研究的芬兰学派有专门介绍："Luther Studies in Finland", http: //blogs. helsinki. fi/ristosaarinen/luther-studies-in-finland/

21. Selected Luther Research Related Websites

http: //www. helsinki. fi/~risaarin/luther. html

http: //luther. chadwyck. co. uk

http: //gallica. bnf. fr

http：//staupitz. luthersem. edu

http：//www. luthersem. edu/library

http：//www. fordham. edu/halsall/mod/modsbook1. html♯Luther

http：//www. luther. de

http：//www. luther-gesellschaft. com

http：//www. wittenberg. de

http：//www-db. helsinki. fi/julki/

翻译中的一些问题说明和致谢

芬兰语的 yhdistää，yhdistyä，yhteys，yhtyä 等词基本上被翻译为"联合、合并、联合"等，但它实际上有"联系、合一"等意思。

文中引用的一些《圣经》段落所根据的古老版本，与现在流行的汉语和合本不一致，译者直接根据芬兰语翻译成汉语。

在原文中多次使用"本体的、本体性的、实质的、真实的、实在的"等词语，核心是芬兰语的"onttinen"，可以直接翻译为英语的"ontic"，但是作者曼多马本人以英语写作时所使用的词语往往是"ontological"，因此，该书的英语译者曾经与曼多马讨论过这个问题，作者的本意是并不仔细区分"ontic"与"ontological"之间的差异。[①]

笔者特别感谢曼多马教授通过其夫人英凯瑞（Inkeri Inkala-Mannermaa）女士，[②]将本书版权免费赠送给笔者，并对笔者的工作给与了祝福与鼓励。笔者于 2014 年元月 7 日与曼夫人通电话，询问版权事宜，当时得知曼多马教授身体状况不是很好，住在敬老院。随后笔者于当天发了电子邮件给曼夫人。曼教授通过他的夫人英凯瑞向笔者和汉语读者表达问候，曼夫人在 2014 年元月 8 日的电子邮件中

[①] Tuomo Mannermaa, *Christ present in Faith Luther's Ciew of Justification*. Edited and introduced by Kirsi Stjerna. (Minneapolis, Fortress Press, 2005), viii.

[②] 曼教授的原配夫人 Raija 去世，后来与现在的夫人结婚。

回信如下:

> 亲爱的保罗,晚上好。我刚从多马所在的敬老院回到家里。我问多马:"你还记得黄保罗吗?"多马回答说:"是的,我记得。"我告诉多马我们昨天所通的电话,并且把您发来的这封电子邮件读给他听。当多马听说他的著作将被翻译成汉语,而且曼多马学派将通过世界路德华人学会而被介绍给汉语世界时,他感到很高兴。多马很乐意将版权免费赠送给您使用。您的计划对于多马和他终生的工作来说,都具有重要的意义。如果书出版之后,我们能得到六本免费样书,我们将会非常高兴。多马向您致以最亲切的问候和感谢。愿我们的天父上帝赐给您丰盛的良善礼物并祝福您。最友好的致意。曼多马和英凯瑞。

当我得知曼教授身体欠安时,曾询问曼夫人可否去探访,她于3月1日回复我说:

> 亲爱的保罗,非常感谢您将多马的著作翻译成汉语,这是重大而有价值的工作。多马在敬老院摔了一跤,他的背部现在很疼。他可以行走和坐着,但站立比较困难。幸好骨头没有摔断。我们可否这样,当您将多马的著作翻译完成并出版之后,再来与多马见面?我很乐意陪同您一起来,因为多马不能说太多的话。我可以充当翻译角色。我希望能收到您的电子邮件,这样我们可以商议什么时候一起去探访多马。愿您有个充满阳光的三月。在这个接近忏悔大斋期和复活节的时刻,愿平安和祝福与您同在。最友好的致意。英凯瑞和多马。

其次,我对曼多马的继任者赫尔辛基大学普世神学教授萨瑞宁表示感谢,他不但是芬兰学派的重要成员,而且是现在的实际领袖。在我策划将芬兰学派介绍到汉语世界的过程中,他不但在版权等具体事务上提供帮助，而且从学术上给予协助，提供了相关的参考文献，并为《基督就在信本身之中》的汉语版写了序言。

同时，我还要感谢美国葛底斯堡路德宗神学院的斯特耶尔纳教授，她将其英译本导言、她所译的弗尔斯博格的文章及相关文献目录免费授权笔者翻译成汉语，对于读者了解曼多马此书的背景会有很好的帮助。赫尔辛基大学的卡尔卡宁教授和瓦伊尼奥博士都给笔者提供了文献上的帮助。东芬兰大学的拉乌尼奥教授本人也是芬兰学派的重要成员，他协助笔者在国际上推动汉语路德研究平台的搭建，而且欣然答应为《两种爱：马丁·路德的信仰世界》的汉语版撰写序言，但是因为时间关系未能实现，希望他今后能参与讨论。

芬兰学派对于中国语境的意义以及笔者正在进行的工作

芬兰学派的主要贡献有四个方面：一是促进了芬兰信义会与俄罗斯东正教的对话，[①]二是影响了信义会与罗马天主教的对话，三是促进了新教多宗派与罗马天主教关于"称义"的共同声明，[②]四

---

① 黄保罗 2010："萨瑞宁关于信义会-东正教在 1995—2006 年间对话历史的概述及其对汉语神学的意义"，载《俄罗斯思想与中国文化论文集》，哈尔滨：黑龙江大学出版社。

② 芬兰学派在下述基督教的宗派对话中起了积极作用：1997 年福音派与天主教学者们继续跟进讨论救恩教义而发表的报告：《救赎恩赐》(The Gift of Salvation)。1997 年 2 月天主教与信义宗教会共同发表了《因信称义联合声明》，原则上同意马丁·路德改教的根本观点，在因信称义的教义上，天主教的立场与基督教的差异愈来愈小了。1999 年 10 月 31 日双方在德国奥格斯堡圣安纳信义教堂(Lutheran Church of St. Anna, Augsburg)内举行正式签署《因信称义联合声明》仪式，以纪念马丁·路德于 482 年前把 95 条反对罗马天主教会条文钉在德国维滕堡教堂外而展开的宗教改革运动。按路德宗世界联盟(LWF)就《联合声明》所发表的公开文件 "DOCUMENTATION: Action taken by the LWF Council on the recommendation of the Standing Committee for Ecumenical Affairs" 记录(1998 年 6 月 12 日)：当时 124 间路德宗世界联盟成员教会中有 89 间作出回应。当中的 80 间对内容表示同意，5 间表示不同意，1 间倾向同意，3 间倾向不同意。据悉香港信义会及港澳信义会也同意，而中华基督教礼贤会及崇真会却未有表示。

是影响了对马丁·路德及改教家经典的重新诠释。

在对路德经典的诠释上,以曼多马为代表的芬兰学派对路德经典的研究,主要有两个发现,一是"基督就在信本身之中",二是"信是神性的创造者"。也就是说,在墨兰顿及《协同信纲》的作者们的信纲文献中,法庭式的和法律的视角是首要的,而基督"在我们里面"的居住只是被理解为注入之义的结果或后果。但芬兰学派认为,在路德那里,"效果性思维"是重要的,也就是说,通过信,基督就住在信徒里面,因信称义的基督徒不仅在法律上拥有了被称为义的法庭式宣判,而且实际上也真正拥有了基督的义且体现在真实的效果上。人的称义不只是法律性的,即法庭式的行动,在其中上帝好像法官一样宣告人无罪。而且,在法律性行动之外,称义中包含着人变得更好,即有效的义,但这并非要教导人以任何方式来自我拯救,实际上基督才是拯救人和使人成义者。当基督自己在基督徒的信里临在时,这个"在基督里"能够使人变得更好,但只有在天堂里人才会成为完全。

芬兰学派通过对路德的原文经典进行诠释的其他理论主题还有:基督就在信本身之中、两种爱、圣化/成神、神化、称义、法庭式/效果性的称义成圣、虚无、倒空、分享上帝的性情、礼物、金律、十架神学、荣耀神学、联合/合一等。

芬兰学派与中国宗教文化有许多相通之处,就称义、成圣、成神、神化、金律等概念而言,它们与中国文化特别是儒家的"成圣"、道家的"得道成仙"以及佛教的"成佛"之间,都有许多相通之处。这对于如何避免偶像的产生、如何发挥人的积极主动性、如何处理称义与成圣、福音与律法之间的关系等等,都有重要意义。

儒家对中国社会甚至是华人基督徒在成圣与神化中都有重大影响,芬兰学派的引介将会对中国社会有意义,而且对芬兰信义会与中国后宗派时代的教会之间的交流也有重要价值。对于深受儒家和佛教影响的华人来说,芬兰学派可以帮助我们更好地将称义与成圣统一起来。不仅在法律层面为信徒的地位提供保障,也在现实存在层面为信徒活出基督的样式提供了动力和活力,且又得以避免骄傲自大与藐视他人的错误。芬兰学派对于基督教与中国文化的相遇和基督教的中国化可以有重要的参考意义，特别是在复兴国学的当代，其中所潜在的自以为义的盲目乐观的人性论与缺乏超越纬度的伦理追求，会促使许多假神的产生，在通过激情鼓舞人心之后，为社会带来的可能只是新的破灭而已。芬兰学派在此也许可以提供参考的警醒意义。

为了更好地与汉语学界探讨芬兰学派，笔者在 2014 年 6 月先后参加了兰州大学举办的"第一届宗教对话与中国梦学术研讨会"与四川大学举办的"和而不同——宗教对话与不同文明之间的和谐之道国际学术研讨会"，对芬兰学派进行了介绍，并且于 2014 年 6 月 17 日于清华大学哲学系与朱东华副教授及其研究生进行了分享。在 2014 年 5 月第三届尼山论坛上，笔者与山东大学德国史专家刘新利教授及北京大学高等宗教文化研究院院长张志刚教授等一起策划了"第四届国学与西学北欧论坛"，计划以"芬兰学派对中国语境的意义"作为主题。《国学与西学国际学刊》第八期及第十一期专门以"路德和宗教改革"为主题出版了专辑。

另外，笔者作为总编译负责的《根据教会年历主日顺序编排的路德证道集》已经基本完成，已经于 2015 年由山东省基督教两会出版发行。

笔者深切地希望，汉语学界能够对马丁·路德加以充分的关注和研究，在一个改革的时代，相信对于中国目前的语境，应当有积极的参考意义。

> 2014 年 6 月 4 日于赫尔辛基
> 18 日修订于北京与赫尔辛基之间的航班上

补记：

曼多马教授已经于 2015 年 1 月 19 日去世，很遗憾未能看到本书汉语版的问世，盼望我可以尽快拿到本书汉语版，赠送给曼夫人，以对曼多马教授表达敬意。另外，《关于称义/成义教义的联合声明》已于 2015 年在香港出版了汉语译本,且香港的罗马天主教会、信义会和卫理循道会签署了共同认可声明。2016 年圣公会也签字认可此声明。这都与芬兰学派起初的贡献密切相关。本书部分属于国家社科基金重点项目"基督教中国化视角下的路德文集翻译与研究"(15AZJ004)之成果。另外笔者翻译的六本马丁·路德著作正在由山东省基督教两会出版发行,包括《路德论婚姻》《路德论两个国度》《路德论洗礼》《路德论教会秩序》《路德论信心的确据和爱里的接纳》《路德书信》,总字数逾一百八十万字。

2018 年 3 月 23 日于济南山东大学儒家文明协同创新中心和长沙岳麓书院

芬兰学派马丁·路德新诠释丛书　1

基督就在信本身之中

信义宗与东正教基督教概念的相通点

曼多马(Tuomo Mannermaa)　著

黄保罗(Paulos Huang)　译

原著及其版权：

Missiologian ja ekumeniikan seuran julkaisuja

Schriften der Finnischen Geselischaft für Missiologie XXX

In Ipsa Fide Christus Adest : Lutherilaisen ja Ortodoksisen Kristinuskonkäsityksen leikkaupiste

Kirjoittanut Tuomo Mannermaa

Helsinki 1980：Missiologian ja ekumeniikan seura R. Y.

Finnische Gesellschaft für Missiologie und Ökumenik

ISSN 0355‐1636，ISBN 951‐95205‐5‐4

汉语版本及其版权：

芬兰学派马丁·路德新诠释丛书　1

《基督就在信本身之中：信义宗与东正教基督教概念的相通点》

曼多马（Tuomo Mannermaa）著，黄保罗（Paulos Huang）译

汉译本版权：黄保罗（Paulos Huang）及世界华人路德学会（Lutheran Academy for China）

ISBN 978‐952‐5936‐15‐5

目　录

汉语版序言

萨瑞宁

曼多马于 1975—2000 年间在赫尔辛基大学系统神学系担任教授。在其学术生涯中，他创造了一种新的理解马丁·路德神学思想的方式。对曼多马来说，重要的是路德没有开创一种新的基督教，而是回到圣经和早期教会的核心思想中。改革（Reformatio）就是"回到从前"，在此意义上，就像拉丁语前缀"re"表示"回到从前"、词根"formatio"表示"原始状态的回归"。

在《基督就在信本身之中》这本书里，曼多马想要强调的是，对基督的信仰怎样改变人的整个存在。根据路德，基督不仅是信仰的对象，而是"基督就在信本身之中"。基督进入信徒的生命，就像一个位格一样，进入人的内部，能够改变人的全部。用保罗的话来说就是，相信的人（即基督徒）是"在基督里"的。上帝的教会是基督的"身体"。《马太福音》最后一节里，耶稣基督应许会与人同在，直到世界的末了。这时，基督不是不在场，而是临在的。

曼多马著作的德语版在 1989 年出版时，引起了许多关注。该书所引起的讨论，首先涉及的是，在路德神学里，人的称义是否只是法律性的，即法庭式的行动，在其中上帝好像法官一样宣告人无罪。曼多马认为，法律性行动之外，称义中还包含着人变得更好，即有效的义。

批评者们认为，有效的义在拯救里过分强调人自己的分量。然而，曼多马的意思并非教导人以任何方式来自我拯救。恰恰相反：基督是拯救人和使人成义者。当基督自己在基督徒的信里临在时,这个"在基督里"能够使人变得更好,但只有在天堂人才会成为完全。

在《路德神学牛津手册》(*Oxford Handbook of Martin Luther's Theology*,2014)中,我描述了曼多马的著作所引起的国际性讨论。这本书是英语世界里介绍路德思想最好的著作。许多芬兰学者,如培乌拉、拉乌尼奥、霍维宁、罗明嘉和瓦伊尼奥,都像曼多马一样本着同样的精神,就路德思想的不同侧面,用英语和德语出版了论著。所以,学术界开始讨论将"芬兰学派马丁·路德新诠释"作为自己的神学学派。

然而,本书的写作目的,并非是要宣传某个学派,而是要引导读者去阅读路德。曼多马大量地直接引用了路德的原文,就像一个路德的解释者和诠释者一样。他好像在介绍证据,告诉我们,路德所教导的基督使人成义和变好。

这本书也想超越基督教的宗派,因为路德思想被根据主流基督教会关于拯救的教导来加以介绍。在与保罗和教父们的连接中,路德的教导也接近罗马天主教和东正教的思想。因此,曼多马的思想强烈地影响了信义会与罗马天主教、东正教和圣公会之间的超教派普世神学工作。特别是全球性的信义会-罗马天主教的文献《关于称义教义的联合声明》(*Joint Declaration on the Doctrine of Justification*,也称《因信称义联合声明》),这得益于曼多马的倡导和推动。

本书在基督的临在之外,研究了信心与行为之间的关系。曼多马加入到耶稣、保罗和路德的教导之中:只有人先变好,然后才能有好行为。好树结好果子。基督在信里的临在使其成为可能,即信能够产生好行为。这些行为不是人自己的功劳,而是基督在他里面的工作。

基督教的这个教导,在一定程度上与孔子的话语相似:"其身正,不令而行;其身不正,虽令不从。"(《论语·子路》13:6)

基督徒的正确人格的存在和正确的位置是"在基督里"。当基督在人的信里临在时,正确的行为就会随之自由地产生,而不需要命令去强迫发生。然而，人却无法通过自己的力量达到这种正确的所是（tällaiseen oikeaan olemiseen），只有基督能把人放到正确的所是和正确的位置之中。

2014 年 3 月 14 日于赫尔辛基

英译者导言[①]

基尔斯·斯特耶尔纳

在对马丁·路德感兴趣的学者、神职人员以及平信徒中间，"曼多马学派""芬兰的路德研究"已经变成一个国际性术语。在北美洲，关于近来大家所记得的最原始的路德学者的发现和论争的讨论，已经进行了十多年。

曼多马的名字已经在路德研究的学术编年史中闪闪发光。若不参考或评论曼多马在过去四十年所进行的大量研究工作，关于路德的核心神学，特别是其称义、信和爱的令人尊敬的研究，无论以任何语言[来写作和出版]，都是不可能的。以"曼多马学派"来称呼是合适的，因为他的地位是在日益成长的诸多学术团体中确立起来的，这些学者通过出版许多博士论文和学术文章对他最初提出的命题进行不断检测和支持论证。[②] 曼多马的工作是对在

[①] 该文原为"Editor's Introduction", Tuomo Mannermaa 2005：*Christ Present in Faith：Luther's View of Justification*. Edited and Introduced by Kirsi Stjerna. (Minneapolis：Fortress Press), xi‐xix。

[②] 本导言集中论述曼多马的工作。但是，读者需要记住，今天的"芬兰路德研究"包含着由许多路德研究学者所发展出来的多个视角，他们一直集中于密集而常常彼此协作的路德研究。这个工作的许多成果都发表于诸多作者编辑的论文集中(见文献目录)。如这个学派的领袖学者之一萨瑞宁在其网站中所说，"曼多马学派并不是对德国改教家路德的一个单一诠释，也不能宣称我们今天可以来编辑一本路德的神学大全。过分的简单化……也是应该避免的。"他提到了在这个芬兰研究中的几个趋势和主要兴趣点：基督在信徒里的真实临在、爱的神学和十架神学、圣礼和教会论以及与本体论相关的问题。他还指(转下页)

芬兰研究路德的强烈传统的继续,在 20 世纪早期,[这个学术传统的领袖是]芬兰赫尔辛基大学的系统神学教授勒纳尔特·皮诺玛(Lennart Pinomaa)和劳瑞·海科拉(Lauri Haikola)。自从 1980 年代以来,这个意义重大的奠基性的路德研究,就在赫尔辛基大学系统神学系曼多马领导下,延着他们的足迹不断发展。

曼多马命题的争议性,与他在揭示路德的称义论的丰满和激进性里的效用(effectiveness)有关。曼多马命题的激进性,像路德神学本身一样,与"真实讨论"(reality talk)最为密切相关。那就是,在称义的作为里以及在与神圣的关系中,我们是怎么讨论、路德是怎么讨论:什么"真正地/真实地"为信徒、对信徒和在信徒里面发生的?它是一个要比"仅仅的言词"和信仰更多的事件吗?曼多马的建议也有争议性,因为他认为以前的一些对路德的诠释是错误的,或至少在这个方面是盲目的。

在对路德的诠释中,在以路德的方式宣讲和教导福音时,传统的重点一直是,在称义的作为里,信徒通过义的注入(imputation of reightrousness)而被称为义,因此在上帝面前就被算作是无罪的。曼多马没有加入这个合唱,他指出,在路德神学里,过去忽略了与注入作为一起的、对上帝真正的、改变现实的临在的重视,在其中信徒被成为义并与上帝成为一体。换句话说,在他诠释路德的语言中,曼多马坚持,路德对义的"法庭的"和"效用性"的方面,对称义如何既意味着在上帝面前被宣布赦免,又在个人与上帝的联合中被成为圣洁给予同样的重视。曼多马的研究工作表明,使用注入和法庭式的称义语言,是多么无法公平对待路德称义神学的全部内容(或揭示他作为一个属灵导师的潜力)。曼多马展示出,对路德来说,称义有真实的效用;救赎主基督不仅为我们而且也在我们里面运行。若没有能够欣赏在实际中当基督来住在我们里面和使我们与上帝成为一体——因此在某种意义上成为神[开头字母为

(接上页)出,尽管这个工作的大部分是在系统神学的学科内完成的,但它也作出了一些历史的声明。参考 www. helsinki. fi/~risaarin/luther. html。

小写]——意味着什么的结论时,路德的因信称义神学的深度就不可能完全被赞赏。更不用说,在路德研究的圈子里,这样的声明很容易造成轰动。

如果曼多马对传统的所谓"义的效用性方面"的关注已经是一个争议的话,那么他的建议或不如说命题则更是一个争议,"圣化""神化"是路德神学、特别是其称义神学的核心部分。

曼多马简洁而有说服力地为此论证,从路德本人那里找出证据。曼多马说明,"神化"这个概念是路德全部神学中所固有的。的确,路德经常说到上帝的"留置"(indwelling)和"居住"(inhabitation)于人类之内(如 WA 4:280,2-5;WA 3:106,14-15)。路德的焦点,不是一个人变成什么,而是什么被做"到"了人的身上,以及这在与神的关系中意味着什么:神化(deification)是关于分享上帝的性情,焦点是在上帝的作为里面。③ 曼多马指出,对于路德来说,"就因果关系而言,圣化(theosis)建立在上帝的神圣性之上。"它来到信徒之中,起源于上帝,通过一个摧毁人的使自己成神和使自己成义的持续努力的"虚化"(nihilization)而实现。④ 对于路德来说,圣化与上帝作为可爱的上帝自己的方式相关,他在道中来到世界:"上帝在道的运动中处于与他自己的关系之中,同时,他就是道的这个运动。对上帝的存在的这个理解,是理解在信里的基督的存在-临在的基础。"⑤曼多马所引用路德的一段美丽的话语很好地说明了这一点:"因此,基督的义通过信在基督里变成了我们的义,他所拥有的一切、甚至他自己,都变成了我们的……每个

---

③ 培乌拉阐明"留置"的意思是"一个基督徒就是一个神[开头字母小写]、上帝的孩子和无限,因为上帝留置在他里面"(WA 4:280,2-5)。换句话说,"神化意味着基督徒分享上帝及其神性"(WA 3:106,14-15)。Simo Peura 1998:"Christ as Fvor and Gift:The Challenge of Luther's Understanding of Justification," in *Union with Christ:The New Finnish Interpretation of Luther*,ed. Carl E Braaten and Robert W. Jenson(Grand Rapids:Eerdmans),51.

④ Tuomo Mannermaa 1998:"Why Is Luther So Facinating?" in *Union with Christ*,10.

⑤ Ibid. ,12.

相信基督的人，都攀附着基督，与基督成为一体，并与他拥有相同的义。"⑥这个"分享"的思想，根据曼多马，就是理解路德神学不同主题的核心。

使用圣化、与上帝联合的语言及讨论与称义所带来的新现实（a new reality），路德的神学听起来很神秘，并且在本质上符合罗马天主教和东正教关于在他们以恩典为起源（grace-initiated）、以信心为基础（faith-based）、在基督里与上帝的关系中，对人发生了什么的观点。正是这些关于与基督联合以及分享神圣生命的表述，还没有进入路德宗的一般词汇之中，他们传统的"路德宗的语言"在这方面是被局限了的。同时，正是这些相同的表述和思想，首先激发其他传统的同仁们的讨论，在他们那里这种"本体论的"语言是不熟悉的；其次，显示出路德灵性的宽度。⑦ 在现代关于灵性、特别是路德的灵性的讨论中，曼多马和其他芬兰学者的贡献是基础性的。像亨德里克（Scott Hendrix）所说的那样，"芬兰学术作出的贡献，是通过呼吁重新关注在基督里的新现实这个路德灵性的心脏［而完成的］。"⑧

曼多马的这本书，呼唤批判性地重新阅读路德的全部著作，重新思考路德神学的基础和路德诠释的传统。这本书不仅对于路德学者们寻求最真实地阅读路德是重要的，而且在基督教普世运动的语境里，对于一般的路德宗信徒来说，这本书对他们确认其自己神学的和灵性的身份认同也是重要的。实际上，曼多马的命题和问题会使每个路德研究的学者都要反问他或她是否正确地阅读了

⑥　Ibid. , 6.

⑦　Risto Saarinen 1998："Salvation in Lutheran-Orthodox Dialogue," in *Union with Christ*, 167 - 181.

⑧　Scott Hendrix 1999："Martin Luther's Reformation of Spirituality," *Lutheran Quarterly* 13/3（Autumn 1999），258. Kirsi Stjerna 2004："Luther, Lutherans and Spirituality," in *Spirituality*：*Toward a 21ˢᵗ Century Lutheran Understanding*, ed. K. Stjerna and B. Schramm（Minneapolis：Lutheran University Press）. 反思了芬兰的路德诠释如何为欣赏路德和路德的灵性的潜力和独特性提供了帮助。

路德——或他们是否过分地被路德宗的传统所塑造以致可能失掉了"真正的路德"。或者支持曼多马,或者还不能确信,或者简单地反对他的观点,这取决于一个人如何回答这个问题。

在北美洲,对曼多马的研究的热情还是崭新的;而在欧洲,他的著作已经被学者们进行了第二阶段的研究,是通过与他最初的发现对话而进行的。1993 年,曼多马访问北美洲,在明尼苏答的圣保罗路德神学院举办的国际路德学会的会议上进行了演讲。在那里,他和他的一批芬兰同事与学生们,提出了他们对路德的激进阅读发现。三年以后的 1996 年,曼多马访问了明尼苏答的圣奥拉夫学院(St. Olaf College),带领一个关于路德的研讨班与大约一百多位参与者分享了芬兰学者们的观点。这两个学术活动都引起了讨论,至今仍在继续。这些会议的成果之一是对曼多马著作的英语版产生了强烈的需求。1998 年,卡尔·勃拉登(Carl E. Braaten)教授和罗伯特·杰森(Robert Jenson)教授编辑出版了《与基督联合:对路德的芬兰新解》(*Union with Christ: The New Finnish Interpretation of Luther*),其中包括了曼多马和他最亲密的学术圈的学生们的文章,以及北美学者的评论,是目前为止仅有的介绍芬兰以曼多马为中心的路德研究的英语专著。[9]

该书导言中指出,"曼多马学派正在修改德国新教神学家们所主导的路德诠释,他们[这些德国神学家们]是出了名地以新康德主义阵营为前见地阅读路德的。在德国的路德研究中,从里敕尔到艾伯林(Gerhard Ebeling)以来的长久传统都是如此。"[10]通过故意努力抛弃既存的想法和概念而崭新地阅读路德,曼多马的确挑战了新教的、特别是德国的路德学术的整个范围。他特别指名霍尔

---

⑨ 2010 年新出版了一本英语论文集,介绍芬兰的曼多马学派: *Engaging Luther A (New) Theological Assessment*. Ed. by Oli-Pekka Vainio (Cascade Books, Eugene, Oregon. 2010). 另外,除去斯特耶尔纳翻译的曼多马的这本《基督就在信本身之中》之外,她还将曼多马的《两种爱》也翻译为英语并出版。——译者注

⑩ Braaten and Jeson 1998: "Preface: The Finnish Breakthrough in Luther Research," in *Union with Christ*, viii.

(Karl Holl)及其学派,包括波恩卡姆(Heinrich Bornkamm)、黑尔希(Emmanuel Hirsch)、吕克尔特(Hans Rückert)和沃格尔桑(Erich Wogelsang),认为他们是从错误的哲学前提出发从而错误地诠释路德的代表。⑪

　　对霍尔及其学派,曼多马批评最多的,是他们过于迅速而不必要地拒绝在路德里面的每件"本体的"(ontological,简单地说,就是指"being"[存在]和"the real"[真实])。曼多马通过其阅读路德的核心思想"基督就在信本身之中",挑战了霍尔学派对本体的参与/分享之思想的拒绝,而是强调"真的临在"这些词语。从路德来源于早期教父神学的基督论开始,曼多马显示出,基督是在(in)和为了(for)我们[里面]——真正地(really)、实在地(truly)和亲自地(personally)——对于路德是多么的"本体的"(ontological)。从这个基督论的起点开始,路德可以讨论通过罪人和基督的属性之间的真正交换而作为人与上帝成为一体的义。曼多马断言,本体论的语言,正是介绍路德真正所说的是什么而需要的语言,无论是关于上帝是否真的临在于信徒之中,还是在称义作为里的基督的属性交换(communicatio idiomatum),或是关于圣礼的效用。在中世纪语境阅读路德,而不是试图使他站到神秘传统的对立面,曼多马揭示了路德神学中的本体论维度,从而也揭示出路德关于信徒与上帝之间的个人联合的奥秘和现实的观点。基于曼多马的阅读,这才是最好的路德,这才是真正的路德——正像我们所能看见的,这是一个令人惊讶的超越宗派[大公教会]的路德,作为一个属灵

---

⑪　萨瑞宁在其网站中介绍芬兰学派的路德研究时说:"芬兰路径对以前的研究范式常常是非常具有批评性的。我们声明,后启蒙的路德研究,被宗派的和哲学的前见深深地影响了,其中对'本体的'事项的仇视,是最重要的问题之一。"www. helsinki. fi/～risaarin/luther. html,"Overview"。

导师,他今天仍然站在高处。⑫

比起以前占主要地位的路德诠释传统,曼多马通过介绍一个其神学与古老的基督教神学和灵性有许多连接的路德,其视角对路德宗和其他宗派之间的普世对话作出了显著的贡献。在某种意义上,曼多马把路德自己的文字与诠释历史对立起来,发现“真正的路德”比以前所介绍的更加有力。

在介绍这本书之前,让我先简单描述一下曼多马教授的职业和研究历程。曼多马出生于 1937 年,在 1964 年获得神学硕士学位,1970 年获得神学博士学位,都是在芬兰的赫尔辛基大学获得的。1976—1980 年,他在赫尔辛基大学系统神学系担任助理教授,1980—2000 年担任普世神学教授,然后退休。2000 年,丹麦哥本哈根大学授予他荣誉博士学位。

他的博士论文《信仰的光照和信仰的对象……卡尔·拉纳早期思维的信仰自白的自发性和接受性》(Lumen fidei et obiectum fidei ... Die Spontaneität und Rezeptivität der Glaubenserkenntnis im frühen Denken Karl Rahners [1970]),研究了卡尔·拉纳(Karl Rahner)的超越性方法在哲学与神学中的使用情况。这个研究工作,使得他去探讨教父、经院学派和现代的(后康德的)罗马天主教神学中的哲学与神学之间的关系。在 1972 年,芬兰路德宗教会[信义会]的大主教马尔迪·西面约基(Martti Simojoki)请曼多马提

⑫ 曼多马本人写了两篇英语文章,为他对路德的这个诠释提供了奇妙而寓意深长的介绍和总结。这两篇文章是:“Why Is Lutrher So Facinating?”和“Justification and Theosis in Lutheran-Orthodox Perspective”,都载于勃拉登(Braaten)与杰森(Jeson)主编的 Union with Christ,1 - 20,25 - 41。在这本文集里,培乌拉的文章也值得阅读,“Christ as Favor and Gift: The Challenge of Luther's Understanding of Justification”(42 - 68)和“What God Gives Man Receives: Luther on Salvation”(76 - 95)。在同一文集里,萨麦理·尤恩图宁(Sammeli Juntunen)和安提·乌尼奥(Antti Raunio)提供了关于路德的“存在”(being)概念和路德神学中的金规伦理(the ethics of the Golden Rule)的文章:“Luther ans Metaphysics: what Is the Structure of Being according to Luther?”(129 - 160)和“Natural Law and Faith: The Forgotten Foundations of Luther's Theology”(96 - 124)。

供一个报告,介绍洛伊恩贝格协议(Leuenberg Concord,欧洲改革宗教会委员会)的历史和他们寻求合一的根本方法。这个任命使得曼多马认识了德国新教神学和那个语境里的教会政治。这个研究的结果是他出了一本书:《从普鲁士到勒乌恩贝格:在勒乌恩贝格团体之中的神学方法的背景和发展》(Von Preussen nach Leuenberg: Hintergrund und Entwicklung der theologischen Methode in der Leuenberger Kondordie[Hamburg, 1981])。在 1970 年代早期,芬兰的信义会和俄国[苏联]的东正教已经开始了固定的会谈。1973 年,芬兰的大主教西面约基邀请曼多马加入芬兰代表团,大主教又请曼多马为随后的协商寻求一个起点和合理的基础。1977 年,曼多马在基辅论证说,从路德宗方面来说,这样一个起点和连接,可以从路德所教导的"基督就在信本身之中"找到。曼多马论证说,这个教义与东正教的神化(theosis)教义相类似。而且,曼多马论证说,路德对神化教义很熟悉,在他的神学中它以多种方式出现。他在基辅所发表的关于称义与神化的报告,在同一年的芬兰语《神学期刊》(Teologinen Aikakauskirja)中发表出来,并引起许多人的兴趣。因为对他的报告和这个主题的普遍兴趣,曼多马后来扩展这篇论文,写成一本书,就是我们现在所翻译的这本书。

尽管芬兰新的路德研究的初衷来源于教会之间具体的普世对话语境,但这个新的路德研究很快就在芬兰科学院的大力资助下变成一个纯粹的"科学性的"神学项目。作为这个原来的项目,发表了几篇博士论文,还有一些博士论文则有待出版。

除去指导许多其他人的著作之外,曼多马本人一直是一个多产的作者。他总是进行第一手文献的研究,写作了许多专著和文章,并参与了有关芬兰的教会和社会事务的公共讨论。因为他的心一直在普世神学事务上,他总是愿意为了促进普世教会的对话而贡献自己的专长,通过亲自参与和发表著作,他在欧洲的普世神学舞台上做出了突出的贡献。他的工作受到了职业的神学家、神职人员和平信徒的欢迎。他的许多著作都成了教科书,塑造了许多学生的思想。他的著作既提供智力挑战,又提供灵性营养,而且显著地帮助了基督教会的合一。

《基督就在信本身之中》这本书在其以前的芬兰语和德语版中，已经拥有了持续不断的和勤奋的读者群；在赫尔辛基大学神学系，作为一本系统神学和普世神学的必读书，它塑造了许多萌芽之中的神学家。

在这本书里，曼多马精心地分析了路德的"加拉太书教程"（Lectures on Galatians）。这些教程，在路德教学的时候，没有被印刷过，但是在后来根据一个学生的笔记它被整理出来并出版了。曼多马注意到了这件事，他首先使用路德已有的笔记（包含在 WA 里），只是在这个文本太散乱时，他才咨询和引用后来所出版的文本——他总是确认出版的文本中的思想线索与路德的教程笔记是否相对应。他也通过其对路德神学的研究而撰写了《两种爱：马丁·路德的信仰世界》一书，这本书在赫尔辛基也成为标准教材。曼多马在这些著作中，目的是提供一个对普世神学问题敏感而适用的路德研究——特别是在芬兰路德宗和俄国东正教会的对话中——同时还把这个研究当作一个独立的工作予以特殊的关注。在注意普世宗教讨论和把该书当作课本使用的情况下，曼多马选择用包含大量的和直接引用路德的文本并加上翻译。这使得读者可以与曼多马一起去直接阅读路德，第一手地去跟随曼多马的诠释。因为这个研究直接与"标准教义"的学术相关，如曼多马所称呼的那样，他明确想要真实地保留路德的术语。

这本专著，篇幅相对较短，但内容丰富，高举了路德关于信、称义、爱和基督徒的生活的核心原理与论证。曼多马系统地解释了路德关于［下列问题］的观点：信和爱；罪和人的生活；工作、自然和基督的礼物；称义的事实；基督徒的生活、挣扎和爱；教会的角色和在上帝之道的工作里的圣礼；表示那些与基督成为一体的生命特征的圣洁和罪的真实——所有这些都围绕着"神化"的思想。这本书详细介绍了路德的神学，揭示了它的特殊细微之处，在那个过程中，读者会有效地熟悉路德的基本术语。

这本书论证的和集中关注的是，路德关于称义就是一个本体性地改变一个人与上帝的关系的圣化的神圣作为（a godly act）的激进观点。根据东正教的神化教导，通过系统地阅读路德，曼多马证明，因为基督和信而发生的圣化思想，是路德神学的核心。本书不仅为普世教会相互理解基督教信仰的基本点提供了一个场合，它还戏剧性地转移了路德神学及其灵性中的重点。像以前说的那样，这个视角把重点从讨论被"宣称"为义和赦免，改变到了讨论"使成为义"和圣洁，不仅强调基督是"恩宠"（favor），而且也是"礼物"（donum），同时与这些一起，把在信里的基督徒的生活描绘为一个拥有真实效果和改变——因此拥有更多的在世界的责任——的新的事实，因为他们通过基督的临在而被圣化了。这个关于基督的道成肉身和赎罪的概念导致在人的生活里真正地分享神圣，不仅在神学重点方面，而且在路德宗能够在信里经历生命以及讨论它等方面，都有参与。

　　通过其有口才和有见地的著作，曼多马将继续参与不断扩展的关于路德的灵性的基本点和未来的讨论。通过高举路德的核心神学原理和让它们以自己的语言来说话的方式，曼多马的诠释突出了路德作为一个超越教派界限的属灵导师的灵活性。

作者原序

信义会和东正教的对话最近进入一个新的阶段。像许多地方性教会一样,世界信义宗联会在准备一些意义重大的谈判会议。

芬兰信义会与俄国东正教于 1977 年在基辅举行了神学谈判会议,我在其中做了题为"作为称义和作为成神的救恩"(Pelastus vanhurskauttamisena ja jumalallistamisena)的报告,该报告后来刊于芬兰《神学期刊》1977 年第 6 期。因为这个报告引起了多方面的兴趣,常常有人就此向我询问,因此,我觉得有必要以此为题作一个较为详细的扩展论述。我完成了路德关于"信"和"爱"的研究,其结果将在本书之后出版。在这本小书里,我试图利用关于路德研究的一些成果,结合到基督教普世合一运动领域之中,尽管这里涉及的是一个独立的研究课题。因为本书一方面是为芬兰信义会参与跟东正教的对话服务,同时它又是一本教科书,因此,在写作上,我特别注意该书的实用性。所以,本书比普通的书更多引用了路德的文献,并翻译成芬兰文。因为这关乎标准教义的研究,我尽可能引用路德本人习惯性的神学术语。

我的研究之所以能够公布于众,要感谢芬兰的大主教马尔迪·西面约基,他所提倡和开始的芬兰信义会跟俄国东正教的对话和准备工作,形成了多年的研讨会研究任务。对于信义宗的信徒增加其自我认同的认识,工作小组也成了一个启发性的论坛。赫尔辛基大学神学院的同事们和我就此题目进行了很多讨论,我特别与劳瑞·海科拉(Lauri Haikkola)教授就路德研究问题进行了讨论,并多次和他一起分析路德的文本,他的专业技能给了我很多帮助。最后我要感谢神学家西面·基维兰达（Simo Kiviranta）先生，他阅读了本书的手稿，并提出了很好的建议。

1979 年 2 月 27 日于爱斯波

二版作者序

本研究成果出版以后，出人意料地受到极大的欢迎。不同专业的神学家和教会界人士都给我提出了各种各样的建议。很多神学家和普通的教会会友分别以书面或口头的方式，通过表明自己的立场向我提供支持和鼓励。对此，我向他们表示最好的感谢。特别令人欣慰的是，很多读者在福音和教牧辅导工作中，都意识到了路德研究的意义。只要本书能够引起人们与基督教古典文献一起重视路德的文本而产生新的兴趣，我们的目的之一就算完成了。

经过深思熟虑，我决定本书第二版不作任何内容上的修改。在今后的研究中，我仍将有机会来完善本书的根基。我的目标是，不久将要特别探讨那些哲学前提，它们在路德研究中使得人们难以理解"基督临在"（praesentia Christi）之思想。

1980 年 11 月 10 日于爱斯波

前　言

在过去一百多年的新教研究中,要在东正教和信义会之间找到相通之处,如果不是不可能的话,也是被普遍认为非常困难。教父时代的"成神"说与信义会的"称义"论甚至被认为是互相对立的。

信义会和东正教信仰概念之间的关系非常复杂,在谈论它们之间的区别时,很容易变得空洞无物,但有一些神学历史的前提还是很重要的。我们将在这里介绍两点。

关于"成神"说与"称义"论不相适应的观念,有两个神学历史上的背景。一方面,这种观念起源于以康德哲学为根基的神学。这种神学把"伦理的"(eettinen)与"本体的"(onttinen)以激烈的手段进行了区分。特别是里奇尔(Albrecht Ritschl)学派①中兴起的影响巨大的教义历史的表现,总是明显地、或多或少地以此为起点:

---

① 请参考 Adolf von Harnack, *Lehrbuch der Dogmengeschichte*;和 *Das Wesen des Christentums*。"伦理的"一词在本书中不是指任何哲学学派的特殊意义。需要特别注意的是,该词不表示海德格尔(Heidegger)在 onttinen — ontologinen 区别中的"onttinen"(Heidegger, *Sein und Zeit*. 8 - 15)。"onttinen"也不同于经院学派术语中对"存在者"(Seiende, ens)—"存在"(Sein, esse)的区别,因为在这种区别里,"onttinen"表示"存在者"。本书在谈论上帝-关系的现实- onttinen 的特征时,上帝-关系指的是一般意义上的人与上帝的存在及其本质之间的联系。"本体的"一词很容易引起误解,似乎路德从内在上属于某种特定的哲学本体论。因此,本书的目的完全不同于 Wilfried Joest 的 *Ontologie der Person bei Luther*。关于路德从属于特定的"本体论",请参考 Leif Grane, *Erwägungen zur Ontologie Luthers*;Ernst-Wilhelm Kohls, *Luther oder Erasmus*;和 *Luthers Verhältnis zu Aristoteles*, *Thomas und Erasmus*。

宗教关心的不是关于"自然"的本质存在的问题,而是对"位格"和"价值"进行价值观评论。这种观点把"上帝-关系"从本质上解释为"与意愿的关联",这是需要与"本质"或"物质"的联系区别开来的。被称为现代路德研究之父的卡尔·霍尔,正是把"福音"理解为上帝的"旨意表达",而且在解释路德的其他文本时,他也是以康德哲学为根据的。[2] 这种哲学传统顽固地被保存下来,毫无疑问,它阻止了路德那些"上帝-关系"被以"现实-本体"方式理解为"本质联系"的思想的出现。

另一个影响了人们强调成神说和称义论无法相吻合的神学历史的因素,当然来源于从所谓的信徒群的初传(keerygma)神学形式中兴起的辩证神学(dialektinen teologia)。简单地说,他们认为,在上帝与世界之间,除了"言"(sana)之外,没有任何连接点,而且这个"言"只是"关系"而已。[3]

根据这种观点,就很难理解路德那些直接与神秘主义有关的谈论上帝(基督)与信徒合一的文本。[4] 同样,东正教成神说被认为来源于排斥"人格化"思维方式的"物质"思维方式。[5]

东正教成神说的核心,根据其自己的起点,可以描述如下:在基督里有了神圣的生命。通过与教会即基督身体相联,这生命就成了教会生命的一部分。这样一来,人就分享了上帝的性情(彼后1:4)。这个"本性"也就是神圣的生命,就像发酵粉一样渗透到人性之中,从而把它带回到原始的本性状态。[6]

---

[2] 请参考 Karl Holl, *Was verstand Luther unter Relgion?* 页 79,附注 3。

[3] 代表这种观点的主要是作为先锋的年轻神学家巴特,但它以很多种方式出现在存在主义神学中。请参考 Karl Barth, *Der Romerbrief*;Gerhard Ebeling, *Luther*。

[4] 关于路德与神秘主义的关系,请参考 Erich Vogelsang, *Luther und die Mystik*;Karl-Heinz zur Muhlen, *Nos extra nos*。

[5] 关于"物质"解释的评论,请参考 Arnold Gilg, *Der Weg und Bedeutung der altkirchlichen Christologie*;Werner Elert, *Der Ausgang der altkirchlichen Christologie*。

[6] 关于成圣说,请参考 Mannermaa, *Kristillisen opin vaiheet*。

成神说的核心形成了一种思想,即在基督里分享神圣生命。尽管在早期教父时代的思想中,成神说在表达上使用了一些希腊本体论的概念,但成神说本身却不应该被视作希腊化的。前面提到的里奇尔的这个命题,在本质上正是以这个哲学前提为根据的,即"物质的",建立在"本质的"相关联之上的"上帝-关系",应该从概念上与"人格-伦理化"的"上帝-联系"区别开来。在教父的思想中,并没有像现代学者一样把"伦理的"和"本体的"区别开来。因此,成神说的前提是,人真正可以分享上帝里存在的生命的完全性。正是这个"分享",在古代教会和东正教会的传统中,被称为遭到新教误解的术语"成神"(jumalallistaminen,即变成上帝,theosis,theopoiesis,拉丁文为 deificatio,芬兰文也称为 teoosi)。

先不讨论我们的立场,我们要问的是,"成神"(变成上帝)这个术语本身是否真正地和实事求是地表达了古代教会和东正教会的救恩论的全部内涵呢?本书所使用的这个术语,是指或多或少地与救恩论相关的观点,古代教会的基督论教义(kristologinen dogmi)就是据此建立起来的。特别是在亚他那修(Athanasius)的神学中,成神说有着古典的表达方式。

笔者知道,亚他那修所代表的基督教概念,可以通过"成神说"之外的其他基本概念来描述。比如,佩里堪(Jaroslav Pelikan)就把"成神说"理解为"转变"。里奇尔用以面对这个概念的批评,是很有意思的。因为佩里堪把亚他那修的"光"象征作为其神学的一个核心原则,在对亚他那修的研究中,[⑦]里奇尔向俄国神学家波罗沃依(Vitali Borovoi)建议,如果佩里堪用"改变"(transfiguraatio)而不是"成神"(jumalallistaminen,变成上帝)的话,将会更符合逻辑。需要注意的有意义的事情是,在 1977 年芬兰和俄国于基辅进行的神学对话中提到,波罗沃依正是借助"改变"这个概念来解释东正教的救恩论的。最起码在起点上,"改变"和"成神"所指的都是亚他那修的神学。然而,我的这本书不能解决亚他那修研究中的特殊问

---

⑦ *Dietrich Ritschl*, *Athanasius*.

题。我所要指的首先是里奇尔的著作,因为它也包括了研究历史。作为科学方法中所包含的问题,本书在以下篇幅中将使用在神学历史中已经约定俗成的术语"成神"。

本书的目的,不是要对东正教教义进行详尽的介绍。我也不会把东正教与信义会的教义概念进行特别的对比。我们的任务是从信义会自己的教义概念中寻找出那些可能与成神说相类比的可以被视为相通点或连接点的神学题材。

本书任务的确立,是由芬兰信义会和俄国东正教之间的对话引发的。对于这些对话来说,典型的是,其间的关系能够为双方的对话奠定最好的起点。我们要寻找的不是教会政治,而是共同的、尽可能肯定的连接点与接触点,并使今后的对话可以继续下去。

在信义会的教义中寻找那种与成神说相吻合的题材时,关注点毫无疑问地主要集中在"上帝的本性居住在信徒中间"这个思想上。信义宗的信条中就包含了与古典"居住"思想有关的"和解"(sovinto)论。这个观念认为,上帝以其完全的本性临在于信徒之中。需要注意的是,认为上帝没有住在基督徒之中,他的临在只是"礼物"的观点,是被否定了的。[8] 从理解信义宗神学自身的角度看,和解论中存在着一定的问题,关于"称义"和"上帝住在人之中"的关系,路德本人的解释和信义宗神学的解释是不同的。根据和解论,称义只是表示完全顺从基督,以及根据人的"功劳"来"宣布"罪得赦免。同样,"上帝的本性住在人之中"就被区分出去,而逻辑性地跟随在"称义"之后。这段著名的文献是这样说的:

> 此外,决定性的、正确的讨论,是关于上帝本性之义住在我们里面。尽管你能看到天父上帝、圣子和圣灵(是永恒的和本性为义的)通过信住在被他拣选的人中间,这些人通过基督而

---

[8] "Repudiamus ergo et damnamus omnia falsa dogmata, quae iam recitabimus: ⋯ VI. Non ipsum Deum, sed tantum dona Dei in credentibus habitare." *Bekenntnisschriften*, 785.

称为义并与上帝和好（因为所有真正的义人都是圣父、圣子和圣灵的殿，上帝使他们去行出好行为来），然而，这个上帝在他里面的临在，是不同于圣保罗所讨论的因信称义的，保罗称之为上帝的义，因为它的缘故，我们在上帝面前得称为义。紧跟着前面的因信称义的上帝的临在，不是什么其他的东西，而是罪得赦免，是单单因为基督一个人的顺服和完全的功劳，罪人就被无偿地接受了。⑨

在介绍三位一体在信中的临在不同于因信称义这个思想时，和解论依赖的主要是墨兰顿的晚期神学思想，从实际上说，路德之后整个信义宗神学都是与此相联系的。称义论完全是按照法庭式的来解释的，也就是，基于基督的顺服和功劳，人们得以被称为义。"上帝之义的神性住在人中间"，只是有关因信称义的"结果"。

毫无疑问，在路德本人的神学中，称义论与"上帝住在信徒中间"的关系是以不同的方式表达出来的。正如我已经在路德关于信与爱关系的研究中指出的那样，我将在这里继续说明，改教家路德关于因信称义的思想是通过基督论来思考的。路德没有把基督的"位格/本性"（persona）与"工作"（officium）加以区别，而是说，"基督本身"，既包括他的本性又包括他的工作，就是基督教的"义"，即"因信称义"。"在信本身之中基督是真实临在的"，这也包括"他完全的本性和完全的工作"。基督的本性中既包含了上帝的"恩典"，即饶恕罪和消除"恶"，又包括了"礼物"，即上帝的本性自身完全的临在。和解论与后来的信义宗片面的法庭式称义论，逐渐地有着把称义与"上帝在信中的真实临在"分裂开来的危险。而在路德本人的神学中，这两个方面的题材在基督的本性里是完全合一的。基督既是"恩典"又是"礼物"，若用卡尔西顿（Chalcedon）会议的说法来描述，这两者既不可分割，也不会混淆。根据路德，临在于信之中的基督，包括他的本性和工作，与因信称义是同一件

⑨ *Bekenntnisschriften*，932-933.

事。这样看来,基督临在于基督徒之中的思想,在路德本人的神学中占有核心地位,而在路德之后的信义宗神学中,却并非如此。由于这个缘故,路德本人的神学更容易与教父时代的成神说相交通。改教家路德本人的神学的内在核心中有着一种思想,即在基督里神圣生命临在于信中。

和解论与路德观点的区别所产生的问题,是信义宗的核心思想观念。尽管不少信义宗教会的标准教义中都包含和解论,可以根据这个信条本身的解释来辩论说,正是在路德的称义论中,信义宗教会的思想观念被表达了出来。和解论中关于称义的条款(III)在最后明确地引用了路德在 1535 年的《加拉太书注释》。⑩ 这个"漂亮而精彩的解释"说明了它对因信称义的"真正的解释"。用拉丁文写成的文本中,每个人都仍然被鼓励着去向"这本书咨询",并且去"认真地阅读"。⑪ 在和解论本身看来,因为《加拉太书注释》中的称义论有着最终的权威地位,因此,信义宗的观点可以从这本书中找到根据。

因为《加拉太书注释》不是路德本人交付印刷的作品,而是后人根据记录整理出来的,因此,本书遵循的传统原则是,印刷出来的文本需要与快速记录下来并保留的讲课笔记进行比较。当比较原始的文本在语言上不太统一时,就借用印刷出来的文献。但这时候,我们仍然

---

⑩ *In epistolam S. Pauli ad Galatas Commentarius ex praelectione D. Martini. Lutheri collectus*(1531). WA 40,1 - 40. 2, 1 - 184. 关于《加拉太书注释》,请参考 Karin Bornkamm, *Luthers Auslegungen des Galaterbriefs von 1519 und 1531. Ein Vergleich.*

⑪ Was dann ferner zu eigentlicher Erklärung dieses hohen und vornehmen Artikels der Rechtfertigung für Gott vonnöten, daran unser Seelen Seligkeit gelegen, wollen wir männiglich uf die schöne und herrliche Auslegung D. Luthers über die Epistel S. Pauli an die Galater gewiesen und umb geliebter Kürze hiermit gezogen haben. "这段文献的拉丁文说:"Quod praeterea ad copiosiorem huius ardui et praecipui articuli iustificationis coram Deo(in quo nostra salus vertitur)explicationem requiritur, de eo praeclarum D. Lutheri commentarium in epistolam Pauli ad Galatas ab unoquoque consuli et diligenter legi monemus, ad quem brevitatis studio hoc loco nos refoerimus. " *Bekenntnisschriften*, 936.

需要确定,课堂笔记与印刷出来的文献之间在思想上是一致的。⑫

我们根据路德本人的神学来介绍信义宗的称义,还有另一个原因。不仅正统的信义宗和虔诚主义的代表者们,而且路德本人也是信义宗教会的"精神导师"。在芬兰的信义宗教会中,路德的作品也被广泛地阅读着。因此,从实际的教会生活角度来看,路德的作品也不是没有意义的。

从真正科学兴趣的角度来说,也很清楚,路德的神学是信义宗思想发展的历史起点。信义宗神学的另一个热点一直是路德本人。比如,要研究路德与墨兰顿、路德与信义宗信条、路德与信义宗教义、路德与虔诚主义、路德与现代新教的关系,首先必须研究路德本人的神学。只要在这一点上获得可靠的研究结果,关于以后的信义宗思想及其与东正教神学思想的关系的讨论,就会有坚实的基础。

成神说与称义论的真正对质还没有完成。我在基辅举行的与此主题相关的报告中,已经注意到,普任特(Regin Prenter)所提到的成神说和称义论之间有着亲属关系。普任特认为,在信里,人的存在被带进上帝的本性(也就是爱)中以后,他在附注中指出:

> 在我看来,这观点表现了以教父为根基的人的成神的神学思想。这个在新教神学中常被怀疑的观点,表现出与单独因信称义的福音观点有着相同的目标:只有在上帝或说圣灵的帮助下,人才能相信上帝和爱上帝,并进而得称为义。在上帝面前,基督里的上帝是人的义本身。这又包括了在信里义人得以进入上帝的本性之中。⑬

克热施马尔(Georg Kretschmar)也指出,路德经常说,人在信里

---

⑫　在某些特殊的情况下,只要能够更好地解决问题,我们也参考路德的其他作品。
⑬　Regin Prenter, *Theologie und Gottesdienst*, 页289,附注10。

“将会变成神”。⑭

　　普任特和克热施马尔所介绍的观点不是偶然的，也不仅仅只是个人的观点，而是卡尔·霍尔之后路德研究的主要根基。霍尔学派的代表者，如伯尔恩卡姆（Heinrich Bornkamm）、黑尔希（Emanuel Hirsch）、鲁克尔特（Hanns Rückert）、瑟伯格（Erich Seeberg）和沃格尔桑（Erich Vogelsang），⑮把他们的主要精力都集中到路德的称义论上了。由于受到这个学派的影响，称义论后来就成了路德之后的信义宗的片面的“法庭式”理解了。尽管霍尔、黑尔希和沃格尔桑并没有对路德古代教会称义的基督论的基础真正感兴趣，但他们针对路德的信仰神学的研究，随着时间的流逝，还是毫无疑问地把改教家路德思想中信仰神学与基督论的一致性表现了出来。在此基础上，斯堪的那维亚的一些研究者（如海克拉［Lauri Haikola］）和中欧、特别是马乌热尔（Wilhelm Maurer）把路德与古代教会基督论相联系的背景中存在着的基本观点更精确地描述了出来。所以，马乌热尔在他的体系性著作《路德神学的统一性》（*Die Einheit der Theologie Luthers*）⑯中，以自己独特的方式从亚他那修的基督

---

⑭　Georg Kretschmar，*Kreuz und Auferstehung in der Sicht von Athanasios und Luther*，页 67，附注 60。需要提到的是，与克热施马尔的交谈，鼓励了我从事本书的写作和研究。Konstantinos E. Papapetrou，*Über die anthropologischen Grenzen der Kirche*，除去附注之外，没有把寻求成圣说与称义论之间的连接点当作研究任务。

⑮　请参考 Heinrich Bornkamm，*Luther，Gestalt und Wirkungen* 及同一作者的 *Zur Frage der Iustitia Dei bein jungen Luther*。从本书的研究角度来说，黑尔希的 *Die Theologie des Andreas Osiander* 非常有意义。也请参考重要文章“Intitium theologiae Lutheri”。Erich Seeberg，*Luther Theologie I-II*；*Erich Vogelsang，Die Anfänge von Luthers Christologie*。

⑯　Wilhelm Maurer，*Die Einheit der Theologie Luthers*. Kirche und Geschichte Band I. 11－21. 辩证神学思想界的沃尔夫（Ernst Wolf）对马乌热尔进行了批评。请参考 Wolf，*Asterisci und Obelisci zum Thema：Athanasios und Luther*。沃尔夫认为，路德的“道”与十架神学跟亚他那修的友爱（人情之爱）思想是互相对立的。——然而，有意思的是，在路德的神学中，上帝的友爱思想也是作为非常本质的题材出现的。我们将在下面引用俄尔兰格（Erlanger）机构所翻译的（转下页）

论思想来解释改教家的全部神学。称义论与古代教会的基督论思想的紧密一致性，也是本书的研究起点。

在本书第一章，我将说明路德的称义论是特别建立在古代教会的基督论思想上的（I. A）；基督在人性中真正担负了人的一切罪

（接上页）路德相关文献的德语版：”Er braucht hie nicht das Wörtlin Gnade, wie droben；sondern zwei liebliche ander Wort, Freundlichkeit und Leutseligekeit schreibet er dem gnädigen Gott zu. Das erste heiss auf Griechisch Chrestotes, und ist das freundlich, lieblich Wandeln eines gütigen Lebens, dass jedermann gerne mit demselbigen M, enschen umbgehet, und sein Gesellschaft fast süss, jedermann zu Gunst und Liebe reizet, der die Leut wohl leiden kann, niemand veracht, nirmand mit sauren, harten, seltzamen Geberden oder Weise verjagt, mag jedermann zuversichtlich umb ihn sein, zu ihm gehen und mit ihm handeln；gleichwie die Evangelia Chritum abmalen unter den Leuten, der jedermann freundlich ist, niemand veracht, niemand versagt, und ganz schlachtig, mört und nietig ist.” EA 2，7，165.（WA 10，1，95 - 128.）请与路德明显地谈到上帝的友爱下面的文献进行比较：”Ich thar sagen, dass ich in der ganzen Schrift nicht lieblicher Wort habe gelesen, von Gottes Gnaden geredt, denn diese zwei: Chrestotes und Philanthropia, darin die Gnade also abgemalet ist, dass sie nicht allein Sünde vergebe, sondern auch bei uns wohne, freundlich mit uns umbgehe, willig ist zu helfen, und urbietig zu thun alles, was wir begehrn mügen, als von einem guten willigen Freunde, zu dem sich ein Mensch alles Gutes vesiehet und sich ganz wohl vermag. Erdenk dir also einen guten Freund, so hastu ein Bild, wie sich Gott gegen dir in Christo erbeut；und ist dennoch solchs Bild noch gar geringe, solche überreich Gnade furzubilden.” EA 2，7，§ 69.（WA 10，1. 95 - 128.）辩证神学的前提促使沃尔夫片面地理解路德。路德把上帝的友爱发展到了如此极端的地步，以至于他把上帝比作“有本能欲望和爱人”的“狗、马和海豚”。”Das ander heisset Philanthropia, Menschenlieb；gleichwie Geiz möcht Geldliebe heissen. Und David 2. Regum 1（V. 26）Frauen-begierd nennet Frauenliebe. Also nennen die natürlichen Meister etliche Thiere Menschenlieber oder leutselig；als da sind die Hund, Pferd, Delphin. Denn die-selbigen Their haben natürlich Lust und Liebe zu den Menschen. Ein solchen Namen und Liebe eignet hie der Apostel unserm Gott, und hat zuvor auch gethan Moses Deuter. 33（V. 2.3.）, da er von Gott sagt: zur seiner rechten Hand ist ein feuriges Gesetz；wie hat er die Leute so lieb！Dass die Meinung sei: Gott hat sic him Evangelio nicht allein freundlich erzeiget, der jedermann um sich leiden und annehmen wölle；sondern wiederumb halt er sich auch zu ihnen, suchet bei ihnen zu sein, beut ihnen seine Gnade und Freundschaft an.” EA 2，7，166.

（I．A．1．），而在神性方面，他则是永恒的义（vanhurskaus）和生命（elämä）。基督正是在自己的本性中战胜了罪和义的争战（I．A．2．）。信则表示分享基督的本性（I．A．3．）。与基督合一，人就会分享"上帝的本性"。同时发生了本性特点的变化：上帝的本性特点，如义、生命、力量等，就被传给了人（I．A．5．）。在所有这些中间，基督既是上帝的"恩典"，又是"礼物"（I．A．4．）。

在路德看来，经院学派的"爱赋予信以形式"（fides charitate formata）-思想只是表示了"成神"的一部分内容（I．B．1．）。其实，改教家路德认为，基督自己（而不是爱）才是信的形式，即本质的真实。也就是说，上帝以其全部的本质在完全中临在于信之中。信之所以能够使人称义，正是因为它"含有和拥有"临在的基督（I．B．2．）。路德关于律法的观点，也同样影响了对信与基督关系的诠释：律法的属灵功能是把人引向基督，并建立合一的关系（I．C．）。基督与基督徒形成唯一的一个本性（I．D．）。由于这个缘故，改教家路德经常说，在信里人将变成神（I．E．）。

第二章（II．）探讨"临在的基督"这个思想会怎样使人理解路德关于信与基督徒的成圣之间的关系。真正存在于信之中而且发生影响的基督本身，是好行为（hyvän tekeminen）的真正主体（varsinainen subjekti，施动者、作者）（II．A．1．）。正是这个思想，被经常用来作为树结果子比喻的核心（II．A．2．）。

改教家路德关于基督徒真正的义与"被称为义"之间关系的理解，也开辟了"基督本身就在信之中"的思想。信"开始"（alkaa）真正的义，而"被称为义"则"成全"（täydellistää）信（II．B．1．）。根据同样的起点，需要明白的是，改教家路德认为，人同时是义人和罪人（II．B．2）。

关于人既是义人又是罪人的观点，是路德理解基督徒争战内涵的根基。在"肉"与"灵"的争战中，正是存在于信之中的真实的-本体的临在的基督之灵才是争战的原则（II．C．1．1．-6．）。信仰生活之所以能够持续不断，是因为基督的圣灵，从某种意义上说，他是基督徒的另一个主体，他在用"不住的叹息"为基督徒向上帝祈求

（Ⅱ. D.）。圣灵的呼吁是人的知觉无法知晓的，因此，圣灵的目的就是鼓励处于痛苦之中的人们去抓住上帝之"道"[⑰]而寻求帮助。

在路德所使用的物质性的"形象"（fyysis-luonnonomaiset kuvat）中，我们可以看出路德关于人在基督里真正本体性地分享上帝本性的观点，因为他列出了一些恩具：道是"子宫"，教会是"母亲"，圣职是"父亲"。他们生产出（synnyttävät）和塑造出（muovaavat）基督徒（Ⅱ. E.）。所以，这些都是以客观的恩具为基础而发生的：基督徒自身没有在行动，他是被影响的对象；基督徒没有能力生出什么，他是被生出来的（Ⅱ. E. & F.）。然而，恩具的客观性并不表示，它们不是真的在信里传递临在的基督：基督是信的对象，或者不是对象，而是所谓的"基督就在信本身之中"。

---

⑰　译者注：也可翻译为"话语"。

Ⅰ. 称义与基督论

A. 使人称义之信的古代教会基督论中的基础

1. 作为"最大的罪人"的基督

路德的基督教信仰的思想,是建立在古代教会基督论基础上的,他对这个古代基督论给予了特别的强调。路德认为大公教会的道成肉身思想很自然地与称义论紧密合一。在永恒中诞生的三位一体的第二位格——罗格斯(Logos)——不坚持(保罗语)自己所有的上帝的形象(in forma dei),却是出于爱通过变成人而取了奴仆的形象(forma servi)。路德认为,上帝的罗格斯不是仅仅取了"中立"的人性,而是取了"罪人"的人性。这意味着,基督在所接受的人性之中真正地有着所有人所犯下的罪。基督是最大的罪人(maximus peccator, peccator peccatorum)。改教家路德说:

> 所有先知都在灵里看到,基督是最大的强盗、杀人犯、淫乱者、偷窃者、羞辱神圣者、亵渎上帝者,等等,世界上没有什么比祂更大的了。因为基督不再代表自己的位格,祂不再是童女所生的上帝的儿子,而是一个罪人,祂担负了保罗的罪,而保罗是试探上帝的人,是迫害上帝的人,是行使暴力的人;祂担负了彼得的罪,而彼得是一个否认上帝的人;祂担负了大卫的罪,而大卫是一个淫乱者、杀人犯,并给外邦人以借口来羞辱

上帝。简而言之，基督有着所有人的所有罪，祂在自己的身体里担负它们。这些罪不是祂自己犯下的，而是祂把我们所犯下的所有罪都放到了祂自己身上……①

路德学生的课堂笔记中所记载的，与出版的文本并不一致。这段文本说明，路德是如何真正思考基督的共罪。罗格斯自己与"强盗和罪人"的人性"交流"（kommunikoi），并直接"沉入"（uponnut）其中。

> 祂被认为是强盗中的一员，尽管祂是无辜的。更要说明的是，基督是自愿地顺服天父的旨意，自己与强盗和罪人的身体和血液相交（communicare）。所以，祂沉入和浸入（submersus）了一切之中。②

路德对道成肉身神学的强调，所包含的思想正是：基督变成了罪人，在祂所接受的人性中，祂真的是最大的罪人。改教家路德知道，自己所表达的观点对很多人来说是陌生的、不容易接受的，所以，他多次为自己的观点辩护说：

> 然而，把上帝的儿子说成是罪人和被诅咒者，实在是不可思议和可耻的。如果你否认祂是罪人和被诅咒者，那你也就否认祂曾受苦、被钉十字架和死亡。比起我们在信经中众所周知地承认和祈祷的那样说，上帝的儿子曾经受苦、被钉十字架和死亡；说祂是罪人和被诅咒者，一点也不荒谬。如果承认和相信基督和强盗一起被钉十字架不荒谬的话，那认为祂是罪人和被诅咒者也就不应该被视为荒谬的了。……同样，针对基督，《以赛亚书》53 章说道："祂诚然担当我们的忧患，背负我们的

---

① WA 40, 433, 26 - 434, 12.
② WA 40, 1, 434, 1 - 4.

痛苦。"不应该轻视这些话语,而应强调其特殊的意义,必须认真严肃地对待它们。因为上帝不会拿先知的话来开玩笑,上帝说这些话是严肃的,是出于巨大的爱。上帝的羔羊、基督,担当了我们所有的过犯。"担当"是什么意思呢——诡辩学派(经院派)的人回答说:"承受惩罚。"好。但基督为什么被惩罚呢?不是因为祂有罪吗?不是因为祂担当了罪吗?圣灵在《诗篇》中见证说,基督是有罪的。《诗篇》40 篇说:"我的罪孽追上了我。"《诗篇》41 篇说:"我曾说:耶和华啊,求你怜恤我,医治我,因为我得罪了你。""耶和华啊,你知道我的愚笨,我的过错没有向你隐瞒。"这些《诗篇》中,圣灵在位格里谈论基督,清楚地证明祂犯了罪或祂有罪。但这些《诗篇》的见证不是无缘无故的,而是受苦的基督的话语,祂担负了所有人的罪,因为全世界的罪,祂成了罪人。③

2. 作为"最伟大的人"和"唯一的罪人"的基督

基督是"最大罪人"的思想是路德道成肉身神学与和解论的核心前提,据此,基督成了一种特定的"集体性之人"(kollektiivi-persoona),正如改教家路德自己所说的,"最伟大的人"(maxima persona)里真正地融合了所有人的本性。基督是每一个罪人:

> 是你这个否认上帝的彼得,是他那个迫害、试探和行使暴力的保罗,是又一个淫乱的大卫,是再一个在伊甸园里吃了禁果的罪人,是另一个在十字架上的强盗。总而言之,是所有犯罪之人的本性……④

基督是"最大罪人"(maxima persona)的思想的高潮是变成了基督是"唯一罪人"(solus peccator)的思想。在道成肉身以后,除了

---

③　WA40,435,2-436,13-16.
④　WA 40,1,437,23-26.

基督身上之外,其他任何地方都没有罪了,基督"沉入"到所有罪之中,所有的罪也都沉入到基督之中。这个思想是路德和解论的起点。我们将在下面对其要点进行简单的介绍,而不深入讨论有关细节,这些细节都还被研究得很不充分。

因为作为人,基督同时是"最大的罪人";作为罗格斯,也就是说上帝本身,祂又是"完全的义和生命";因此,在祂的本性上烙有最深的冲突与矛盾。从神性上说,基督是"神圣的力量、义、祝福、恩典和生命"。⑤ 祂的这些神圣力量与祂身上的那些罪、诅咒和死亡的力量争战,并且战胜了它们。这样一来,就不再存在罪、死亡和诅咒,因为"全部的罪都被集中到"基督里去了,而祂是"唯一的罪人"。

我们要注意,对罪和巨大破坏力量的战胜,是完全发生在基督自己的本性里的。祂在"自己之中"获得了义与罪之争战的胜利。罪、诅咒和死亡,首先是在基督的本性里被战胜的,"其后"整个世界才通过基督的本性发生变化。⑥ 拯救就是分享基督的本性。

3. 分享基督本性的信

路德神学的核心是,人在信中真正分享基督的本性及其所包含的神性的生命和胜利。从另一个角度说,通过信,基督把祂自己的本性赐给人。信表示分享基督,而基督里是没有罪、死亡和诅咒的。

> 只要基督通过信在信徒的心里掌权,就不存在罪、死亡和诅咒。只要人不认识基督,它们就会仍然存在。每一个不信的人,就缺少那个[基督的]好行为和权柄。因为正如约翰所说:

---

⑤　WA 40, 1, 440, 21 - 22.
⑥　WA 40, 1, 440, 26 - 30.

"使我们胜了世界的就是我们的信心。"⑦

根据路德,信就是得胜,正是因为它把信徒与基督的本性联系到了一起,而基督的本性本身就是得胜。

根据改教家路德,使人称义的信,不仅指人们对因为基督的功劳而被宣称为义的接受,这还是和解论所特别强调的。其实,真正地分享基督的信,表示分享在基督里发生的祝福、义和生命。基督本身就是生命、义和祝福,因为这是上帝的"本性和本质"(luonnoltaan ja substantiaalisesti)。⑧ 就是以这样的方式,使人称义的信表示,在基督里分享上帝的本性。

路德的"分享"这个概念的核心所获得的表达方式是,在思想中的"愉悦的交换"。据此,基督接受人的罪之本性,而把自己义之本性作为礼物赐给人。⑨ 基督和信徒之间发生这种本质特性的交换:基督这个神圣的义、真理、平安、喜乐、爱、力量和生命,把自己赐给了信徒。同时,基督把信徒的罪、死亡和被诅咒"吸到了"(absorboi)自己身上。在真正分享了基督时,基督徒的身上就不再有罪和死亡了。路德认为,经院神学家的思路正好与此相反,他们认为,罪是从本质上连在人性之中的质量(kvaliteetti)。而"真正的神学"则教导说,"世界上不再有罪",因为所有的罪,都被"集中到基督身上去了",而且,祂在自己的本性中战胜了所有的罪。无论人在哪里与基督合一,罪就会在那里真正地消失。路德说:

> 但只要在基督统治的现实中不再有罪、死亡和诅咒,我们就每天承认《使徒信经》中的告白:"我信圣基督教会"。这就等于是在说:我相信教会里不再有罪和死亡。因为那些相信基督的人,不再是罪人,不再会死亡,而是彻底完全地神圣和

---

⑦ WA 40, 1, 440, 31 - 35.
⑧ WA 40, 1, 441, 19 - 28.
⑨ WA 40, 1, 443, 23 - 29.

义,成了罪和死亡的主人,并且享受永生。但这里所说的只是信,因为我们说:"我信圣基督教会"。如果你问问自己的理性和眼睛的话,就会得到另一种结论。你会在义人身上看到很多让你伤心的东西。你会发现他们时而堕落、犯罪、信心软弱、充满仇恨、嫉妒和其他试探人的坏处。也就是说,教会并不神圣。但我要否认这个结论。只要我看自己和周围的人,就感觉不到神圣。但只要我仰望基督这位教会的中保和洁净者,就会发现整个教会是神圣的,因为基督担负了全人类的罪。因此,在现实生活中人们看到和以为其存在的地方,是不存在罪的。根据保罗的神学,世界上不再存在罪、死亡和诅咒,因为罪都在基督里,上帝的羔羊除去了世人的罪孽。为了使我们免得被诅咒,祂自己被诅咒了。但哲学和理性却告诉我们,罪存在于世界、肉体和罪人之中,而不是其他的什么地方。经院神学家则只会以形而上学的方式来思考罪,认为在本质上,罪像质量(kvaliteetti)一样连于(haeret)实质或主体;此外,他们无法想象罪的问题。就像颜色连于墙,罪是连于世界、肉体和良心的。所以,它应该被消除而进入其反面,也就是爱之中。而真正的神学则教导说,世界上不再有罪,因为天父把世界所有的罪都集中到了基督的身上(赛 53 章),基督在自己的本性里战胜、击败和摧毁了所有的罪。祂一次向罪而死,但从死里复活的祂却再也不会死了。因此,只要哪里有对基督的信仰,罪就真正在那里消失了、死掉了和被埋葬了。而只要哪里没有对基督的信仰,罪就仍然停留在那里。⑩

因为信表示真正与基督的本性联合。路德关于信的概念当然是紧紧与基督论合一的。基督与"信"在本质上是合一的。在这个基础上,也就可以理解,路德与古代教会的基督论联系很密切,而其观点是,基督的神性本质上是与上帝(天父)是相同的。因此,路

---

⑩　WA 40,1,44,30-445,35.

德对亚述(Areios)神学批评的标准,是直接以使人称义的信为基础的。他的思路是这样的:上帝在本质和本性上是义、祝福和生命。[11] 只有在一种情况下基督才能在自己中战胜罪、诅咒和死亡,那就是:基督在自身中就是义、祝福和生命,也就是说,祂在本质上就是上帝。在谈到信徒和基督的合一之后,路德接着把基督的神性与因信称义结合在一起说:

> 这些是我们的神学核心,但(经院主义的)诡辩主义者却对此非常困惑。从这里你会看到,信仰的对象是多么必不可少:基督是上帝的儿子。在亚述否定这一点时,他也就不得不失去救恩信仰的对象。因为"在自己中战胜罪"之所以可能,是因为基督(同时)是人,也必须是上帝。也就是说,消除律法、死亡和仇恨,必须有上帝力量的同在。在"自己"中献出生命,是神圣的使命。上帝的全能性特点之一,就是能把一切消除,又能创造一切。由于这个缘故,圣经说,基督在"祂自己之中"消灭了死亡和罪,并赐下生命。因此,每个否定基督神性的人,最后都会失去整个基督教信仰而成为一个土耳其人,尽管他自己主观上并不愿意如此。因此,我常常强调,应该好好地教导称义的信仰对象。只要我们教导通过基督而称义,我们就必须表明基督真的是上帝的儿子。这些是我们并非无用的想象,而是与通过伟大行为而称义相对立的。[12]

因为信表示真正与基督合一,而且因为在基督里罗格斯与上帝天父的本性是相同的,因此,信徒也就真正分享了上帝的本性。当路德把基督称为"礼物"的时候,他所指的正是这个意思。基督不仅是上帝的"恩典",即罪得赦免,而且基督也是真正的"礼物"。

---

[11] WA 40, 1, 441, 25-27.
[12] WA 40, 1, 441, 1-12(课堂笔记)。

4. 作为"礼物"的基督

路德神学中的一条核心线索是,基督既是上帝的"恩典",又是上帝的"礼物"。"恩典"指的是上帝消除了仇恨,饶恕了人的罪。也就是说,这个问题涉及的是上帝在"主体里"对人的态度。基督作为"礼物"则指的是,上帝把自己真正地赐给人。在信之中,基督的所有特性都是真实临在的,如义、祝福、生命、力量、平安,等等。因此,关于基督是"礼物"的思想,指的是信徒主体将分享"上帝的本性"。改教家路德本人也常常引用《彼得后书》1:4 中希腊教父们所特别强调的"成神论"的经文。[13]

在《石匠》(Latomus)一文中,路德特别发展了关于"基督是礼物"的思想。尽管在他的《加拉太书注释》中,路德没有把"礼物"和"恩典"作为主题来分析,但二者的区别以及关于"礼物"的思想还是很明显的。从下面这段文字中,我们可以了解关于基督是"礼物"的思想,也可以看出路德对真实的信与基督的关系的理解。基督徒"比世界更大",因为存在于他们心中的作为礼物的基督,"比世界更大"。

正确地说,基督徒是自由的,不受任何律法的限制,无论从内在还是外在,他们都不是任何人的下属。我说的意思是:只要他真像一个基督徒(而不是他像一个男人或女人);也就是说,只要相信,那个巨大的不可思议的宝贝,即保罗所说的那个"无法言喻的礼物",就会刺透、装饰和丰富他的良心。那个礼物是赞美和感谢不尽的,因为它使我们成为上帝的儿女和产业的继承者。由此而来的结果就是,基督徒比整个世界都大,因为他的心中有那个看起来很小的礼物;然而,在信中所拥有的礼物和奖赏即使微不足道,也会比天和地都要大,因为这个

---

[13] 请参考 WA 40,1,182,15。

礼物本身,即基督,比天地都要更大。⑭

　　这段文字说明,路德如何认真地理解"礼物"(即基督)是何等真实地同在。在路德的《加拉太书注释》中,有不少这样的段落。我们将在下面引一段路德的讲章,其中特别清楚地区分了"恩典""礼物"和"分享上帝的本性"的概念:

　　　　这是一个针对性强、非常优美而又特别(像《彼得后书》1章所说的那样)珍贵和巨大的应许,是给我们贫穷而可怜的罪人的:我们也分享上帝的本性,获得高贵的身份;我们不仅通过基督被上帝所爱,也不仅获得上帝的恩典而成为我们高贵的殿堂;而实际的情况是,我们得到祂,也就是主自己,完全住在我们里面。就像祂在说:上帝不束缚而是爱,也就是说,祂从我们身上把仇恨除去,祂心中所装着的是对我们富于恩典的慈父心肠,我们也应该享受这份爱(否则的话,它对我们就成了空洞而消失了的爱,像俗语所说的那样:爱,而不享受……),我们也应该从这个爱中获得巨大的益处并视之为宝贝。上帝的爱,是通过祂自己的行动和巨大礼物向我们证明的。⑮

　　因此,基督除了是"恩典"(饶恕人的罪)之外,也是"礼物"。也就是说,基督的临在,指的是信徒分享"上帝的本性"。在分享了上帝的本性之后,信徒也就分享了上帝的特点。

5. 信和"特点的交换"

　　关于基督徒"分享上帝本性"的思想,指的是基督徒"全部被上帝充满"。上帝的义使人称义;上帝的"生命活在他里面";上帝的爱使人变得可爱,等等。路德曾用不同的名称来称呼所发生的这

---

⑭　WA 40, 1, 235, 26 - 236, 15 - 16.
⑮　WA 21, 458, 10 - 22.

种变化,如用"喜乐的转换"来描述。更严格地从语意表达上说,可能路德所说的"特点的交换"(communicatio idiomatum)最能表达他的基本思想,尽管这个术语他用得比较少。从下面这段文字中,我们就能清楚地看到"特点的交换"和"基督的临在"思想之间的区别:

> 从而使我们完全被上帝充满。这个希伯来语的表达方式,指的是祂用所有能充满我们的方式来充满我们,从而使我们被上帝所充满。祂用丰沛的恩典和圣灵的恩赐来浇灌我们,从而使我们变得勇敢。祂用自己的光来照亮我们,祂的生命活在我们里面,祂的福佑使我们成为蒙福者,祂的爱在我们里面唤醒爱。简而言之,就是说:祂充满我们,以至于祂的本性和祂所能做的一切,都完全临在于我们里面,并强烈地影响着我们。……⑯

信把上帝的特点传递给人,因为基督自己是亲自临在于信之中的,而这正是上帝的本性。因此,在信中,上帝所有的善(bona)都被赐予了。人们很容易观察到,就像我们从开始所确认的那样,在路德的神学中,"使人称义的信"是无法与"基督住在信之中"的思想分开来的。"称义"不仅仅表示因基督的功劳而称罪人为义,这导致了另一个重大的结果,即"上帝的同在"。"称义"和"特点的交换"是路德神学中同一件事情的不同表达方式。在"特点的交换"理论上,这一点表现得特别明显。正是临在于使人称义的信之中的基督,在"喜乐的交换"中把上帝拯救性的特点传递给了信徒。上帝是义,在信中则会分享义;上帝是喜乐,在信中则会分享喜乐;上帝是生命,在信中则会分享生命;上帝是力量,在信中则会分享力量;等等。

关于信徒在基督里真正分享"上帝的本性"和与之有关的"特点的交换"的理论表明,改教家路德的信仰神学在本质上是没有跟

---

⑯　WA 17, 1, 438, 14 - 28.

古代教会的"真实的-本体的基督论"分开的。但是,古代教会建立在成神论基础上的救恩概念,在改教家路德的神学中是借助于因信称义来解释的。所以,路德的信仰神学的特点是在他批评经院神学的救恩论中表现出来的。经院神学的模式是"爱赋予信以形式"(fides charitate formata)。但是,改教家路德自己所从事的神学,可以自由地表达为:"基督赋予信以形式"(fides Christo formata)。

B. "爱赋予信以形式"和"基督赋予信以形式"

1. 路德批评的"爱赋予信以形式"理论

a. 理智-爱

像我们所确认的那样,路德所理解的"在基督里对上帝生命的分享"是发生在信里的。为了分析改教家路德的"信"概念,我们先来考察一下他怎样批评经院神学家的信仰诠释,那将非常有意义。[⑰]路德特别批评如下的观点:信仰属于理智的范畴,但理性知识无法掌握的对象,在逻辑上是无法被确认为真实的。根据同样的观点,理智可以通过同化的知识对象(assimiloimalla tiedon kohteen),也就是理智的材料(species intelligibilis)来获得知识,以形成所知道的自己存在的真实。因此,知识产生的前提就是:所能知道的和已经知道的形成了一体。

这里所谈到的"知识"(tieto)这个概念对"信"(usko)这个概念有很大的影响。通过知识人无法获得上帝,因为人和上帝应该合一。所以,像我们所确认的那样,信属于理智的范畴,也不可能构成"上帝-关系"的真正器官(orgaani)。理智所关心的是把所能知道的形式(species intelligibilis)吸引到自己身上来,而在关于上帝的知识中,这却是不可能的。

---

⑰ 我们下面的论述主要是以路德对《加拉太书》2:16的解释为基础的,其中包含了对经院神学的批评。

然而,"上帝-关系"可以通过罪人的基本倾向(tendentia)、愿望、e-motion(即爱)的帮助而产生。根据经院学派的一般观点,爱是所要获得的某种对象(objekti)。在一定意义上说,它是"盲目的"追求对象的运动。在获得它的对象以后,它"感动"那被自己所同化者。从最深层的本质上说,爱是追求超越,无限存在也就是上帝的运动。只要这个运动被恩待(gratia infusa)而获得恩典的力量,它就能"延伸到"和"提升到"三位一体上帝的面前。

前面所描述的思维方式的核心是,在恩典所感动的"爱"里,人能与上帝建立真正的关系。在其本身中,信是不足以成为建立"上帝-关系"的功能的。当然,信可以提供不完整的信息,告诉人们爱所要去的方向是哪里,但如果没有恩典所提升和启示的爱,这个信就是"死而没有生气"的。

b. 作为材料的信和作为形式的爱

在被路德所批评的经院主义中,信与爱的关系是以形而上学的概念被描述的,即信是材料(materia),而爱则是形式(forma)。恩典所启发的爱,是那个形式,即神的存在真实,它赋予信以形式。因为爱赋予信以真实,信就从死的知识而变活了,并且也被说成是"运行不止"及"色彩丰富"。总而言之,所谓的"因信称义"可以被融进一句话之中:被爱赋予形式的信(fides charitate formata),就是对神圣真理之爱所得到的信。通过从上而来的爱之帮助,人的爱从错误的世界之爱变成了上帝的爱。这样,人就能找到正确的爱的秩序,从错误的世界之爱中获得自由,去做爱上帝的行为,由此就会得救,也就是说获得上帝。

c. 作为本质的爱和作为偶然性的或可变的特点的恩典

路德对上述"信"的观点进行了极为强烈的批评。他批评的尖锋是,经院主义把"信"和"爱"的关系理解成"爱赋予信以形式"是错误的。对于信义会与东正教的对话来说,比较有意义的是,改教家路德批评经院主义的原因,首先不是因为他们把"恩典"与"人的本质"联系起来理解成"存在真实"。路德也认为,存在于信之中的义,即基督,是临在于人之中的。路德还把"因信称义"命名为"形式化的义",即"真正与存在真实联系在一起的义"。[18] 路德批评的对象是,经院主义把"爱"当成了"真正的拯救真实"。实际上,恩典所感动的和神圣化了的爱,仍然是人的爱。

改教家的批评意味着:他不接受经院主义的有关概念,因为他们把恩典理解成与人的本质相连的偶然性或可变性,即质量的定义。[19] 因为恩典只是偶然的或可变的特点,它能给"本质",即自我中存在的人之爱,以新的质量;但在"上帝-关系"中,真正持久而根基性的是人自己的爱。如通常所说,恩典是质量,是偶然的或可变特点的关系中的爱质(rakkaussubstanssiin)。路德的信仰神学之全部尖锋,则反对这种观点。可以说,恩典不是"偶然的或可变的特点",而可以说是"本质"的属性。换句话说,恩典就是"在基督里的上帝自身"。恩典存在于这个真实本身之中,而不在其他什么地方。信中真实临在的基督,是真实地与存在真实有关的义,但它保持了"本质"的特点。也就是说,临在于人之中的"形式化的义"是基督自身,[20]它在人之中的临在,就是本质上的上帝自己的义,因此,人不能为此自夸。

路德多次就恩典"自身中存在的"本性表述说,信是"活的""伟大的"和"运行不止的"事件(Ding),它不像"颜色停留在器皿上一样"而在灵魂中"休息"。在这些比喻的背后,实际所要表达的意思是,恩典在本质上不是偶然的或可变的特点,而是"本质的"真实。恩典就是基督自身。

d. 作为律法的爱

前面提到的路德对经院主义"恩典论"的批评中,还涉及另一个方面的问题。只要把恩典所感动的爱当成根本拯救的功能,改教家路德认为,毫无疑问,与上帝的关系,就会被放入律法的框架

---

[18] WA 40,1,229,2.
[19] WA 40,1,228,12-13.
[20] WA 40,1,229,9;18-21.

内来思考。^㉑ 作为人的独立真实,爱就会一直是人追求上帝的努力和行动。因此,它就属于律法的范畴。

爱不能成为拯救的途径,因为站在上帝面前(coram Deo)来鉴察人的话,基督是唯一的义。律法的位置只能是在人的社会关系之中。

2. "基督赋予信以形式"

a. 作为信的形式的基督

路德对经院主义拯救概念的批评,可以概括如下。"义"是位于人里面的"陌生的义",尽管这个陌生的真实,在信里,也真实地决定人的存在及与之相关的真实(formalis iustitia,形式化的义)。"陌生的"不是人被感动出来的爱,而是基督本身及其真实的临在。

对"爱赋予信以形式"的批评,同时也是路德宗教改革神学的核心,可以作如下表述:不是爱而是基督本身才是信的形式。路德所用的句子是:"基督是信的形式"(Christus forma fidei)。^㉒ 经院主义与信义会概念之间的区别,在路德看来,正是在于:天主教教导"爱赋予信以形式";而改教家则教导:"基督赋予信以形式"。^㉓ 信拥有上帝的存在真实,即形式。它是临在于信之中的基督。基督是唯一的拯救途径。

b. "因此信能使人称义,因为它占有并拥有临在的基督那宝贝"

如果把"基督"只是理解为"信仰对象"的话,好像任何人类知识的认识对象那样,那就没有真正理解路德的"信仰"概念。"信仰对象"是"临在的本性",其实也是"主体"。路德说,基督是"信仰的对象",但不仅如此,而且是"基督自己也临在于信之中"。"信"是

㉑　WA 40, 1, 226, 14 - 19.

㉒　WA 40, 1, 229, 9.

㉓　比如,Heiko A. Oberman 在"'Iustitia Christi' und 'Iustitia Dei',"*Luther und die scholastichen Lehren von der Rechtfertigung*,413 中就使用这种表述方式。

那种"什么都看不见"的知识。这样一来,根据路德的描绘,信就像旧约的圣殿中的神圣密云一样,上帝想住在那里(王上 8:12:"那时所罗门说:'耶和华曾说,祂必住在幽暗之处'")。正是在信所构成的幽暗里,基督坐在全部的真实宝座中,像上帝在圣殿的幽暗和密云中一样,来统治一切。我们下面所引用路德的这段文字,对于路德的信仰神学来说非常关键,因为路德在这里明确解释了他的"基督赋予信以形式"的思想:

> 我们把信放到那爱的位置上去。他们说,信是单亲婚姻中的养家者,爱是使他富有形式者和成为完全者;而我们则相反地说,信中所有的基督是形式,祂塑造信并赋予信以形式,就像颜色给墙[带来活力]一样。基督教信仰不是心中的空闲质量或空壳,可能处在濒死的境地,直到爱来给它增加内容并赋予它以生命力。如果其中的信是真正的信仰,那它就是与基督相连的心灵的确信和坚决的意愿。基督是信仰的对象,但不仅是对象,而是我要说的,基督就在信之中临在。信其实是那种幽暗的知识,即什么都看不见。然而,基督在这幽暗中掌权,祂的信就在其中。同样,上帝也住在西奈和圣殿的幽暗中。因此,我们的"形式上的义",不是赋予信以形式的爱,而是信本身和心灵的密云,而是对不可见之事的相信,而是对基督的相信,祂虽然是人的视力无法完全了解的,但祂却是临在的。因此,信使人称义,因为它包括和拥有那个宝贝,也就是临在的基督。人的能力无法理解,基督是怎样临在的,因为,像我已经说的,这里幽暗在控制着一切。什么地方只要有真正的心灵信任,那里就有基督自身在那幽暗和信中的临在。这就是使人称义的"形式上的义";人不是像诡辩主义所说的那样被爱称义的。总而言之,同样,诡辩主义者说,爱刺透信仰并给信以形式;我们要说,基督刺透信仰并给信以形式;也就是说,基督是信仰的形式。这导致的结果是,信中所拥有的和住在心中的基督,就是基督教的义,凭着它上帝称我们为义并赐给我们永

生。这实在不是什么律法的行为,不是什么爱,而完全是另一种义,就像律法之外和之上的另一个世界一样。基督或信不是律法,也不是律法的行为。㉔

这段文字说明了路德所言的著名的"基督是信的真正秘密"是什么意思。仍然明确的是,因为基督亲自临在于信之中,信不可能是什么可以"静止不动地停留"在人灵魂中的"感觉"。没有生命力的、死的和空的信,是"绝对地"与基督分离的信。㉕使信变活的不是恩典所激发出来的爱,而是临在的基督。祂会带来上帝的本性特点,如义、力量、生命、自由,简而言之,也就是"生命和祝福"(《大教义问答》)。

根据"基督临在于信之中"的思想,我们就能完全理解路德在《罗马书讲义》前言中解释信仰神学时所说的一段话,这段话非常著名并经常被引用:

> (信是)上帝在我们里面的作为,改变了我们,使我们从上帝得以重生(约 1 章),并杀死老亚当;在我们的心灵、意念、愿望和我们所有的力量上,把我们变成一个全新的人,并且把圣灵赐给了我们。啊,信是多么富有活力、有效和伟大的事(Ding)呀。它不可能停止使人行出善来……㉖

前面介绍的"基督真正地临在于信之中"的思想,不仅为我们打开认识路德信仰神学的全部门径,而且也使我们理解改教家如何对错误的"成神论"进行了批评。

㉔ WA 40,1,228,27-229,32.

㉕ 关于绝对的信,请参考 Regin Prenter, *Luthers Lehre von der Heiligung*, 66.

㉖ 本段文字根据芬兰文版的路德选集翻译。见 Pinomaa, ed., *Martin Luther, Valitut teokset II*, 19.

3."基督临在于我们之中"。对错误成神论的批评

根据错误的成神论,基督没有真正"下居"于信之中,而是位于"高天"之上。这种观点认为,"上帝-关系"是建立在情爱(eros)之上的,人在这情爱之中追求超越,也就是位于天上的基督。路德认为,以这种爱为根基的与基督的联系,总是不完全的;也就是说,它只是持续的、没有完成的对超越方向的追求。改教家路德则强调,上帝的全部本性都走了"下来"而变成了人。每一个相信的人,现在就已经真正地"在天上"了;因为基督之中有上帝的全部完全性,也因为基督是真正地临在。路德说:

> 基督的正确信仰和对基督的信仰是,通过基督,我们成为祂的身体;通过祂的肉体,我们成为祂的肉体;通过祂的骨头,我们成为祂的骨头。结果就是,我们在祂里面生活、运行和存在。因此,那些虚妄地以为基督只是灵性存在是无聊的,因为他们说,基督只是在思想和理论上在我们里面,而实际上祂则在天上。基督与信完全地联系在一起;我们最终会在天堂里,而基督则在我们里面存在、生活和发生影响。也就是说,祂不仅仅在思想和理论上在我们里面生活和发生影响,而是真实地,祂的临在是最真实和最有影响的。⑳

路德这里的批评,尽管首先是针对宗教改革时代所谓的神秘主义,但他同时也批评了经院主义神学。这里的批评核心,是我们已经多次提到的,即把"信"理解为"某种偶然性的特点",也就是说,住在心里的与基督分离的空的状态。基督是在天上,是圣灵在爱里感动人们去追求的地方。路德认为,神秘主义和经院主义在"爱赋予信以形式"这一点上是相同的,因此,路德有代表性地说道:

---

⑳　WA 40,1,546,21-28.

幻想之灵现在也以诡辩主义的方式谈论对基督的信,他们做梦般地认为,信是心灵里的基督被关在门外的状态。这是一个毁灭性的错误。正确地表达基督的方式应该是,除了基督之外,你看不到其他什么;你不相信有什么会比基督更接近你,更内在于你。基督并不是空闲地坐在天上,而是临在于我们里面并发生影响,在我们里面生活,像《加拉太书》2:20所说:"现在活着的,不再是我,乃是基督在我里面活着。"同样的还有,"你们披戴基督",等等。㉘

路德认为,"信"是分享基督的正确方式,因为"信"在基督里"拥有上帝的完全本性"。也就是说,"分享上帝的生命"发生在使人称义的"信"里。因此,要想理解路德对"信"这个概念的理解,首先必须注意他对"律法"这个概念的理解。路德对"律法"的本质和任务的解释,促使了他关于"分享神圣生命"的思想之诞生。

C. 律法和分享"神圣的生命"

1. 律法属于"世界"

a. 作为拯救途径的律法的不可能性

我们前面介绍的路德的基督论之"信"概念里,包含了他对律法的理解的一个重要方面和某种对抗性的对位主题。信和律法有着不同的功能,在人的现实关系的协调中,他们属于不同的关系。在人与上帝的关系中,即在询问人怎样在上帝面前得救的问题中,只有信是真实的。换句话说,在探讨"称义"的理论时,只有"信"是有效力的。在"地上",即"人与人之间的关系"中,发生作用的是爱和律法。

路德关于"律法"概念的第一个方面,是否定律法作为拯救人

㉘　WA 40, 1, 545, 24 - 30.

的途径。这表示的是,不应该要求人靠爱的行为在上帝面前称义。把爱作为拯救的基础,是对信造成污染的起源。其实,上帝自己要在干净而纯粹的善中,把恩典的义,即祂自己,赐给人,并且成为人的"生命和祝福"。律法无法提供如此"强大的生命",也无法使人重生。新人只有通过信本身,也就是基督自己,才能诞生。"假冒为善者",也就是想通过行为称义的人,虽然昼夜不得安宁,但他们却"没有技巧",因为"律法既不会给人建议,也不会给人安全"。想通过律法,也就是所谓的爱所要求的行为,来获得拯救和良心平安的人,其实是西西弗斯(Sisyfos)和达纳伊德斯姐妹(Danaides)的工作。假冒为善者"挤山羊的奶",并把它们"放在筛子里"。路德说:

> 而有表达能力的人可能会详细地研究这些主题:积极地、消极地和中性地。积极地:律法是贫弱的起始力量,因为它会使人更加软弱和贫穷;消极地:因为它自己里面没有什么力量,也没有什么义人,来赐予和增送;而中性地:它是软弱和贫穷,它总会使软弱和贫穷的人更加沮丧和受折磨。靠律法称义的人,好像是已经虚弱生病的人,还来拿取更多、更可怕的痛苦,这会使他最终丧命,但他却说这是医治痛苦的办法。或者像是已经犯了癫痫病的人,却还要为自己染上鼠疫;或是好像犯了麻风病的人,走到另一个麻风病人跟前,好像乞丐来到另一个乞丐面前,来提供帮助并送给他财富一样!正如所说的那样,其中的一个挤山羊的奶,另一个把它放在筛子里。[29]

b. 律法对人的损害性和削弱性影响

路德使用多种多样且特别有力的表述方式来描绘凭律法称义的西西弗斯性质。他说:

> 从律法中追求称义,就好像从空箱子付账,从空器具吃

---

[29] WA 40, 1, 613, 12-614, 16.

饭,从空杯子喝水;就好像在软弱和贫穷的地方来找力量和财富,在重担上增加打击和压力,身无分文却要支付千金,从裸体者身上剥夺衣服,用更多的软弱和贫乏施加到病人和贫穷之人的身上。[30]

在路德批评律法作为拯救途径时,他论述的旋律也会回响在新时代"成年"人对人类弱点的批评中,尽管二者来源完全不同。凭着律法称义,会使人虚弱、无力,"像巫婆一样"。路德批评的焦点不是"超人",而是带有上帝恩典力量的强人:

> 因此,每个放弃应许而转向律法的人,放弃信仰而转向行为的人,所拿给自己的只是一个自己无法负得起的轭,尽管他自己是软弱和贫穷的。担负着这个轭,他会虚弱和贫穷十倍,直到他最后陷入绝望,除非基督来解放他。这就像福音书所见证的那个患了十二年血漏的妇人一样,她在很多医生手里受苦,花尽了一切家财,却一无所获。相反,她被治疗得越久,她的状况就变得越糟糕,等等。所以,所有盼望通过行为来称义的人,根本不能称义,而是会变得加倍错误;换句话说,就是会变得,像我已经说过的,更弱、更穷,而且所行的所有善都会更加不合格。我自己对此有亲身经历,在其他很多事情中也有看到。在教皇的王国中,我有机会看到很多修士,为了得到义和祝福,怀着最大的热情,做出了很多伟大的行为。然而,他们却完全是处于紧张、软弱、可怜、不信、恐惧和绝望的边缘。就是属世的行政人员,那些必须完成比较巨大而沉重的任务的人们,也没有像那些"义人"那样缺乏忍耐,像巫婆那样缺乏能力,也没有如此地相信巫术,充满不信和痛苦。[31]

---

[30] WA 40, 1, 613, 12 - 614, 16.
[31] WA 40, 1, 614, 22 - 615, 19.

改教家路德声称,所有那些想"在律法中称义和富有生命力的人"——

> ……都比税吏、罪人和妓女更远离义和生命。他们不能把信心建立在行为上,在那些基础上的时候,就不能相信会获得恩典与罪得赦免。如果说凭着律法所作的行为无法称义的话,违反律法的行为则更不能称义。在这个意义上说,那些违反律法的人会比以行为称义者更幸福,因为他们对自己的行为没有信心,但他们却仍然在艰难地防止着,除非完全丧失了对基督的信心。相反,凭行为称义者特别注重克服外在的罪,在生活中要表现得毫无可指责之处,并且很具有宗教性,但却无法克服自我表现的想象:即相信自己和自己的义。与之并行的是,信无法成功。所以,他们比税吏和妓女更不幸,因为后者没有向发怒的上帝提供好行为,因此,祂就赐给他们永生。他们根本就没有好行为,他们只求因着基督的缘故而罪得赦免。㉜

2. 在信里"属世的一切和律法都终止,而神圣则开始"

a. 律法、良心和基督

像前面已经表明的,路德对律法的理解有自己的特点:律法只属于"世界",即所谓的社会的共同生活。这样,它只对"老我"(即肉体)发生影响。而它却无法在"天堂里"(即人的良心里)发生控制作用。在人良心中掌权的不应该是律法,而应该是基督,祂是上帝赐给人的义。祂是"律法的律法",即自由;是"死亡的死亡",即永生和祝福。改教家路德说,良心就像新娘的洞房,那里是只有新娘(即信徒)和新郎(即基督)单独同在的地方,仆人(即律法)是不能在场的。仆人应该在厨房或屋子的其他地方,去服侍新娘那些幸福的亲属们。一旦"魔鬼把行为放到良心之中"(或使人们相信它们是祝福的前提条件),喜乐就会熄灭,生命就会消失,人就会变

㉜ WA 40,2,15,28-16,18.

得软弱无力。因此,路德强调说,在良心之外,即人与人之间的关系中和人与自己的肉体(即"老我")的关系中,律法"就像上帝一样"。这时候,人对它的"尊重是永远没有止尽的"。而在良心里,即在上帝面前,律法就是"该死的魔鬼"。改教家路德强调说,在人的良心里,律法和基督是相互排斥的:

> 义人啊,请你学习这一点吧:律法与基督是完全相对立的,他们之间是无法调和的。当基督来临时,律法是没有选择余地的,它必须从良心中退出,把床完全交给基督使用,就像《以赛亚书》28:20 所说的那样,这张床是如此窄,是容不下两个人的:祂独自一人在义中、在平安里、在喜乐里、在生命中掌权,良心可以喜乐地在基督里畅游,一点也感受不到律法、罪和死亡。③

b. 律法的属灵功能和信徒对基督的分享

尽管律法原则上属于"世界"而不是"天堂",但它在宗教生活中还是有着重要的功能。尽管如此,在良心中,也就是人与上帝的关系中,律法是"叫人死的",而它"自己本身是良善的"(罗 7:12 - 13)。在完成其死亡使命中,律法最重要的属灵任务是揭露人隐藏在面具后的"本相",并把他丑陋的罪性表现出来。正是在对罪的揭露中,律法使人的"老我"死亡。路德是以这种方式来解释保罗的思想的:"既然如此,那良善的是叫我死吗——断乎不是!叫我死的乃是罪。"(罗 7:13)

关于律法的揭露和叫人死的功能,路德说:

> ……(律法)会使人明确地认识自己,……这样一来,律法就是进入恩典的仆人和准备者。你会发现,上帝是卑贱者、痛苦者、沮丧者、伤心者、绝望者的上帝,是那些曾经被抛弃者的

---

③ WA 40,1,558,33 - 559,15.

上帝;上帝的特点也是提升卑贱者、喂养饥饿者、照亮瞎眼者、安慰痛苦者和沮丧者、使罪人称义、使死人重生;祂确实是全能的创造者,祂从虚无中创造万有。[34]

因此,基督是律法所导致的死亡的死亡;我们可以把这个观点与保罗的思想进行比较:

> 我的弟兄们,这样说来,你们借着基督的身体,在律法上也是死了,叫你们归于别人,就是那从死里复活的,叫我们结果子给神。(罗 7:4)

路德还根据同样的观点解释了保罗的另一句话:

> 律法的总结就是基督,使凡信祂的都得着义。(罗 10:4)

因为律法是指获得"死亡"和"什么都不是",很明显,改教家路德认为,基督真正临在的那个信仰的"幽暗"和"密云",也是律法所带来的自我认识所诱导的"幽暗"和"什么都不是"。律法所打开的自我认识会"叫人死",也就是说,会让人处于路德所说的那种境地,即"卑贱、痛苦、沮丧、绝望、被抛弃、死亡"和"瞎眼"。——信的"幽暗"并不简单是律法所带来的这种"幽暗",而且其中也包括,比如说,在相信上帝的主权和保守时的"模糊"。然而,明显的是,律法所带来的"什么都不是"和"幽暗",也是基督真正临在的那个"幽暗"和"密云"的一个重要维度。

总而言之,前面提到的路德关于"律法"的思想,证实了改教家路德在这项研究中是如何解释信仰的真实本质的。"律法"只能获得"一些属世的成就";而"信"中所关涉的问题,却一点也不是"属世的",而是"属世的在那里停止"但"属天的在那里开始"。信就是分享神圣的生命自身。路德说:

---

[34]　WA 40,1,487,32-488,19.

因此,摩西的律法只能获得一些属世的成就,换句话说,从属世和属灵的视角,它表明世界上的罪。然而,(正确运用了的)它会令人恐惧地强迫良心渴望和寻求上帝的应许与仰望基督。而这一切都需要圣灵;祂必须在人的心里说:上帝的愿望不是,在律法于你之中完成任务之后,使你只成为恐惧和谋杀的下属;而是要你从律法中认识到你的苦难,但尽管面对这一切,你却不会绝望,而是相信基督,对信徒来说,祂是律法的终结,并会使每个人称义。这里不会赠送任何属世的东西给人,在这里,所有属世的、所有律法的东西都会终结,而属神的则会开始。㉟

最终,律法的"神学"使命,是让人分享基督的本性和存在于祂之中的神圣的生命。改教家路德关于"律法"的思想,反映出他的基督论继承了"古代教会-真实的特点"。在《加拉太书注释》里,路德的这种思想表现得特别明显:

以最可爱的名称基督被称为"律法、罪和死亡的反对者",即我的律法、我的罪和我的死亡;因为基督其实除了熔化自由、义、生命和永恒的拯救之外,什么都不是。因为祂成了律法的律法、罪的罪和死亡的死亡,由此祂把我们从罪的诅咒中救出来,使我们称义,并使我们富有生命力。因此,基督有两方面的特性:当祂是律法的时候,祂是自由;当祂是罪的时候,祂是义;当祂是死亡的时候,祂是生命。正是这样,祂允许律法来指责祂自己,允许罪来审判祂自己,允许死亡来吞灭祂自己;由此,祂解除律法,审判罪,战胜死亡,并使我称义和拯救了我。这样一来,基督既是律法、罪和死亡的毒药,又是产生自由、义和永生的良药。㊱

根据路德,从基督的工作来看,"称义"是"在人的外部的"(尽管它

㉟　WA 40, 1, 556, 20-557, 28.
㊱　WA 40, 1, 278, 20-29.

是在他里面的)并被视为他的益处;但路德是从被称为义的人之本性的角度来真正探讨"称义"的。从这个方面来讲,基督的本性是"真实的-本体的"义,就像祂是自由和永生一样。分享了基督的信徒是"真实地-本体地"分享了"死亡的死亡"——即生命;"罪的罪"——即义;和"律法的律法"——即自由。就是在路德的论述中,这个"基督-现实主义"(Kristus-realismi)也是个根基;从我们研究的主题之视角来说,有意思的思想是,信徒和基督之间的合一是如此紧密,以至于他们完全形成了"一个位格"(或"一个本性")。

D. 作为同一本性的基督和信徒

前面已经证实,路德关于基督是信的"形式"以及他关于律法的思想,都直接与其信仰神学的重要主题相关;其观点为,信表示基督的临在和对"神圣生命"的分享。改教家路德在解释《加拉太书》2:20 中"现在活着的,不再是我,乃是基督在我里面活着"这段话时,仍然表明路德是如何完全地认为信徒和基督的合一。基督徒的"老我"死了,代而取之的是基督的本性。基督"在我们里面"并会"留在我们之中"。信徒活着的生命是"真实的-本体的""基督自己"。同时,我们也发现,路德在谈论基督和信徒的关系时,"形式"这个概念成了他表达思想必不可少的帮助。改教家说,如果这个关系只被以"灵性的方式"来理解的话,是无法懂得在真实中他们是怎样紧密联系在一起的。照亮了路德关于其信仰神学之总体的核心要点,有以下几个:

> 我不再生活于自己本性之中,而是基督"活在我里面"。本性还是真的活着,但却不是在他里面,也不在自己的本性里面。但那个他所说的"不再是我"的"我"是谁呢?这个"我"是那个有律法的人,是那个需要行为的人,是那个与基督分离了的人。保罗抛弃了这个"我",因为作为与基督分离了的"我"这个位格属于死亡和地狱。所以他说:"不再是我,乃是基督在我里面活着。"基督是我的"形式",祂像颜色和光美化墙一样来美化我的信。这件事情只能

这样笨拙地和形象化地解释；也就是说，我们无法从精神上（spiritualiter）来理解，基督是如何紧密地和内在地与我们连在一起并停留在我们里面，就像光和白色与墙连在一起一样。因此，保罗说，在我里面与我连在一起并留在我之中的基督，在我里面过着我所过的生命；我所过的生命也就是基督本身。在这个方面，基督和我是一体的。㊲

位格的合一／联合（unio personalis）思想再次表明，路德以完全真实的方式来理解基督的本体性临在之本质。基督是自由、义和生命，祂通过自己的临在把信徒中存有的罪、诅咒和死亡都"驱除"或"融化"了。改教家路德说：

> 但活在我里面的基督，消灭了律法，审判了罪恶，杀死了死亡；因为在基督临在的地方，它们不可能不被融化掉。因为基督是永恒平安、安慰、义和生命。律法的恐怖、心情的沮丧、罪、灭亡和死亡，都不得不避开祂。这样一来，住在我里面的基督，就把困扰我、迫害我的所有邪恶都消除和吞灭了。因此，住在我里面的基督，就使我从律法和罪的恐怖中获得自由，使我摆脱了老的状态而进入基督和祂的国度之中，这就是恩典、义、和平、喜乐、生命、拯救和永恒的荣耀国度。但是，我在那个国度里，没有任何邪恶可以伤害我。㊳

前面已经讨论过路德的一些论题，如信就是分享基督的本性、分享上帝的本性、信是战胜破坏力量的胜利者、"特点的交换"，等等。这些论题跟位格的合一／联合理论一起，表明了如下的思想：

> 受律法控制的老我被留到了外边。然而，只要谈到义的问题，

㊲　WA 40, 1, 283, 20 - 32.

㊳　WA 40, 1, 283, 33 - 284, 29.

基督和我就是如此亲密无间地联系在一起,以至于祂活在我里面,我活在祂里面。这样的说法是精彩的。因为祂活在我里面,在我里面的所有恩典、义、生命、平安、救恩,都是基督自己的;然而,它也是我自己的,因为通过在信里发生的合一与附着,我们就在灵里好像变成了同一个身体。因此,因为基督活在我里面,与祂同在的恩典、义、生命和永恒的救恩,就不可避免地临在于我的里面,而律法、罪和死亡就会消失了。律法被钉上了十字架,吞灭和消除了律法,罪吞灭和消除了罪,死亡吞灭和消除了死亡,魔鬼吞灭和消除了魔鬼。这样一来,保罗努力要我们完全摆脱我们自己,把我们自己转移到基督和对基督的信之中,因此,在称义的问题上,除去恩典之外,我们就什么都不再注意了;而且使我们尽量远离律法和行为,因为他们在这里[称义的问题上]是需要远离的。㊴

对基督和信徒合一的描述,最集中的表达可能是"unio personalis"这个语词。尽管如此,这个问题实际上是神秘的,而这正是路德称义神学的一个本质内容。位格合一(或本性合一)思想并不是临时和偶然的概念。路德经常强调合一的目的,是为了反对经院主义的称义论。本性合一的思想包含了改教家路德对存在本质的理解。因此,路德说:

> 与之相反,应该正确地教导信的问题:通过你的信,你和基督联合,以至于你和祂好像成了一个不可分割的人,与祂连在一起的人说:我就好像基督一样;而基督则说:我就好像那个罪人一样,因为他在我里面依靠我,而我也在他里面。因为通过信,我们成了同一个肉体和骨头,就像《以弗所书》5章所说:"因为我们是祂身上的肢体,就是祂的骨,祂的肉",这个信把我与基督连在一起,比把一个丈夫与妻子连在一起还要紧密。因此,信并不是一个不发生作用的品质特点,它是如此巨大,以至于彻底遮盖和摧毁经院主义诡辩家们的愚蠢的梦想,即关于信、功劳、我们的价值和本质等

㊴　WA 40, 1, 284, 20‐33.

等的幻想。[40]

毫无疑问,真正地分享基督,是路德称义论的本质。后来的信义会把"称义"与"上帝住在信徒之中"进行了区别,至少从概念本身来说,这不是改教家路德本人的思想。在《加拉太书注释》中,尽管路德主要是在批评"爱赋予信以形式"的理论,但他还是直接否定了一个后来被信义会神学坚持的概念。改教家路德辩解说,只要在称义神学中还把基督和信徒的人格本性割裂开来,这样所理解的救恩就是律法框架中的东西,因此就是"在上帝面前是死的":

> 保罗说的话很奇怪,而且是以前没有听说过的,如"我活着""我不活""我死了""我没有死""我是罪人""我不是罪人""我有律法""我没有律法"。但在基督里和通过基督,这个表述是真的。因此,如果在有关称义的信仰对象中,你把基督的位格本性与你自己的人格割裂开来,那你就是在律法中、存留在律法的框架里,你就是活在你自己之中,而在上帝面前,这是死的,是受到律法的审判的。……[41]

在信里,信徒和基督的人格本性是合而为一的,丧失拯救的威胁是无法把它们分离的。但路德在这里并不是说,人在信里变成了"上帝"。在新教中,这个被遗忘了的思想,其实是路德信仰神学的一个有机部分。

E. "人通过信而变成神"

1. 作为"圣人"的基督徒

路德不仅在内容上认为人分享上帝的生命,而且在神学术语上,也

---

[40] WA 40 1, 285, 24 - 286, 20.
[41] WA 40, 1, 285, 12 - 17.

如此强调,这一点我们已经在前面论述过了。路德此时经常引用同一段经文(彼后1:4),这也是教父时代的"成神说"经常引用的。在《加拉太书注释》中,路德的确没有经常使用"成神"这个术语,但他还是提到了这段经文。在谈到信与爱的关系时,路德明确地说:"通过信,变成上帝,彼后一章"。[42] 在谈到信徒与基督的合一时,路德继续说,信徒是"完全的圣人"。因为基督住在他里面的缘故,基督徒自己也成了战胜破坏力量的胜利者。路德说:

> 信徒是完全的圣人、上帝的儿女、整个世界的继承者。他是世界、罪、死亡、魔鬼等等的战胜者。因此,无论对他进行怎样的赞美都不为过。

同样,改教家路德还说:

> 相信的亚伯拉罕充满了天地。同样,每个基督徒通过信也充满天地。……[43]

就如同象征权柄的戒指中镶嵌的珍贵宝石一样,"信中临在的基督"也是属于信徒自己的。所以,在自己的良心中拥有这个"小礼物"的信徒,"要比天地、律法、魔鬼和死亡都大"。在人看来,基督这个礼物是很小的,但祂的"小要比整个世界都大"。[44]

"信徒中临在的基督"这个礼物,使得基督徒在被造界中拥有独特的地位。基督徒将"成为万有的主人",包括是罪和死亡的主人。基督临在的思想,也是建立在路德对"所有信徒皆是属灵的祭司和国王"的思想理解之上的。在他的宗教改革经典著作《基督徒的自由》中,路德对"基督的临在"的思想进行了论述:

---

[42] WA 40, 1, 182, 15.

[43] WA 40, 1, 390, 22 - 24.

[44] WA 40, 1, 234, 10 - 235, 2.

正像长子的名分及其荣耀和权柄属于基督自己一样,祂也使祂的所有基督徒都分享这一切,使他们在信中和基督一起作王和祭司,正像彼得在《彼得前书》2章中所说的那样:"你们是有君尊的祭司"和"圣洁的国度"。当基督徒借助信高升到万有之上时,他就在属灵上成为万有的主,没有任何东西可以阻挡他所蒙的祝福,正像保罗在《罗马书》8章中所教导的那样:"万事都互相效力,叫爱神的人得益处。"无论是生命、死亡、罪、公义、善、恶或其他什么。同样,《哥林多前书》3章也说:"或世界、或生、或死、或现今的事、或将来的事,全是你们的。"⑤

路德认为,因为基督临在于信中的缘故,基督徒也成了"神迹的创造者":

> 这样,基督徒就成了非常了不起的大师和神迹的创造者 (*artifex potentissimus et mirificus Creator*);他能把忧愁变为喜乐,把恐惧变为安慰,把罪变成义,把死亡变为生命。⑥

信义会神学的成神(成圣)思想也出现在路德的解释中,他说,"信"表示"在人里面获得基督的样式"。在"信"里,基督徒变成了上帝形象的样子。他有基督的形式和样式。路德认为,变得像上帝一样,表示的就是:根据基督之信的律法(*a lege in fidem Christi*)。⑦ "信"则表示变得像上帝一样,因为基督临在于那里,并且向人传送上帝的本性。在路德贴到教会大门上的《九十五条论纲》里,这一点说得非常清楚。路德在那里说:

> 我们完全被神充满。这句希伯来语的表达方式表示的是,祂

---

⑤ *Von der Freiheit eines Christenmenschen*. Clemen-Ausgabe 2, 17.

⑥ WA 40, 2, 93, 29 - 31.

⑦ WA 40, 1, 650, 3 - 651, 3.

用充满的所有方式来把我们在所有方面都充满,而我们则成为完全的神。祂用丰沛充溢的恩典和属灵的恩赐浇灌我们,以此使我们成为勇敢。祂用光照亮我们,祂的生命活在我们里面,祂的祝福使我们被祝福,祂的爱在我们里面唤醒爱。简单地说,就是:祂充满我们,以至于祂所是的一切以及祂所能做的一切都完全在我们里面并有力地发生影响,以至于我们完全成神。祂充满我们,不是使我们只是部分地或有一点上帝的本性,而是拥有祂的全部。有很多关于人成神的论述。有人建造了一些梯子,使人沿着它们可以爬上天,还有很多其他类似的东西。然而,所有这些只是片面的工作。在这一点上,有必要指出正确而直接向上的道路:你需要被充满,被上帝完全充满,以至于一点都不缺乏,而是你被充满成一个完整的整体。你所说的一切、所想的一切和所去的一切地方、所有的所有,你的整个生命都完全是神圣的[像上帝一样的]。㊽

路德在前面所引的文字中说,信表示的是正确和完全地"成神"[即成为像上帝一样],这一点在路德研究中被忽视了。希腊以本体论和情爱概念为基础的"爱赋予信以形式"的理论,所代表的只是片面的、不完全的和有局限的成神。与上帝的关系是持续不断地追寻超越,即上帝的运动,而上帝则是停留在"天上"的。路德认为,正确的信仰把基督徒与上帝联系在一起,而这个上帝是从上面"下来"的,祂"在信里完全地临在于罪人之中"。信就是"天国"。

2. 成神的观念及信心与行为的关系

从路德的称义论角度来说,成神说的意义所达到的高潮是,路德通过与基督的人性和神性之间的关系进行类比来理解信和行为之间的关系。"信中临在的基督"是形式,祂在它们里面来赋予行为(即道成肉身)以形式。

㊽ WA 17,1,438,14 - 28.

因此,神学领域的信是持续性的行为的神圣,它刺透行为,就像神圣刺透基督里的人性一样。一个触摸热铁中的火力的人,触摸的是铁。同样,一个触摸过基督皮肤的人,是真正地触摸了上帝。因此,我说,信是印到行为中的事实。[49]

改教家路德认为,信是"形式",而行为是"材料"。临在于信之中的基督赋予行为以形式,即"在行为中道成肉身"。[50] 信的真实在被变到行为中时,它们就形成了"成为信的行为"(opera fideificata),即像路德所明确表述的那样,"变成上帝的行为"(opera deificata)。[51]

因此,神化思想属于路德的称义论的核心内容。也就是说,只有在这个基础上,才能理解称义神学思想和他关于人之成神的思想,是如何形成了路德神学的一个完整体系。

---

[49]　WA 40, 1, 417,15 - 19.

[50]　WA 40, 1, 417, 13.

[51]　WA 40, 1, 20, 29. Opera deificata 这个术语出现在路德自己的备课笔记里。

II. 临在于信之中的基督
与基督徒的神圣性

A. 临在的基督与成神的同一性

1. 作为行善主体的基督

后来的信义宗所固定下来的"称义"与"圣化/成圣"之间的区分,其本身并不是路德神学的一个核心的结构差异。这些概念之间的对立,典型地出现于默兰顿之后的信义宗的问题设定之中,它们引起了反对安德烈亚斯·奥西安德(Andreas Osiander,1498—1552)称义说的争议。像我们已经确认的那样,路德思想中的概念区分,强调"罪得赦免"与"上帝于信徒之中的临在"。前者才被称为"称义"(vanhuarskauttaminen),后者则表示"更新"(uudistuminen,renovatio)和"圣化/成圣"(pyhitys,sanctificatio)。本书研究路德本人对"称义"和"圣化/成圣"之间关系的理解,而信义宗对"称义"和"圣化/成圣"的后期区分,需要从它们的连接中心来理解。这个中心正是"信中临在的基督"这个思想。

改教家路德的思路逻辑可以简述如下。**在信中人真正地与基督合一。在人里面基督影响着一切的善。**"圣化/成圣",即基督徒的圣洁(kristityn pyhyys),在路德的思想中,只是对同样事件的一个称呼而已,它也被以"特点的交换"的比喻来称呼,即"喜悦的交换"(iloinen vaihto)和"本性的合一"(persoonien yhtyminen)论。基

督是信徒中行善的真正主体,如路德所说:

> 生命有两种:自然的……和陌生的,即我里面存在的基督的生命。根据自然的生命,我已经死了,现在我过的是陌生的生命。我不再作为保罗而生活——保罗已经死了。那么谁在活着呢?基督徒。因此,独立而活的保罗通过律法已经死了,但在基督里活着的,或更不如说像基督在他里面活着的那样,他在过着陌生的生活,因为基督在他里面说话、发生影响和实现所有的行动。①

因此,在基督徒里面,基督自身是行善的真正主体。路德这样解释保罗的思想,认为基督徒活在"肉体之中"就是活在世界之中,而他则活在"上帝之子的信仰之中"。"信"就是表示"基督的本性与工作真正的临在"。因为基督与基督徒的合一之缘故,基督徒的行为本身就是基督自己的行为。因此,改教家路德认为,信徒所说的"言"不是"肉体的言",而是"圣灵与基督的言";基督徒通过眼睛所接受的观察之"看见","不是原始肉体的,而是圣灵所引导的"。同样,"听见"不是"来自于肉体",而是位于"圣灵里面且来源于圣灵"。在这样的思想中,路德将基督徒理解为"邻舍的基督"就获得了真实的-本体性的根据。基督临在于信之中,就像融入了基督徒的行为之中一样。改教家路德说:

> 让那个活在肉体中的生命,无论他是多么渺小,来活在上帝之子的信中吧。这意味着,从我的口中说出的话语,不是肉体的话语,而是圣灵与基督的话语。通过我的眼睛所接受的或从我的眼睛所发出的看见,不是出自肉体的,或者说,我的肉体无法控制它,而是圣灵(在控制它)。同样,所听见的也不是出于肉体之中,尽管它位于肉体之中,而是来自圣灵和出于圣

---

① WA 40, 1, 287, 28-33.

灵。基督徒讲说的是纯净、深思熟虑、圣洁和神圣,其内容就是基督、上帝的荣耀和对邻舍最有益的。尽管它们在肉体之中,但它们不是出自肉体,也不是诞生于肉体之中。若没有这些肉体的工具,你可以看见,我就不能教导、证道、写作、祷告和感谢,因为为了完成这些行为,它们是必须的。然而,它们既不是出于肉体之中,也不是诞生于肉体之中,它们是从天上被神圣地赐予和被启示的。这样,我用自己的眼睛看一个妓女时,就会是用纯洁的眼神,而不是对她充满情欲。那样的注视不是出于肉体,尽管它发生在肉体之中,因为眼睛是那个注视的肉体工具。所以,那个注视的纯净是来自天上的。[2]

基督徒新的、深思熟虑的和对邻舍表示最好的行为,根据路德的思想,诞生于基督在他的心里通过信而掌权,基督"看见、听见、说话、行动、受苦并使心里的一切都简单地被完成"——尽管"肉体抗争着,反对着"。如此一来,真正地"临在的基督"这一思想,就与路德的"圣化/成圣"概念紧密联系到了一起。

从上述内容,可以理解,那个陌生的和属灵的生命是从哪里来的,当自然的人不知道那生命是什么样的时候,就不理解他;是的,他会听到风在吹,但他不知道风从哪里来,要刮到哪里去。他能听到属灵之人的声音,能认识他的面孔、方式和手势;但却不理解,那些话语从哪里来,它们不像以前那样侮辱和冒犯神圣,而是圣洁和神圣的;他不理解那种情绪和处理方式从哪里来。因为心中的生命是通过信进行的:在那里,肉体被熄灭,圣灵就与基督一起掌权,现在能看见、听见、说话、受苦,用大白话来说,就是能把他里面的一切都成就,尽管肉体在抗争和反对。简而言之,这不是肉体的生命,尽管它在肉体中行进;而是基督、上帝之子的生命,基督徒在信里就拥有这

---

② WA 40,1,289,16-30.

一切。③

"信中临在的基督"所表示的意思,作为人之圣洁的真正根源,后来被路德明显地通过"树-果子"的比喻一再使用。这是通过又一个新的视角来表述同样的事情。

2. 树木的比喻:在信中被造的新人会结出好果子

"树"的比喻,表明路德是如何理解"在信里直接从物质性获得圣洁质量"的。改教家路德根据新约认为,首先要成为"好树",然后才能结出"好果子"。树的"本质性汁液"(olemuksen mehu),即"本质"(substanssi),必须改变。④ 这正好发生在使人称义的信之中,在其中基督进入人的里面。因此,信创造出新的"树",即新"人",他能结出好果子。

通过"树-果子"的比喻所介绍的信与行为之间的关系,根据路德,是哲学与神学伦理学之间应该区分的元素。哲学伦理学所教导的是,通过做出义的行为,人能够变成义人。而神学伦理学所教导的则相反:成为义的人,也就是通过信在基督里的人,能做出义的行为来。路德说:

> 律法的真正主体,是在对基督的信里接受了圣灵之后,开始爱上帝并向邻舍行善。行为中同时包含了信,通过信,主体自身控制和产生树;在树被获得以后,就结出果子。果子并不能造出树,而是树结出果子。同样,信先造就人,然后人才作出行为来。没有信地遵行律法,就像没有树却要从粘土或什么地方结出果子一样;那不可能是果子,而只会是想象的东西。但是,当树,也就是说,人即主体,被种植下去之后,在信里被

---

③ WA 40, 1, 290, 22-31.
④ WA 40, 1, 23, 9-23.

引入基督之中以后,就会产生出好行为。⑤

与"树"的比喻相关,最后也可以理解以前介绍的路德思想:信、行为和基督的神性与人性本质之间,存在着比喻性的关系。这两幅图画所表述的都是同一件事情:

> 神学的行为是信的行为。然后,神学的人(teologinen ihminen, homo theologicus)是信徒。同样,正确分析的理性和良善的意愿则是信的理性与信的意愿,因为作为称义的唯一理由,信一般是基督徒行为里、位格本性里及其成员里的神圣性。后来,称义也由于形式的缘故而被赋予了物质,也就是说,因为信的缘故而赋予了行为。同样,神圣的统治王国,不是通过基督的人性而是其神性而赋予基督-人的。神性单独地创造一切,人性却没有怎么发生肯定性的影响。同样,人性也无法战胜罪恶与死亡,而被魔鬼抓住了的隐藏在蠕虫里的钓钩,战胜和吞没了这个在吞咽蠕虫的魔鬼。单独的人性无法成就任何事情,而是出于人的神性之故,与人性相连的神性单独成就了它。同样,信在这里单独成义并完成一切;事后,也同样因为信的缘故而被赋予行为。⑥

因为根据"基督的真正临在"思想,信与行为的相互涉及就像基督的神性与人性本质一样,路德将迦克敦信条中的基督论模式适用到信与行为的关系中来,他说:

> 因此,信经常使人称义并使人有活力,但它无法单独存在,也就是说,它不会没有行动。问题不是信能否单独停留于其位置和使命中,因为信独自地持续使人称义。实际上,问题是,

---

⑤ WA 40, 1, 401, 30-402, 20.
⑥ WA 40, 1, 417, 15-418,11.

信体现在并成为人(incarnatur et fit homo),也就是说,信不是、不会没有行动,或者不会没有爱。同样,从其神性和本质,即永恒和神圣的本性而言,基督是没有起源的,但祂的人性则是在时间中被造的。在基督里,这两个本性是互不混淆、互不混乱的,每个本性的自身本质都是明显可以理解的。人性中包含着在时间中开始,神性中则包含着永恒和没有起源的特性。然而,这两者会合一,神性没有起源,肉体人性则有起源。像我现在对人性和神性进行区分一样,我必须说:人性不是神性,但人却是神;我在这里做同样的区分:信不是律法,但尽管如此,信会作出行为来。信与行为会具体地联系起来而合一,但尽管如此,二者中每一个都有其自身的性质和使命。⑦

基督和信徒的"宪法的"类比性,可增加称义论与成神论之间的相似之处。这个联系也会帮助人们理解路德的许多典型的关于宗教改革思想的表述。因为信是那个体现在行为中的"神性",《加拉太书》的强调性文字中使用"美丽的道成肉身"概念,无论是在意愿还是理性的领域,"圣化"都是在信里单独起作用的基督的工作。比起"我们所获得的",我们对上帝的认识,"更多的是在我们里面的获得"。比起"我们对上帝的认识",我们是更好地"被认识"。同样,我们的行为是"上帝在我们里面所允许完成的行为"。还有,"好行为并不成长在我们的花园里。"⑧从而,在路德的神学中,称义论与"圣化/成圣"是最接近的。真正的主体和行动的位格,是临在于信里的基督。改教家路德关于基督所使用的好撒玛利亚人的美丽隐喻,再次表明"医治"的真正主体正是基督:

> 我们是那个落入强盗之手而被打伤的人;好撒玛利亚人上前用油和酒倒在他的伤处,包裹好了,扶他骑上自己的牲口,

---

⑦　WA 40, 1, 427, 11-24.
⑧　WA 40, 1, 610, 15-18.

带到店里去照应他；他离开的时候，他将被打伤的人交给店主，并对他说："你且照应他。"我们就是这样像在店里一样被持续不断地关爱着，直到主再次来临，就像以赛亚所说的那样，"主必二次伸手救回我们。"（赛 11:12）⑨

B. 基督的临在与基督徒"同时是罪人和义人"

1. "真正的义"与"被称为义"

关于基督是那个医治被打之人伤口的好撒玛利亚人的描述，立即引起了一个问题，即在路德神学里，"称义"在什么程度上是"真的成为义"，在什么程度上它在自己里面是"罪人被宣布为义"。在与这个问题设定的联系中，我们可以再次看到，"基督本身就在信之中"这个思想会如何开启改教家路德思想的总体关联性。

根据路德，"基督教的义"由两个元素构成："心里的信"和"神所完成的被宣称为义"。⑩ 它们之间的关系，从来就被作如下的表述。信表示其自身之中真正临在的义⑪，尽管它只是刚开始的义。也就是说，因为信很"弱"，信徒的"肉体中"也就是"老我中"还有很多罪。因为还有罪存留，为了获得义，就不得不需要上帝出于基督的缘故而"宣称"基督徒为义。路德说：

> 当罪还根深蒂固地在肉体中时，上帝的接受，即宣称对我们的接受，是必不可少的，首先的原因就是，我在此生中无法完全是义的。上帝没有清理掉我们肉体中所存留的罪。而且，圣灵有时离开我们，而我们会像彼得、大卫和其他圣徒那样陷

⑨　WA 40，1，408，16-21.

⑩　WA 40，1，364，11.

⑪　WA 40，1，363，9.

入罪里。但我们可以回归到这样的教义之中：像《罗马书》4
章所说，我们的罪都被遮盖了，而且上帝并不想把它们看作我
们的过错；并不是认为罪不存在，诡辩主义者就是这样教导
的：需要不断地行善，直到我们一点都感觉不到罪为止；其实，
罪是一直真正地存在的，而且圣人们能感觉到它；但是从上帝
的视角而言，当中间有基督这个中保存在时，这些罪都被遗忘
和遮盖了；我们这拥有堕落本性的人在对基督的信里，什么罪
都不再是罪了。⑫

　　路德的思想可以表述为：信是真正之义的起点，但是，只要人
还活在这个世界里，"宣称为义"就需要"完善"这个已经开始了的
义。⑬ 正是由于信的不完全之缘故，宣称为义才是必不可少的。所
以，路德说：

　　　　现在要做如下的区分：因为基督的缘故，信向他宣称了
　　义。(1)信是神圣的礼物，其中有对基督的信。(2)上帝宣称
　　那个不完全的信为完全的义。上帝把眼睛看向受难的基督面前，
　　那是我开始相信的地方。只要我还活在肉体之中，我的里面就
　　有罪，但上帝并不看它，因为我相信基督：其中有一个盖子，被
　　称为罪得赦免，这样上帝就不能看到。我是个罪人，我的肉体
　　容易急躁，我不在上帝里喜乐，而是向上帝发怒，但是，上帝对
　　这些罪一点都不知道。我在罪中，它们好像不是罪一样。这提
　　供的就是被宣称为义。⑭

　　上述引用的文字，会立即引起的问题是，在被宣称为义中，信
和基督的地位是什么。首先明确的是，路德了解称义的法庭式维

---

⑫　WA 40, 1, 233, 25 - 234, 17.
⑬　WA 40, 1, 364, 8 - 9.
⑭　WA 40, 1, 366, 7 - 367, 6.

度及与此相关的由于基督的缘故而罪人被宣称为义。然而,改教家路德的思想,并不仅仅是法庭式的。比如,路德曾说过:

> 对子的理解及心中相信祂是上帝的礼物,能提供(hoc facit)上帝将这个信宣称为义。⑮

这样一来,从一定的意义上说,信也是宣称为义的原因。这是否意味着,根据路德,人不能单凭基督,而是还需要存在于人之中的某个东西(即信)来被称为义呢?

对上述问题的回答,其实在本书的导论中已经展开了;在路德神学的基本思想中,基督是不可分割与不可混淆的,祂既是上帝的恩典,又是上帝的礼物。作为"恩典"的基督,意味着上帝对人的"恩典性的心肠"、饶恕和清除掉上帝的憎恨。"礼物"的思想,则意味着基督是真正的临在、传递给信徒来分享"上帝的性情",即义、生命、救恩(福佑)、力量、祝福,等等。但这样一来,临在的基督也就同时是上帝的"恩典",即赦免。我们不是凭借我们自身里面的任何东西而称义,而是因为在信里内在于我们的基督。

所以,"基督就在信本身之中"理论,会解释"成义"与"称义"之间的关系。"信"是"称义"⑯的原因,正是由于"信"表示"基督的位格本性",即"上帝的恩典和礼物真正的临在"。也就是说:在信里居住于基督徒之内的基督,就是那个基督教的义,上帝因之而宣称义。改教家路德明确地说:

---

⑮　WA 40,1,371,3-4.

⑯　译者注:芬兰文的几个词都与"称义"相关:vanhurskaaksitekeminen(成义)、vanhurskaaksijulistaminen(称义)。但是,vanhurskauttamisoppi是"因信称义论",而 vanhurskauttaminen 是个动名词,即一个"由不义到义的变化过程",即可能通过"成义",也可能通过"称义"的途径,因此,这两个翻译都可以,其实是包含了 vanhurskaaksitekeminen(成义)和 vanhurskaaksijulistaminen(称义)两种可能。还有,uskonvanhurskaus 被翻译成"因信称义"的"义"。

信就是义,因为它理解和拥有那个宝贝,也就是临在的基督。它临在的方式是位于我们思考能力之外的,因为正如我所说过的,这里是由幽暗统治着的。因此,哪里有真正的心里相信,基督就会亲自在那个幽暗与信之中。这是那个与存在真实相关的真正的义,人因为它而称为义;并不是像诡辩主义者所声称的那样因为爱而成义。总而言之,诡辩主义者们说:爱赋予信以存在真实(forma,形式)并刺透信;我们则说:基督赋予信以形式和所有的存在真实并刺透它。因此,在信里所拥有的和在心里所居住的基督,是那个基督教的义,上帝因之而宣称我们为义,并赐给我们永生。这里真的没有什么律法的行为、没有什么爱,而完全是另一种义,好像是在律法之外的新世界一样;基督或信也不是律法或律法的行为。⑰

路德甚至说,上述描绘的将基督徒和基督连接在一起的信,是那个"称义"得以发生原因:

> 这里需要注意三件事:信、基督和接受(acceptatio),即宣称接受我们,是相互联系的。也就是说,信拥有基督;因为有临在的基督,信将基督关进自己之中,就像印戒将宝石嵌入自己之中一样。那个通过这种可理解的信仰将基督拥进心里的人,上帝宣称他为义。这就是那个原因和功劳,通过它们,我们得以进入罪被赦免和义之中。上帝说:因为你相信我,你的信就拥有了基督,祂是我赠送给你作为你的成义者和救赎者的,所以,你是义的。这样,上帝就接受也就是宣称你为义,单单因为你所信的基督的缘故。⑱

然而,"基督就在信本身之中"并不仅仅是"成义"和"称义"

---

⑰ WA 40, 1, 229, 22-23.
⑱ WA 40, 1, 233, 16-34.

关系中的关键问题。它也能引展开来路德的另一个思想，即基督徒是怎样同时既是"部分的"又是"完全的"罪人和义人。

2. 义的部分和整体

路德研究中的有趣之处是经常集中于探讨作为改教家的路德所说的"基督徒是完全的罪人和完全的义人"是什么意思。可是，部分的视角，即"基督徒是部分的罪人和部分的义人"，却一直没有得到它应得的关注。

当路德从整体的角度探讨基督徒时，他的视角是基督徒与外部（即基督）之间的关系。在人与"上方"（即基督和上帝）之间的关系中，他被探讨的是"完全的义"。在他自己本身之中（即"老亚当"，也就是与基督分离）时，人被探讨的是"完全的罪"。

部分视角之探讨的焦点，集中于人自身及其里面"新我"与"老我"之间的争战。路德明确地说过，基督徒"有一部分肉体，有一部分灵"，也就是说，他们是部分的罪人和部分的义人。信徒里的"肉体"即"老我"，根本就没有死掉，而且在此生也不会死。肉体与灵争战，灵与肉体争战。然而，在这个争战中，临在的基督通过圣灵来"扫除"人的老我和"清理"所有信徒。

改教家路德特别用古代教会的"酵"这个比喻，形象地表述肉体与灵的争战中基督的地位和行动：

因此，我们已经得到了基督的第一批礼物，酵已经被融入面团之中。然而，整个面团还没被酵发起来，而是已经开始在发酵。如果我观看这个酵，我看见的只是酵；可如果我观看作为整体的面团，它还没有完全发酵。同样，只要我观看基督，我就是完全的神圣和纯净，而且我对律法一无所知，因为基督是我的酵。可只要我观看我的肉体，我会注意到自己所认识的贪婪、私欲、愤怒、骄傲、对死亡的恐惧、沉重的意识、发抖、仇恨、牢骚和对上帝的不耐烦，等等。那些东西有多大分量临在，基督就有多大分量不在，或者说，如果祂临在的话，也是以微弱的方式临在。这里仍然需要饲养员（即律法）来训练和折磨那头膨胀的驴（即肉体），这样一来，通过这个饲养方式，罪才能减少，才能为走向基督预备好道路。正像基督将有一次要外在地来临而除掉律法、消除罪恶、战胜死亡和地狱一样，祂同样将毫不延迟地以属灵的方式来到我们这里，除掉和杀死所有这些经常折磨我们的一切。[19]

上述文字表明，"信中临在的基督"是如何帮助人们理解路德所谓的"基督徒部分是罪人和部分是义人"的思想的：基督并非只是历史性地来临一次，而是持续不断地经常以属灵的方式来临并除掉信徒里面的罪。根据古代教会所使用的真实图画，基督被理解为"酵"，其目的是刺透影响整个面团，即人的老我。需要记住的是，"酵"的思想也是古代教会成神论思想的一个实质性的组成部分。"基督-酵具体而真实地临在于人之中"，毫无疑问也体现在路德的表述中：信徒里面有多少分量的罪，基督在那里就有多少分量的不在。因此，发酵是个过程，只有当人与基督一起从死里复活时，这个过程才会结束：

> 真的是这样，每当你观看基督时，律法和罪就完全被除掉了。但是，基督或没有来到你那里，或如果祂已经来临了，但你里面还有罪的残留的话，你就还没有从总体上发酵。因此，哪里有私欲、沮丧的灵、对死亡的恐惧等等，那里就还有律法和罪，就还没有真正的基督，祂来的时候会驱除恐惧和悲伤，并会带来良心的平安与保证。然而，我的肉体、世界和魔鬼不愿意使我的信到达完全。我愿意我心中微小的信心之光能够照亮我的全身及其所有的肢体，但是这却发生不了；它没有立即传播开来，但却已经开始传播了。然而，这里所有的给我们的安慰是，作为圣灵的第一批礼物，我们已经开始发酵，并且

---

[19] WA 40, 1, 537, 21-34.

当这个罪的肉体被消灭时、当我们作为新人与基督一同从死里复活时,将会完全发酵。阿们。⑳

然而,基督真实的-本体的临在思想,并不仅仅解释"部分-部分"(partim-partim)的方面,而是也解释"全面的视角",即关于基督徒是完全的罪人和完全的义人的思想。像已经说过的那样,这里不仅从人的"新我"与"老我"之争战的视角来探讨人,而且把视野放到人与其外部(即基督)之间的关系上来。

"完全-完全"(totus-totus)的方面首先自然地说明,前面所探讨的被宣称为义的视角:上帝不把人里面残留的罪视为过错,而是因那基督徒所相信并临在于其内的基督之缘故给予饶恕。就像下面要引用的文字那样,正是在"归罪"(imputatio)的思想方面,路德也经常引领完全的(totaalinen)视角:

> 因为拥有圣子和从心里相信祂是上帝的礼物,上帝将会把(人的)那不完全的信看作完全的义。在这里,我们又一次处于理性之外的世界之中,在那里不强调我们应该做什么,以及通过什么方式来挣得恩典和罪被赦免,在这里我们处于上帝的神学范围之内。我们在那里会听到如下的福音:基督替我们死了,相信这一点时,我们就被看作义人,尽管我们里面还残留着巨大的罪。㉑

完全视角的意义,不但开启了称义的思想,而且开启了路德关于"基督作为礼物"的学说。在信中基督所开始的"发酵"事工,是真的临在于信之中的基督自己的工作,并且将一直是祂的工作。通过饶恕罪和建立在其上的对基督的认识,基督真的越来越多地

---

⑳ WA 40, 1, 538, 14 - 25. 关于 Partim carnem, partem Spiritum habens, 请参见 WA 40, 2, 93, 20。

㉑ WA 40, 1, 371, 18 - 25.

洁净基督徒,但是,如果基督之灵抛弃人的话,人将会处于基督来临之前同样境地之中。这种思路表明在"作为礼物的基督"与"完全的视角"之间有一种联系:没有基督的话,在其自身之中基督徒是有罪的,但是在基督-礼物之中,基督徒则是真正的义。这种思想,可以从下文中看出来:

> 在承认基督是一个帮助和赐予力量来成全律法,并通过它而使我们罪得赦免的时候,祂的荣耀就会反映在我们里面。这意味着,像太阳的光芒反映在水和镜子中一样,基督也会同样反映在并将祂的光芒赐到人的心中。这样,我们就会互相从荣耀中变为荣耀,以至于我们每天成长而越来越清楚地认识主。这样,我们就会改变和变成与荣耀一样的图画,就会与基督成为同一个饼。这不能通过我们自己的力量而发生,而是上帝(祂是个灵)自己的作为。因为哪怕圣灵就算在我们里面开始那个变成荣耀和光明的工作,如果祂随后抛弃我们的话,我们将会像从前一样。[22]

C. 基督教的挣扎:"肉体"与"基督之灵"的争战

1. "情欲"的内涵:反对信和爱人如己的争战

由于基督徒里面也保留着"肉体"即"老我",路德认为,基督徒的里面就会有持续不断的、痛苦的争战。在理解这个争战时,"在基督里分享神圣生命"的思想,再次表明为非常必要和重要。正是在"基督之灵"的力量里,对肉体的反抗才可能发生。路德的这个思想是建立在使徒保罗所提的标准之上的:

22　WA 10, 3, 425, 13 - 25.

你们当顺着圣灵而行,就不放纵肉体的情欲了。(加 5:16)

为了理解肉与灵的争战,首先必须理解"情欲"(lihan himo)的内涵是什么。

在路德神学中,情欲之内涵的界定,取决于它所贪欲的是什么。最终且在最深层的意义上来说,"情欲"集中于一件事:反对基督之灵。这意味着,在贪欲中,肉体试图废除两件事:相信基督和爱邻舍。[23]

路德认为,总体上,基督徒的生命由信和爱两件事构成。[24] 信属于与上帝的关系,而爱则属于与邻舍的关系。二者同样重要,[25] 并在本质上属于同一件事。二者在教会里都同样多地被教导。信是真正的根基,如已经表明的那样,因为信里种植了结好果子的"新人"。然而,从另一方面来说,信又正好教导正确的爱邻舍并且使之可以被实现。当基督徒不再需要为了得救而去"做行为"时,行为就得以自由而专门去服事邻舍了。在本书前文中探讨情欲贪恋另一个对象时,简而言之,信就需要去描述它的另一个主要敌人(即对邻舍的爱)了。

路德认为,爱邻舍的标准和根据,只能是邻舍的需求。在路德看来,这个原则已经被定型为所谓的"金规则"了,简单来说,它就是:爱人如己。这个规则表明,通过将自己放到他人的位置上,通过思考自己在同样境况下愿意受到什么样的待遇,每个人都有能力知道他人需要什么。路德说:

> 上帝的话语简洁、美丽而有力地说:"爱人如己!"谁也无法给出比自己更好、更确定和更亲近的例子。也没有什么特性

---

[23] WA 40, 2, 81, 26-82; WA 41, 82, 27-83, 22.

[24] WA 40, 2, 70, 24-71, 21.

[25] WA 40, 2, 66, 28-30.

会比爱更高贵和更深刻,更没有什么对象比邻舍更有价值。[26]

"情欲"不仅瞄准信,而且也瞄准前文所说的对邻舍之爱的反对。因此,"情欲"首先根本不是"感觉的欲望"。路德认为,它表示的是属于"肉体"的所有那些反对信与对邻舍之爱的影响。因此,路德把"情欲"也看作是灵性现象。比如,不信、绝望、亵渎、苦毒、对死亡的恐惧、沉重的心情、缓慢、厌恶、傲慢、骄傲、野心、对邻舍的看不起、仇恨、爱的缺乏、异端邪说、结党、纷争、忽视上帝的话语,等等。

因为在其自身里,基督徒是"部分的义人"和"部分的罪人",他里面还残留着情欲。尽管根据罪得赦免,这个残留的情欲不被看作基督徒的过错,但它仍然在基督徒的里面发生影响。因此,基督徒需要行走在圣灵之中,免得去顺从情欲。若没有争战,这将无法发生:在基督徒里面肉体与灵之间不断争战。也就是说,信和爱一起与不信和无爱进行争战。

特别要注意,在路德看来,为了操练信与爱,"肉体"的死亡是必须的;但"肉体"死亡的本身却并不是目的。正是因为他可以爱和信,所以,基督徒需要警醒自己的"老我"。

2. 肉体与灵争战中的"进步"

路德描绘肉体与灵的争战和灵与肉体的争战时指出,在人看来,这个争战似乎像一场缓慢而无果效的"爬行"。然而,正是由于临在的基督之伟大,这个争战实在真的是成功的"快跑"。路德关于争战之进步的典型描述如下。请再次注意,在争战的画面里,"基督就在信本身之中"占据着如此核心的地位。基督临在于信之中,而且祂首先是礼物。所以,祂把自己的特性交换给基督徒(基督是如下的"神圣的""义的"和"喜乐的",所以,信徒什么都不缺乏)。另一方面,这里又出现一个辅助的主题思想,即基督是"恩

---

[26] WA 40, 2, 72, 14-28.

典"：路德一直强调的前提是，上帝也把缓慢的争战"当作"快速的奔跑。这两个方面是不可分割地连在一起的。路德说：

> 那些"你们跑得很好"的话语，包含着安慰。保罗在这样说的时候，其实他明显是指那个"良善"（boni）得到锻炼的试炼：他们自己认为，他们的生命看起来进展很慢，与其说是奔跑，不如说是爬行。但是，如果手中有纯正健康的教训，虔诚的生活就是强健的奔跑，哪怕它看起来像是在爬行；因为若没有果子结出，就无法检测健康纯正的教训。健康纯正的教训能带来圣灵及其礼物。在我们看来，一切真的好像是进展得很费力和缓慢；但是，在我们看来缓慢的，在上帝眼中却是快速的；在我们看来几乎没有什么向前进展的，在祂看来却是奔跑得很迅速。同样，在我们眼中看来的伤心、罪恶和死亡，在上帝那里却是喜乐，是因基督而成的义，通过它我们得以成为完全。因为基督是神圣的、义的和喜乐的，等等，祂什么都不缺乏。因此，相信祂的信徒也就什么都不缺乏。所以，基督徒是真正的奔跑者，他们所做的一切，都会幸运地奔跑和成功，因为基督的灵促进它（provehente hoc Christi spiritus），而圣灵是不了解缓慢前进的争战的。㉗

但是，除去真实中的"快速"进步之外，改教家路德是知道"缓慢"的思想的，因为在那些基督之灵与"肉体"之间进行的争战里，不同信徒里有不同的程度。在有些信徒里，圣灵的力量要比在其他人里面进展得更深远。在有些人的肉体面团里面，"酵"融入得要比他的同胞基督徒里面更深。然而，只要探讨信徒与上帝的关系，所有人就都位于同样的地位。也就是说，在上帝面前，所有人都唯独依靠恩典而得救，而且只有在基督里才能是完全的义。从这个视角而言，比起教会比较软弱的罪人来，童女马利亚也没有什

㉗　WA 40，2，40，7-19.

么优越的地位。——只要再检查信徒自身里面的灵与肉体的争战，人们之间就会有差异了。所以，路德说，比起他自己来，圣灵已经无可比拟地、更多倍地洁净和"清扫"了圣彼得。[28]

路德认为，明显的是，基督徒里面可以发生某些"进步"。这个思想自身已经包含了一个基本观点：在信里临在的基督意味着真正之义的开始。比如，路德说：

> 在罪得赦免的天堂与恩典的宝座这个遮盖的掩藏和保护下，我们开始爱和遵守律法。然而，靠着对律法的这个遵守，在此生之中，我们都不会成义，也不会被上帝接受。只有当"基督将一切执政的、掌权的、有能的都毁灭了，就把国交与父神"（林前15:24），当"神在万物之上，为万物之主"（林前15:28）时，那时信和望才会归于无有，而爱将会完全和永恒（林前13:8-13）。[29]

尽管信表示基督的临在和其后在人里面真实的属于上帝的义之开始，基督徒不能在此生达到无罪。

3. "肉体"持续存在的安慰

从"肉体的"和圣灵的争战之视角来看，任何基督徒在此生都无法达到无罪。路德认为这件事情直接就是"无比巨大的安慰"。也就是说，基督徒不应该等待那个仍然"通过肉体"在他里面的力量：

> 若在身体里感觉到肉体对圣灵的反抗，谁都不要奇怪或非常恐惧，而是要通过保罗的话语来鼓励："肉体与灵争战"，"也就是说它们互相对抗，阻止你去做你想做的。"通过这些话语，

---

[28] 参阅 Manfred Schloenbach, Heiligung als Fortschreiten und ...

[29] WA 40, 2, 80, 21-26.

保罗安慰受折磨的人。就好像他在说：你不可能在所有地方都完全地、无罪地和无障碍地跟随圣灵的带领；肉体将会站到对立面去，如此强烈，以至于你不能做你想做的。当你去反抗肉体和不去顺从其情欲的时候，就足够了。这表示，你们在顺从圣灵而不是肉体，肉体很容易因为缺乏忍耐性而犯罪、渴望复仇、发怒、仇恨、厮杀，等等。因此，尽管有人知道这个肉体的争战情况，但还是不要丧失勇气，而是要在灵里抗争并说："我是罪人，我知道罪；我还没有脱离我的肉体，罪已经永远地浸入了其中。但是，我跟随圣灵而不是肉体。这意味着，在信里和望里，我拥有基督；祂的话语扶我站立起来，通过这种方式的站立和勇敢，我不顺从肉体的情欲。"⑩

路德强调，罪已经如此密不可分地连接到"肉体"之中，因此，要消灭罪的努力将会导致"肉体"本身的消灭。所以，基督徒并不需要完全地消灭"肉体"。他"允许"感受"情欲"，如伤心、担忧、仇恨，等等。路德说：

这段经文给了我们巨大的安慰，它提醒我们：免除情欲、肉体试探，即没有罪的话，我们是不可能生活的。他警告我们不要像如哥尔森（Gerson）所写的那种人去行动：他们试图达到脱离试探和罪的境界，也就是说，就像石头雕塑一样没有感觉。诡辩主义者和修士们把神圣想像为非常相似的东西：他们就像木头一样，缺乏人的所有情感。但是，当马利亚失去她的儿子时，她一定感觉到那种极端的痛苦（路2：48）。当大卫几乎被那些来自不可思议的试探与罪的巨大忧愁所吞没时，他在《诗篇》里多处抱怨。另外，保罗也抱怨自己"外有争战，内有惧怕"（林后7：5），"我肉体却服从罪的律了"（罗7：25）；他说："还有为众教会挂心的事，天天压在我身上"（林后11：28），

---

⑩　WA 40，1，2，91，16 - 30.

但在保罗几乎要死的时候,上帝通过恢复以巴弗提怜悯他,免得他忧上加忧(腓 2:25－27)。诡辩主义者们的神圣就像斯多亚主义者的智慧一样……③

4. "情欲的识别"及其"满足"

因此,罪是真实地存在于信徒之中,并且在他里面发生强烈的影响。然而,路德认为,对这个事实的承认,并不意味着罪可以自由控制一切。这里又再次出现了临在的基督之思想的意义。也就是说,基督徒生命里本质性的东西是,通过基督之灵及其力量的帮助来抗争。对抗的是,基督徒不"顺从"情欲。基督徒真的可以感觉到情欲,但他不应该去满足它。比如说,信徒可以生气,但他在愤怒中不该去对他们做坏事。路德说:

> 保罗说,情欲的肉体反抗灵和灵反抗肉体,同样提醒我们:我们能够感觉到肉体的情欲,换句话说,不仅有感觉的情欲,而且也有骄傲、仇恨、沉重的心情、缺乏耐心、绝望,等等。但是,他希望我们可能感觉到它们,却不顺从它们,即实现它们,换句话说,我们不说也不做那些肉体诱惑我们去做的事情。比如说,如果肉体把我们煽动到仇恨之中,像《诗篇》所说的,我们应该"生气却不犯罪"。保罗的意思好像是在说:我知道,肉体诱惑我们去仇恨、嫉妒、怀疑和绝望,但让我们在圣灵里起来反抗,不要犯罪! 如果你们抛弃圣灵的带领、顺从肉体的情欲,那么,"你们就该死。"(罗 8:13)②

因为路德认为,基督之灵的临在可以避免情欲被"满足",罪咎不再自信徒里面"掌权"。

---

③　WA 40, 1, 2, 102, 17－30.
②　WA 40, 1, 2, 88, 17－26.

5. "基督之灵控制了的罪"和"控制人的罪"

因为基督在信里的临在,基督徒里面"掌权的罪"就被"基督之灵的掌权"取代了。改教家路德说:

> 因此,谁都不要如此自信,以至于以为得到恩典之后就能脱离老的缺陷而成为纯洁!的确,很多东西被洁净了,特别是蛇自己的头,换句话说,绝望和对上帝的无知,被砍断和打碎了。但是,那个有鳞的肉体、罪的残物仍然存留在我们里面。谁都不要幻想,接受信之后,就能立即成为一个新人。作为一个基督徒,在某些程度上,他会仍然受制于以前的一些老的缺陷。我们还没有死掉,而是仍然活在肉体之中,因为它不是洁净的,它反抗圣灵,……属于信之前的自然资源之中的缺陷,在接受信之后,会仍然存在:差别只在于,它们现在必须服侍圣灵:圣灵控制它们,而它们不能再控制圣灵。但若没有争战的话,这是不会发生的。[33]

在探讨"基督之灵控制罪"的性质时,路德在上述引文和其他几处都表述了一个思想,即每个人都有适合他自身的性格特点,"自然资源"或属于其生活处境的缺陷。每个人都有他自己的困难和特别困扰他的罪:有的人有感觉的欲望,有的人绝望,有的人贪婪,有的人虚荣。在信里,那些权柄-地位被部分地摧垮了,但是它们并没有死掉,而是残留着在熠熠闪光。

基督徒自己的一些"肉体的情欲"也可能会开始强烈地折磨他们,比如苦毒、厌恶、缺乏耐心、感觉的欲望或沉重的心情。改教家路德更进一步强调,圣徒也犯罪和"满足"肉体的情欲。大卫就发生过这样的情况,报复、奸淫、谋杀,使得他让敌人有了羞辱上帝的理由。否认基督的新约"柱石"彼得,也发生过同样的情况。

---

[33]　WA 40,1,312,29-313.

6. “故意”和“无意”的堕落

路德强调，圣徒也会出人意外地容易犯罪。他们甚至会经常堕落。然而，改教家路德认为，核心在于这些犯罪是“故意”还是“出于软弱”而发生的。尽管圣徒经常处于被软弱控制，但他的认罪道歉并不被禁止。实际的情况是，情欲的“故意”和“粗心”满足，意味着欺骗而不再是将罪视为罪。这导致的结果是，不再向基督呼求怜悯，这就丧失了基督的灵而“死掉了”。[34]

故意和无意犯罪之间的区别，在下述文字中表现得特别明显：

> 并非所有人的性格都同样有力，在他们中的每个人里面都可见到多种多样的软弱和犯罪；甚至有很多人真的犯罪。但只要他们不是在邪恶中故意犯罪，而是因为软弱而犯罪，这就根本不会阻止他们成为圣洁。就像我已经就此说过的，你可以看到，圣徒会感觉到肉体的情欲，但他们与之抗争，而不是满足它。尽管他们会突然即兴地(improviso)犯罪，然而，如果他们再次在信中回到基督面前，他们就会罪得赦免。基督并不希望我们把迷失的羔羊从我们身边推走，而是要我们去寻找他们。但愿我能远离如下的做法：我注意到一些人喜爱和尊敬上帝之道、领受主餐等等，却在信里或道德上是软弱的，我就立即将这些人视为不圣洁(profanos)；因为上帝已经拿走了他们的担忧，接受了他们，并因为罪得赦免而将他们视为义。他们或“站住”或“跌倒”，自有他的主人在(罗 14:4)。[35]

故意和无意犯罪之间的对立表明，从决定性的停留在信之中和基督徒的生命延续来说，发展过程中的肉体争战以及犯罪，持续不断地呼求基督怜悯。在这里，彻底和明确地表明，什么是成圣的真

---

[34] WA 40,1, 2, 100, 28-102, 16; WA 40, 2, 104, 7-17.

[35] WA 40, 1, 2, 104, 7-17.

正主体和"施动者"（pyhittämisen varsinainen subjekti ja tekijä, "agentti"）：基督的圣灵。

D. 基督徒挣扎的持续性基础：基督之灵"不停的叹息"

基督的真实的-本体的临在思想，明确地体现在路德的下述思想中：信徒在洗礼中获得了根基性的圣灵，也就是基督之灵。真实的-本体的思维方式，在这里还可以特别明显地看出来。一方面，改教家路德认为，在基督徒里的圣灵之位格本性，从基督徒本性的一定方式来看，可以说是"另一个"真实。另一方面，人无法通过感觉（sensus）来获得关于圣灵临在之内容（它的"呼求"）的知识。㊱

路德认为，基督徒里面临在的基督之灵在运行时，祂"帮助"还存在于基督徒里面的软弱。灵所提供的帮助，意味着祂在基督徒里面向基督"昼夜不停地呼求"。像路德所说的那样：

> 当我们如我所说的那样完全软弱，以至于我们都不能叹息，圣灵会在我们里面"用说不出的叹息"来叹息。在灵与肉体的争战中，在所有的"律法的恐怖、罪的雷声、死亡的可怕和魔鬼的咆哮"中，圣灵在我们心里呼喊："阿爸，父！"㊲

因此，当我们在绝望中，不再有力量向仁慈的上帝（"父"）来呼求的时候，正是圣灵"帮助他的软弱"，"代表他"（interpello）"用说不出的叹息"来向基督徒的灵"见证"：他是上帝的孩子。

灵的叹息确认，人自己也会勇敢地去向上帝叹息和呼吁。灵会鼓励基督徒去抓住"[上帝的]道"。也就是说，人没有能力听到灵的呼吁，而他只是拥有道（verbum solum habemus）。然后，拥有了外在之道（上帝的应许）的基督徒，就可以自己开始呼吁：

㊱ WA 40，1，582，22-27.
㊲ WA 40，1，580，25-27.

我们只拥有道以及当我们拥有它的时候,在我们的争战中,我们就能稍微地、非常少地喘息一下并且自己也开始呼吁。通过某种方式,我们感觉到我们的这个叹息,但却听不到呼吁。[38]

路德也强调,尽管人无法通过感觉来体会灵的呼吁,但上帝能注意到它。上帝作为"刺透人心者",看见那个"无力的叹息"正恰恰是"比有力还要有力的呼吁";正如改教家路德所继续描述的那样,与此(呼吁)并列的是:

> 律法的、罪的、死亡的、魔鬼的和地狱的强大而恐怖的喊叫,几乎什么都不是,也是无法被听到的。因此,保罗将受苦的敬虔之心的叹息称为灵的呼吁和无法用言语描述的叹息,不是没有目的的;因为它充满全天,是如此强烈,以至于除去这个呼吁之外,天使们都从来无法听到其他的一切。[39]

而人却以完全不同的方式来评估灵的呼吁:

> 我们感觉到的是完全对立。在我们看来,我们那个微不足道的叹息无法以其方式穿透云霄,让在天堂的上帝和天使们可以听到它。相反,我们认为,特别是在持续不断的苦难中,魔鬼向我们喊叫、天地震撼动摇、所有人缩作一团、一切被造界都通过灾难来威胁我们、地狱张开大口要吞并我们。这种经历会留在我们心里,我们会听见这些令人恐怖的声音,我们会看见这些可怕的景象。这就是保罗在《哥林多后书》12章中所说的:基督的力量在我们的软弱中变为完全。当我们如我所说的那样完全软弱到一个程度,以至于我们几乎都无法叹息;那时,基督才是真正的全能者,那时祂真正掌权,并在我们里面

---

[38] WA 40, 1, 582, 24-26.
[39] WA 40, 1, 582, 29-33.

获得喜悦的胜利。但是,保罗说,在上帝耳中,这样的叹息是最强大的呼吁,它充满全天全地。⑩

路德强调,正是这个在基督徒里面持续不停的叹息,才是那个"有力的大炮"和"战争武器",通过它,敌人的诡计将最终被战胜。在结合自己生活情景的描述中,改教家路德强烈地指出了这一点:

> 基督也在比喻中说到一个不义之官,把敬虔之心的叹息说成是呼吁,甚至是那种昼夜不停地向上帝呼吁的呼喊。主强调说:"你们听这不义之官所说的话。神的选民昼夜呼吁他,他纵然为他们忍了多时,岂不终久给他们伸冤吗?我告诉你们,要快快地给他们伸冤了。"(路 18:6—8)今天,在教皇、独裁者和刚硬(硬壳,fanaattisten)之灵从左从右地对我们的迫害、折磨与争战中,除去以那种方式叹息之外,我们无法做什么其他的事情。但是,我们的这些叹息是我们的有力大炮和战争武器,通过它们,多年以后,我会粉粹反对者的攻击;通过它们,我们已经开始了战胜敌基督者的国度……⑪

需要记住的是,圣灵在信徒里面"昼夜不停地"呼吁。因此,基督徒并不真正地"自己"叹息,而是他的里面有某种"被叹息"。路德明确地将基督的灵区分为人里面的一个不同的"主体"。这样一来,当人在绝望中自己无力向上帝呼吁的时候,灵会在人的里面"呼吁"。路德就曾经以容易理解的方式来指出这一点,比如:

> 同样,主在红海边对摩西说:"你为什么向我呼吁?"摩西其实根本没有向上帝呼吁,而是陷于最深的痛苦之中。因为这

⑩　WA 40, 583, 8 - 19.
⑪　WA 40, 1, 583, 20 - 29.

个缘故,他颤抖而几乎摔倒在绝望之中。看起来是绝望在他里面掌权,而不是信掌权。以色列人在那样的情况下被埃及人、海和山所包围,他们朝哪里都无法逃跑。摩西甚至连出声都不敢,更不要说呼吁了。因此,我们不能根据我们的心灵经验(sensus)来做判断,而是应该根据上帝的话语/道。上帝的道教导说,圣灵恩待苦难中的人、受惊吓之人和陷于绝望边缘等境况中的人,提升他们、安慰他们,以至于让他们在苦难和所有的灾难中都不颤抖,而是战胜它们——当然,这是不可能没有巨大的发抖和曲折的。④

毫无疑问,路德认为"灵的叹息"在某种意义上就是人里面的"另一个真实":摩西根本没有向上帝呼吁,但上帝看到了摩西心中的灵之叹息,并且听到了那个作为强烈呼吁的声音。这种思想特别明确地体现在下列文字中,其中以明确的语言确认了灵之临在的真实的-本体的属性:圣灵不仅以"想象的方式"临在于摩西的心中,而且是"真实地"临在。路德甚至说,圣灵以说不出的叹息"为摩西代求"。改教家路德同样毫无疑问地谈论他所说的苦难:

祂(圣灵)特别在那些处于极度恐惧之中和如《诗篇》所说的那样处于"死亡之门"的人里面完成祂的工作。像我谈论摩西时所说的:从水中,从他的目光所转向的所有方向中,摩西所看到的都是死亡的来临。因此,他处于极度痛苦和绝望之中。毫无疑问,他在心灵深处感受到了魔鬼在以最强大的声音向他呼喊:"整个民族今天将要灭亡,无处可逃!你自己是造成这个巨大灾难的罪魁祸首:是你把它们带出了埃及!"除此之外,以色列人也在呼喊:"埃及难道没有墓地吗?你把我们带到旷野来死!受埃及人奴役难道不比悲惨地死在这旷野要更好吗!"那时,圣灵不仅以想象的虚幻方式临在于摩西的里

---

④ WA 40, 1, 583, 32 - 584, 18.

面,而且是真实地临在。圣灵以说不出的叹息为摩西代求,以至于摩西向上帝叹息和说话:"主,出于你的命令让我带出以色列人,完成你的工作吧!"这个叹息,圣经称之为"呼吁"。㊸

这样说来,在人里面的灵之叹息就像是一种独立的行动,其真正的主体是基督之灵。这样一来,灵及其持续不断的叹息也是基督徒争战的持续性之确保。然而,从本质上来说,灵的行动总是与道相连,灵的叹息强调一个受试探的人能够"抓住道",并将之拥为己有。

E. 与基督相通产生的现实性象征:
道(子宫)、教会(母亲)和圣职(父亲)生出上帝的孩子

1. 作为子宫的"道"

因为圣灵的呼吁处于人的感觉之外,所以,路德说,"我们只有道"(solum verbum habemus)。拥有道的基督徒可以在绝望中得到稍许的安慰,并能开始"自己也"向上帝"叹息"。路德强调,当信徒自己——而不仅仅是圣灵——这样开始叹息的时候,信徒的里面就已经有了"微小的叹息和一点儿信了,而它得以建立的唯一根基就是给人以应许的基督的道"。㊹ 然而,开始了这一行程之人自己的叹息,不是"多言辞",也不是"多泪水"的呼吁。因为只有"道",但它里面却包含了"所有的一切"。㊺

从感觉的维度而言,应许之道就像一个渺小而无法衡量的"中心点"。可实际上,道却是"极其巨大的轨道":它包含了上帝自己及祂的所有宝贝。所以,拥有道的人(得道之人)就能分享"上帝的

㊸　WA 40,1,584,27-585,17.

㊹　WA 40,1,596,18-20.

㊺　WA 40,1,586,18-26.

生命"本身。比如,路德说:

> ……通过口头的话语/道,我们可以得到火和光,从其中我们变成另一类的、新的样子,从其中我们里面会长出新的判断、新的意念和新的倾向。[46]

根据路德,道——而不是人本身——这样一来就是一个主动的行动者。道生出基督徒。因此,这里谈的问题是上帝在人里面的行为。像已经注意到的,改教家路德的道神学(sanateologia)内在地与他的称义论密切相连。关于在基督徒的道/话语里面所发生的被动性,路德说:

> 他(使徒)将教会称为荒芜不育,因为律法、行为、人的努力和力量,生不出教会的儿女来,教会的儿女是在圣灵里由信的话语/道生出来的。这只是单纯的生,而不是什么行为。与此相反,不生育者们却费尽心思并一再地折磨自己去生产。但这后者只是行为,而根本不是生。[47]

因为"道"能生出新人,路德就形象地将这个真实的思维方式比作"子宫",信徒就是在这里被受孕和被怀着。

> 因为一个人若是个孩子,他就必须是遗传继承下来的。正因此缘故,他就是被生的,是通过遗传而获得的存在。任何行为和功劳都不能为人带来遗传性(perillisyys),只有生才能如此。遗传性只能被动地而不能主动地属于一个人。换句话说,是一个人自己的诞生,而不是受孕、辛苦努力和照顾等等,才能赋予其遗传性。一个人无法做任何事情使自己诞生,诞生只

46　WA 40, 1, 572, 16-21.
47　WA 40, 1, 674, 21-25.

是发生到他的身上。同样,我们是被动而不是主动地分享那些永恒的善,如罪得赦免、义、复活的荣耀和永生。中间没有任何东西,只有信,将所提供的应许变为己有。像只有通过诞生一个孩子才能来到属世的生命中而获得遗传性一样,只有信才能以同样的方式得到上帝的儿女。他们由上帝之道中生出来,这道是上帝(神性)的子宫,我们在其中被受孕、我们在其中被怀着、我们在其中被生长,等等。正是通过这个诞生、这个作为被影响之下的存有、这个作为行动对象的存有,在其中我们成为基督徒,我们也成为孩子和拥有遗传性。而有遗传性的我们,则又是脱离了死亡和魔鬼等获得了自由,而且我们有永恒的义和生命。[48]

2. 作为母亲的教会

像直接将道比喻为"物理性的"真实子宫一样,路德把教会称作生孩子,也就是基督徒的母亲。正是教会根据基督的样式来"完善"(täydellistää)基督徒,直到他们完全长成为止。改教家路德说:

> 就像以撒凭借单纯的应许和出生而不是凭着行为,就获得其父亲的遗产一样,我们也是在福音里从自由的撒莱(即教会)生出来而成为可遗传的。也就是说,教会教导我们、热情地爱护我们,在子宫里、怀里和手臂里托着我们,根据基督的形象塑造和完善着我们,直到我们长成完全的人,等等。这一切都是通过道的职分进行的。[49]

3. 作为父亲的圣职

需要记住的是,如前面所引文字表明的那样,作为母亲的教会

---

[48]　WA 40,1,597,15-28.
[49]　WA 40,1,665,13-17.

是通过道的职分而"生"。教会正是通过照看圣职来托着孩子的:

> 因此,撒莱即耶路撒冷,我们的自由(libera)母亲,是教会本身、基督的新娘,我们都是从其中生出来的。也就是说,教会通过照看圣职持续不断地生孩子(liberos),直到世界的末了;它是通过教导和传播福音的方式进行的。这就是生。[50]

如路德讨论物理-自然图画时把"道"称为"子宫"以及把"教会"称为"母亲"一样,他讨论使徒和圣职的照看者时,把他们称为能够"生出灵魂形状"(sielun muoto)的"父亲":

> 一个寓言说:"那些是我必须用痛苦来生的"。使徒们(教师们也以自己的方式)承担着父母的角色;像父母生出肉体的形状(ruumiin muoto)一样,使徒们和教师们生出灵魂的形状。基督徒的灵魂形状是信,即心的信任,它拥有基督、与基督紧密相连(课堂笔记为:inhereat ei),而不是连接在其他什么上面。这个心有基督的真实的形状。它通过道的职分而"生"……也就是说,道出于使徒之口,进入听者之心;心里有圣灵的临在,祂把那道印入人心,以至于它将在那里发声。这样一来,所有的教师们(doctor)都是敬虔的父母,他们通过道的职分来"生"和塑造基督徒的灵魂之真实的形状。[51]

因此,在基督徒的争战中,以恩赐、上帝的道和圣礼来照看教会,有着决定性的意义。它们是基督教的圣洁的真正源泉。

---

[50] WA 40, 1, 664, 18-21.
[51] WA 40, 1, 649, 19-30.

F. 神圣的客观基础和临在的基督

1. “作为本质记号”的恩具

像我在关于路德的信与爱概念的研究中所试图表明的那样,(52)改教家路德是通过一定的“记号理论”(merkki-teoria)来诠释恩具的。道和圣礼是“本质性的记号”。这意味着,在其中——不同于记号的一般意义——图画和描述对象的本质是一致的。图画的本质就是它所描绘之对象的本质。所以,领受上帝之道和圣礼,就是同样领受了全部的上帝本质。上帝的拯救行为总是通过外在记号发生的,然而,这同样也是关于与上帝本质相连的问题。

路德的记号理论可以部分地帮助理解:人怎么成为“圣洁的”,即他怎么生出“上帝形象的样式”。(53) 根据路德,基督的形象样式,以有意思的方式表示:人像基督一样同样地理解和认识,即理解和认识基督自己。改教家路德说(根据课堂笔记):

> 基督的神性的形象:这样,就像基督或基督自己一样受到影响、感觉、盼望、理解、思考。这是基督的灵,祂为了我们的罪顺服祂的父而去死。这种信任就是拥有基督的形象。这是一个产生能量的新人,等等。(54)

成为上帝的形象、新人,即圣洁,通过相信而诞生:上帝从纯洁的爱中进入人的处境并承担他的罪。通过观看这幅基督的“形象/

---

(52) 参考我关于路德的信与爱之概念的研究中“礼物和上帝之道”的章节。

(53) WA 40, 1, 650, 3-10.

(54) WA 40, 1, 650, 5-9. “Imago Christi, dei: ita sentire, affici, velle, intelligere, cogitare sicut Christus vel ipsum Christum. Est autem ista voluntas spiritus Christi, quod mortuus pro peccatis nostris ad obedientiam patris, hoc credere est habere imaginem quam Christus. Das ist 'novus homo, qui generator etc.”

图画”，基督徒自己也能得到与基督相同的形状。(55) 像已经观察到的那样，关于基督的道就是那样的“本质性记号”，它能把这记号的样式传递给信徒。这样一来，路德所强调的恩具的客观性，并不意味着对临在的基督之思想的抛弃。

2. 圣洁与特别的宗教生活方式

因为基督徒的圣洁完全建立在“外部记号”、道和圣礼之上，就连脱离世界和遵守某种特定的宗教生活方式也无法使他成为圣洁。因此，基督徒成为圣洁，不是因为他们根据其他“更严厉的”生活方式而不同于世界。改教家路德对这种生活方式进行了特别的批评：

> 当世界听说他们完成了许多看起来伟大而不平凡的作为时，世界会羡慕本笃(Benediktus)、格列高利(Gregorius)、伯恩哈德(Bernhard)、弗朗西斯(Fransiskus)那类圣徒。然而，希拉里乌斯(Hilarius)、瑞罗斯(Kyrillos)、亚他那修、安布罗修(Ambrosius)、奥古斯丁(Augustus)和其他人也一定同样是圣人，他们所过的生活没有像前面第一类人那样苛刻与俭朴，而是像其他人一样，享受了普通的食物、饮用了酒水、并使用了更好、更优雅的服饰。从一般的生活方式来看，他们与其他正常人很少有什么差异。尽管如此，他们还是被排列在上述之人前面，因为他们正确教导人们相信基督、反对异教徒和清理教会的无数错误，而没有错误的宗教。他们的熟悉(familiaritas)对很多人来说都是可爱的；特别是对于那些伤心和受苦的人们来说，他更是以道来鼓励和安慰他们；——他们没有避免与人打交道，而是在许多的灾难中间来处理他们的职责。相反，前面那些人在许多场合教导了违背信仰的东西，而且，他们还促使了许多迷信的方式、异端和不洁净的崇拜方式的诞生。因

(55) WA 40, 1, 650, 30-31.

此,只要他们在生死挣扎中没有拥有基督和唯独相信祂的死亡和胜利,他们的苛刻生活就会毫无用处。⑤⑥

3. 圣洁与教义异端

因为外在记号恩具使人成圣,基督徒的里面如果不再有与生命和教义相关的异端的话,他们也不再被称为圣洁的另一个。特别有意思的还在于,基督徒里面的"情欲"之存留也能在他们里面产生教义上的偏差。因为"老我"活着,路德认为,圣徒不仅堕落于"轻度"的教义轻微偏差之中,而且有时甚至陷入"与教义相关的严重错误之中"。所以,改教家路德认为,格列高利走入了私人礼拜之途。瑞朴里阿奴斯(Kyprianus)则声称异端者所举行的洗礼是无效的。而路德则认为,上帝不把那些偏差算作他们的罪,因为在反抗肉体的争战中他们依靠基督,上帝就把这个信算作他们的义。⑤⑦

4. 教会的隐藏圣洁

在路德看来,尽管教会是圣洁的,然而它并没有完全脱离罪和教义上的异端。改教家路德说,上帝"把(教会的)软弱、罪和异端、不同类型的十字架和邪恶都隐藏和遮盖起来了"。⑤⑧ 所以,人的自然知识能力(智力)永远无法看见上帝为了人的成圣在教会里所做的事情。只有信才能看见上帝在教会里所做的使人成圣的行为。从经验上,尽管教会也是一个可感觉到的庞然大物而不是柏拉图的理念,因此重要的是,信经里没有把"我信圣基督教会"改为"我看见它"。⑤⑨ 在后一种情况里,就是开始在人及其行为里面寻找圣洁性的源头,而不是从圣洁的正确源头即基督里来寻找。真正的圣洁是"赠送的义",在其中,人们为了得救可以脱离于所做的行

---

⑤⑥　WA 40,1,2,104,30 - 105,22.

⑤⑦　WA 40,1,2,105,23 - 106,18.

⑤⑧　WA 40,1,2,106,21 - 23.

⑤⑨　WA 40,1,2,106,29 - 30.

为,而是可以把行为集中于服侍邻舍。圣洁意味着,在灵与肉体的争战中,总是一再地转向圣灵自身所给予的力量与饶恕,以祈求那使人成圣的位于人之外的客观性真实。这个真实就是基督自己、上帝的恩典和礼物。祂是圣洁的、客观的,但同时也是它的主观性的根基:"基督是信仰的对象,其实,不是对象,可以说,基督就在信仰之中"(Sic ut Christus sit obiectum fidei, imo non obiectum, sed, ut ita dicam, in ipsa fide Christus adest)。

结　语

本书的任务是探讨路德宗的信义会基督教概念里是否有那些神学主题,可以类比性地相当于东正教所诠释的成神核心思想。

本书的原始材料是路德的《加拉太书注释》(1531,1535),根据信义会信条中所包含的和解模式,它是信义会称义论得以建立的表现。

路德以《加拉太书注释》为基础的神学分析表明,改教家路德的称义论包含那种可以用技术术语称为"成神"的思维模式。在路德的神学中,这种思想不仅以事实的方式出现,而且还以术语的方式出现。

路德的成神概念之内容,可以用他的著名语句"基督就在信本身之中"来简洁地表述。

改教家路德没有以和解模式与后来的信义宗方式从概念上区分称义与上帝在信徒里面的本质性临在。路德认为,在同一个位格里,基督既是上帝的"恩典"(根据和解模式饶恕、解除上帝的仇恨),又是上帝的"礼物"(上帝作为在自己本质里的临在,"分享上帝的性情",《彼得后书》1:4)。

路德认为,称义并不仅仅是上帝与人之间一种新的伦理或法律性关系。一个人相信了基督,基督就在那个信本身里以全部的神性本质的完全而临在。路德对基督的临在之理解是如此具体,以至于把基督和基督徒组合成了"一个位格"。人在"喜悦的交换"中分享了上帝的特性,路德经常提及的例子是生命、义、智慧、救恩(福分)、力量、喜悦、勇气和爱。

关于在信中真实的-本体的临在之基督的思想,在研究中为有争议的路德的神学主题开辟了思路。它帮助人们理解,改教家路德是如何探讨称义和成圣、真正的义与被宣称为义以及部分与整体之间关系的"同时"思想。同样,临在的基督之思想提供了一种可能,来理解路德是怎样通过圣灵不停的叹息来思考基督教的存在之延续性的。基督徒隐藏的灵命在他的里面发生作用,尽管他本人甚至并不总是能经历到它。

尽管在信里真实临在的基督之思想为路德思想带来了强烈的"主观性"或存在性的方面,然而,从信义宗的称义论视角而言,它并没有与本质性的中心-道和圣礼发生矛盾。"基督教的圣洁"之源泉是恩具的"外在记号",它们作为"本质性记号"促成了义和与上帝的"本质性"相连。

尽管路德的神学包含着自己独特类型的"成神"思想,但无疑也需要注意它与教父-正教的成神思想的同化问题。根据所确立的研究任务,本书只能给出的结论是:在路德神学中,有一个可与正教的成神理论相类比的思想,在改教家路德的称义论及其全部神学中是核心性的。后来进行的富有成果的研究任务中,包含着对正教与信义宗的成神思想进行的比较。

原始资料:

In epistolam S. Pauli ad Galatas Commentarius ex praelectione D. Martini Lutheri collectus(1531)1535. WA 40,1,1 - 184.

Evangelium am Pfingsttag(*Joh* 14, 23 - 31). WA 21,444 - 477.

Eyn Sermon von Stärke und Zunehmen des Glaubens und der Liebe. WA 17,1,428 - 438.

Predigt am 21. *Sontage nach Trinitatis*(*John* 4). WA 10,3,420 - 428.

参考文献

Barth, Karl, *Der Römerbrief*. 9. *Abdruck der neuen Bearbeitung*. Zürich 1954.

Bekenntnisschriften der evangelisch-lutherischen Kirche. Hrsg. Im Gedenkjahr der Augsburgischen Konfession 1930. 5. Aufl. Göttingen 1963.

Bornkamm, Heinrich, *Luther. Gestalt und Wirkungen. Gesammelte Aufsätze. Schriften des Vereins für Reformationsgeschichte Nr.* 188. *Jahrgang* 80, 81 *und* 82, 1. Gütersloh 1975.

——*Zur Frage der iustitia Dei beim jungen Luther. Archiv für Reformationsgeschichte* 52(1961). 15 – 29; 53(1962), 1 – 59.

Bornkamm, Karin, *Luthers Auslegungen des Galaterbriefes von* 1519 *und* 1531. *Ein Vergleich, Arbeiten zur Kirchengeschichte* 35. Berlin 1963.

Ebeling, Gerhard, *Luther. Einführung in sein Denken*. Tübingen 1964.

Elert, Werner, *Der Ausgang der altkirchlichen Christologie*. Berlin 1957.

Gilg, Arnold, *Der Weg und Bedeutung der alktkirchlichen Christologie*. München 1955.

Harnack, *Adolf von, Lehrbuch der Dogmengeschichte II*. 5. Gütersloh 1954. 9 – 35.

——*Die Theologie des Andreas Osiander und ihre geschichtlichen Voraussetzunge*. Göttingen 1919.

Holl, Karl, *Was verstand Luther unter Religion? Gesammelte Aufsätze zur Kirchengeschichte* 1. *Luther.* 7. Aufl. Tübingen 1948. 1 – 110.

Kretschmar, Georg, Kreuz und Auferstehung in der Heil der Welt. Das Kirchberger Gespräch über die Bedeutung der Auferstehung für das Heil der Welt zwischen *Vertretern der Eavngelischen Kirche in Deutschland und des Russischen Orthodoxen Kirche. Studienheft* 7. *Hrsg. Vom Kirchlichen Aussenamt der Evangelischen Kirche in Deutschland*. Witten 1972, 40 – 82.

Mannermaa, Tuomo, *Kristillisen opin vaiheet. Dogmihistorian peruskurssi*. Helsinki 1975.

Zur Mühlen, *Karl-Heinz*, *Nos extra nos. Luthers Theologie zwischen Mystik und Scholastik. Beiträge zur historischen Theologie* 46. Tübingen 1972.

Obernman, Heiko A. *' Iustitia Christi ' und ' Iustitia Dei '. Luther und die scholastichen Lehren von der Rechtfertigung. Der Durchbruch der reformatorischen Erkenntnis bei Luther.* Hrsg. Von Berhard Lohse. Darmstadt 1968. 413 - 444.

Papapetrou, Kônstantinos E. , *Über die anthropologischen Grenzen der Kirche. Ein philosophich-theologischer Entwurf zum Thema Simul iustus et peccator aus orthodox-katholischer Sicht. Arbeiten zur Geschichte und Theologie des Luthertums XXVI.* Hamburg 1972.

Pinomaa, *Lennart, Die Heiligen bei Luther. Schriften der Luther-Agricola-Gesellschaft A.* 16. Helsinki 1977.

Prenter, Regin, *Luthers Lehre von der Heiligung. Lutherforschung heute. Reforate und Berichte des 1. Internationalen Lutherforschungskongresses Aarhus*, 18 - 23, August 1956. Hrsg. VonVilmos Vajta. Berlin 1958. 64 - 101.

——*Theologie und Gottesdienst. Gesammelte Aufsätze.* Århus 1977.

Ritschl, Dietrich, *Atanasius. Versuch einer Interpretation. Theologische Studien* 76. Zürich 1964.

Schloenbach, *Manfred, Heiligung als Fortschreiten des Glaubens in Luthers Theologie. Schriften der Luther-Agricola-Geselleschaft* 13. Helsinki 1963.

Seeberg, Erich, *Luthers Theologie. Motiv und Ideen. I. Gottesanschauung.* Göttingen 1929.

——*Luthers Theologie. II. Christus. Wirklichkeit und Urbild.* Stuttgart 1937.

Vogelsang, Erich, *Die Anfänge von Luthers Christologie nach der erstern Psalmenvorlesung. Arbeiten zur Kirchengeschichte* 15. Berlin 1929.

——*Luther und die Mystik. Luther-Jahrbuch XIX* 1937. Berlin. 32 - 54.

Wolf, Ernst, *Asterisci und Obelisci zum Thema*: *Athanasius und Luther. Evangelische Theologie* 18(1958). 481 - 490.

两种爱

马丁·路德的信仰世界

曼多马（Tuomo Mannermaa）著

黄保罗（Paulos Huang）译

原著及其版权：

Suomalaisen Teologisen Kirjallisuusseuran Julkaisuja 194

Kaksi Rakkautta：Johdatus Lutherin uskonmaailmaan

Tuomo Mannermaa

Gummerus Kirjapaino Oy

Helsinki & Jyväskylä 1983 & 1995

ISSN 0356 - 9349，ISBN 952 - 9791 - 09 - 7

汉语版本及其版权：

芬兰学派马丁·路德新诠释丛书　2

《两种爱：马丁·路德的信仰世界》

曼多马（Tuomo Mannermaa）著，黄保罗（Paulos Huang）译

汉译本版权：黄保罗（Paulos Huang）及世界华人路德学会（Luther Academy for China）

ISBN 978 - 952 - 5936 - 16 - 2

目　录

英译本序言*

基尔斯·斯特耶尔纳

　　能够介绍曼多马教授另一部奠基性经典与全球的英语读者见面，是一种特权和喜悦。本书翻译从年份和主题上都接着曼多马的《基督就在信本身之中》的英译本 *Christ Present in Faith*：*Luther's View pf Justification*（Fortress Press，2005），正像本书的芬兰文原版一样。这两本书都很快就在芬兰的神学教育和讨论中被当作课本来使用，在芬兰的路德研究中至今仍然保持着柱石的作用。因为它们被翻译成德语，这使得它们在学术会议中被不断介绍，芬兰新一代路德学者跟随曼多马的脚踪，随后用多种语言发表自己的研究成果，曼多马的异象和研究路德的路径以其自身的独特性获得了国际性的认可，当然也引起了争论。

　　谈论"曼多马学派"是合适的。因为他的影响，现在已经有一群学者在不断发展和尝试一种特殊的方法论和论证路线，因为他挑战了路德诠释中的前人思想学派（主要是德国），最主要是因为，他已经形成了关于什么是路德神学的核心思想以及找到了最充分地理解路德神学的钥匙的核心论证。

　　当他的命题在全世界被热烈讨论时，他的原著得以在北美洲用英语来发声，对此人们已经期盼很久了。不仅学者们感兴趣，而且像它曾经所经历的那样，曼多马的著作已经掀开了路德及其信仰

---

* 译者注：2014 年 2 月 26 日，笔者得到斯特耶尔纳教授的授权，将其英译本序言翻译成中文。特此致谢。

世界的面罩,使路德变成让当代超宗教的追随者们更好接近的灵性导师。信仰的导师路德,在人-神关系上和基督徒生活的根基上,已经呈现出新的光芒和有力的视角,以至于一个拥有灵性关怀的当代人,将会在普世神学的语境里发现它的适用性。(这种潜力的一个例子是,来自富勒神学院的另一位芬兰神学家维利-马迪·凯尔凯宁[Veli-Matti Kärkkäinen]的工作,在当代的普世神学讨论中,他成功地应用了由芬兰视角所激起的范式转换。)

曼多马的前一本书《基督就在信本身之中》挑起了许多的激荡,现在来观察我们翻译的这本书将要引起的讨论,是非常有意思的。我们手中的这本书,进一步触及了路德信仰体系和神学中被人轻视却更加核心的概念,即爱。若不能深入路德对爱的理解,路德的神学或灵性就不可能被完全理解。在曼多马的处理中,路德体现为一个独特的爱的神学家。他的最核心的神学范式,如十架神学、因信称义、靠恩典得救以及上帝的隐藏,只有放在爱的神学框架之内才能被全部和完整地理解。爱,而不是"唯独信仰",才是理解路德完整神学的真正钥匙;在路德的思想里,没有爱的信就是抽象的原理。这明显是一个脱离传统路德宗逻辑的激烈的转变,显然不同于中世纪神学家们,而是把重点放在与信的关系中来强调爱的优先次序。

曼多马以路德本人的著作为根据来立论,他从路德职业生涯的最早时期来追踪其思想的发展。在1518年的《海德堡辩论》中,路德就已经将真正的神学界定为十架神学,在他的处理中,这最终就是爱的神学。与徒劳而错误的荣耀神学——即在所有错误的地方寻找上帝而无法在上帝的全部荣耀中辨认出上帝之体现的神学,将是那些只期待见到上帝背影的人所难以想像和忍受的——相对立,十架神学欣赏不可测之事,我们这些被造物本身微弱而不可爱、持续无法看见、或[无法]以正确的爱来对上帝的创造性赐予生命之爱进行回应,在上帝对[我们]的强烈而不可理解的爱里,上帝让我们惊讶。神圣的生命需要被赐予,而且是被赐予给那些上帝首先爱的人。路德得出结论,上帝爱我们罪人,不是因为我们配得爱,或我们可爱,而是为了使我们[成为]可爱,这是上帝的最高愿望。上帝的爱不停地创造、赎回和维持。在那个"放射治疗"中,我们接受神圣的爱——因为通过那能拯救的信,我们可以相信基督的爱,信是在基督里,也是来自上帝的。在恩典中以完全而临到我们的基督,意味着一种充满我们的存在的改变和新力量,它因此使我们能够进入到与我们的创造者和被造界同胞的爱的关系之中,就像上帝已经设计的那样。基督是那个爱的主体,即上帝的爱。在那个爱里,我们可以经历与上帝成为一体。因信称义——被路德理解为我们的存在通过上帝和被上帝充满而被称为义,因为基督的缘故而变成被赦免和被强化,变成上帝的完全和被上帝的爱所改变,因此,能够从爱的视角而最完全地被理解。成为被爱的、变成被爱的和爱[人]的,是称义里的核心。

　　将路德理解为一个爱的神学家,是研究这位改教家的一种新路径。曼多马扩展了几十年来所形成的路德轮廓,并指出了学者们在这个方面所存在的明显漏洞。将路德对上帝之爱和人之爱的理解放在中世纪晚期的语境里,并将路德的路径与中世纪的神学家领袖托马斯·阿奎那的教导进行比较,曼多马找到了一种方式来重新检查,到底是什么确切地将改教家路德和他的讨论对手们分割开来的。路德关于被恩典所充满和以恩典为根基的神-人关系的神学,到底确切地在哪里与他中世纪的同行们以及他赖以成长的传统不同呢? 在中世纪对爱的教导中,路德确切批评的是什么呢?他所提倡的又是什么呢? 这些问题不仅对我们加深理解路德,而且对改善路德宗与其对话伙伴罗马天主教之间的普世神学的工作,都有价值。这个联系也把路德带到与基督教历史中一些有影响的(在路德宗传统中却被忽略了)神秘主义者导师进行对话,在他们[神秘主义者]的著作中,经验和爱的思想一直是核心性的。在曼多马对路德作为一个爱的神学家的处理中,改教家路德开始看起来像一个神秘主义者,路德宗的神学家们传统上一直试图撇清这些人与"他们的"路德之间的关系。

　　观察路德神学中的爱的思想,并从那个角度来接近他关于在称义里与基督成为一体,我们确实能够遇见路德的神秘主义的心灵。这个确认意味着在神秘主义者的关怀和终极目标里的显著继续,然而,改教家路德深深地受到中世纪晚期神秘主义者作品的影响,如《现代灵修》(devotio moderna)和《德国神学》(the German Theology)(这是路德亲自编辑和翻译的)。对于在路德学者中间关于学术讨论和对路德灵性的新评价研究之涌现来说,这个重新建立的联系是最令人激动、鼓舞人心的领域之一。曼多马在这里的贡献是明显的。

通过曼多马的诠释,我们开始从一个新的角度来看路德。我们最终发现了"真正的"路德以及是什么使他发生影响了吗?曼多马建议"真正的"路德是爱的神学家,是正确的吗?

曼多马强调的重点是,路德过去被误解很多,我们太过片面地诠释了他,比如,我们过于快速地忽略了他的爱的神学,也过于简单地批评了中世纪爱的概念和在事情之"更大的"秩序里,爱在拯救模式中所扮演的核心角色。当路德批评那种拯救观时——即为了期待在那种关系里进步,人类会被爱和恩典来塑造与改进——他并没有完全丢弃爱的概念。恰恰相反,他改造了它。

曼多马的命题证明,我们已经停留在路德作为信的导师之形象的阴影里,这个导师的声音超越了教派的分离。许多世纪以来,基督徒的激情一直是寻求认识上帝并与上帝建立个人关系。与上帝的亲密和联合,让我们在今生和来世,能从上帝那里期待什么样的不同异象,以及有什么选项,多个世纪以来,都是基督徒作者们所持续探索的主题。路德分享了这些关怀,并提供了一种比主流的路德宗的教导更加强烈的异象。他勇敢地为那些被上帝所爱和爱上帝的人们设想伟大的事情:与基督成为一体,圣灵的完全同在,神圣的生活,以及像基督爱我们那样去爱的呼召,从而以上帝的爱去改变世界。(后者把我们引到了典型的成圣领域,这是一个路德宗神学较难面对的概念,尽管它在路德关于称义的生活异象中有其自己的位置。)

曼多马声称,相关的问题是诠释的混乱历史。像在《基督就在信本身之中》已经说明的那样,路德神学一直被 16 世纪的认信文本及其不同的德国诠释传统所主导,它已经形成了关于最核心的路德教义(即因信称义)的讨论。不管已经说明的路德关于称义(像在《协同信纲》中所表明的)的原始权威如何,路德之后的路德宗教导更加喜欢称义的"法庭式"维度及其"宣称的性质"。不同于这个重点,曼多马在路德自己的声明中举起了称义的"效用性"维度。因此,在称义作为与上帝、与超越人类的成就或努力而以基督为中心的激进的圣洁真正的一体上,他开辟了一个新的愿景。试图只通过信的概念来解释这一点是困难的,如果不是不满意的话;以爱的概念作为基础,称义的"效用性"维度,在神-人关系和基督徒生活上,会更容易地开辟和引导到一个更加全面的视角。曼多马邀请我们去思考关于路德的爱的神学及其在称义里的位置的反思,以及与之相反的事情。

关于本书的翻译和编辑:经过曼多马的许可,我试图使译文尽可能清晰并特别适宜于英语读者。在这项工作的最早期,许多人参与了这个过程,通过交谈和鼓励,他们作出了许多贡献。将常常是神秘的芬兰语翻译成英语,是一个令人喜悦和高兴的事情。但译文中的任何疑问,在请求读者友好地体贴作者没有用英语写作或思考这一事实的同时,则完全都由我负责。特别是哲学性较强的术语的翻译,比起直接的叙述来,细微之处的分量和翻译选择的危险,更加重要。我最关注的是清晰性和作者的原意,而不是任何"学派"或传统关于使用特定术语的惯例。在整个工作中,目标是在不损害清晰性的情况下,保持曼多马的声音和说话的风格,尽可能地保持本书原文的特殊表达方式。有些概念很难满意地翻译成英语,如"essence"和"being",以及"what is"和"what is not"。在注释中我对这些术语作了解释。而且为了更好地强调曼多马关于上帝之爱和人之爱之间区别的主要论证,芬兰语的"Jumalan rakkaus"和"Ihmisen rakkaus",被翻译成了"God's Love"和"Human Love",尽管这并非严格地遵循了路德原文或曼多马原文的语法。

在本书写作时,美国版的《路德文集》(*Luther's Works*)里没有的路德的拉丁语和德语文字的翻译,来源于作者和译者;只要可能,《路德文集》里的译文都被合并进来了(哪怕有时需要临时修订,像在每处注释中说明的那样)。从美国葛底斯堡路德宗神学院毕业的马太·芬尼(Matthew Finney)最后帮助校对了英语引文(由该神学院资助)。本书的注释尽可能地保留了原著的样式,为了一致性以及与 Fortress Press 出版社的其他出版物协调,做了一些风格的改变。应出版社的要求,英语圣经的引文,除去引自《路德文集》的之外,都引自 New Revised Standard Version。需要时,书中偶尔增加了编者注释来解释一个词的选择或提供进一步的明确性。

关于包容性语言的问题,是做如下处理的:尽管本书的作者和译者都愿意接受包容性的语言(而且就像在其他语言中,即使受限于以阳性"他"来称呼上帝,自然地,芬兰语一般并不区分"他"和"她"),适宜地修改所有引用的已经存在的路德译文并不容易。另外,路德自己的德语或拉丁语经常包含一定数量的阳性语词。在大多数情况下,我让所使用的翻译来反映真实,希望读者阅读这些引文时,能够以被启蒙的心来意识到,当这个文本被局限于时间及其语言的惯例时,它是在讨论两种性别,并且是对两种性别说话的。同样的情况,适用于对《路德文集》的引文及其他涉及上帝时所使用的阳性词语,尽管原文并非总是支持它。偶尔地,当我考虑"he"或"He"使用的排斥性和不必要性太分散注意力的时候,我略微修改了已经存在的翻译(总是在相关的注释中标明了)。包容性语言的使用问题过于庞大,以至于无法在这本书里进行拨乱反正,因为本书的关注点在其他方面,其语境不同于那些就此进行争战的语境。

本书的后记由尤哈尼·弗尔斯博格博士所写,他是曼多马多年的朋友和同事,是路德研究的芬兰学派和培育新神学家的柱石之一。由于他持续不断地参与神学、特别是普世教派对话的工作,他在欧洲一直是芬兰学派的主要诠释者。2005 年,他在《路德年鉴》(Luther-Jahrbuch)中发表了一篇文章,就芬兰学者自曼多马早期著作以来所出版的、受到他某种影响的关于路德最重要的著作,提供了一个坚实的评论。因为芬兰语或德语的语言障碍,还不被国际学术界所了解的几篇作品,在这篇文章中被介绍给了国际读者。我们这里附录的文章是一篇非常简洁扼要并进行了编辑的译文。至于全文,读者可以看德语原文("Die finnische Lutherforschung seit 1979", in *Luther-Jahrbuch* 2005:147-182)。

最后,为了进一步阅读曼多马自己的反思,即他是如何以及在哪里对其最重要的发现进行普世神学和哲学性处理的,曼多马写了一篇简短而重要的文章(可从网站 www. fortresspress. com/mannermaa 找到),"普世神学视野中的路德神学的基要研究"(The Study of the Fundamentals of Martin Luther's Theology in the Light of Ecumenism),这篇文章特别重要,因为它对诠释学问题进行了关注,在它对其他诠释学派所进行的明确批评中,曼多马的命题据此被接受。

从个人角度而言,我在 1980 年代有幸参加系统神学和普世神学专业主办的、由曼多马博士和弗斯博瑞博士带领的路德研究研讨班。校园里令人激动、非比寻常的事情,就发生在这个学科。在那些年里,在各种令人向往的神学学科中,许多未来的神学家们都在朝着普世研究和普世神学的方向发展,因为在人们所长久热爱的路德老话题里面有了一个新的视角。三十年之后,看看随后的工作、拓宽的视角、对新范式的介绍和对信心伟人路德之挣扎的新关注,我们可以表明,那个时候的路德研究中确实掀起了一阵新的浪潮,这个浪潮持续高涨,现在已经超越洲际,而本书的出版就是一个指南针。

我工作在美国葛底斯堡路德宗神学院及其图书馆,是本书出版的重要支持者,特别是其路德研究所通过出版和公共课程对原始的路德学术推动了四十多年。没有正式在《与路德相遇》(这是神学院的年度路德会议讲座出版物,现在通过"Seminary Ridge Review"出版)中出版,曼多马的著作跨越洲际和语言的障碍而继续培育着古老的与路德相遇的使命。曼多马博士和他的诠释,已经是我们神学教育的路德宗神学院校园内外学术讨论的一个重要部分,学生们将在此得到一个耐人寻味的课本。

非常感谢 Fortress Press 出版社友好而聪明的同仁。苏姗·约翰森(Susan Johnson)和麦克尔·维斯特(Michael West)为了使属灵书籍得以与欣赏它的读者见面,马歇尔·约翰森(Marshall Johnson)为了将本书编辑得如此美好,都付出了努力。我也由衷地感谢我的家庭,特别是我的配偶和同事布鲁克·施拉姆(Brook Schramm),他的忍耐为我参与这项如此重要而有意义的工作提供了机会。

谢谢尤哈尼,为您这么多年所做的、特别是在这个项目中所做的一切,您为芬兰学者对路德研究提供了很好的评介。谢谢您信任我来将您的文章"揉搓成"英语。显然许多人都已经知道,但现在最好还是可以说:您的劳作远远超越简单的"谢谢您"所能包含的。英凯瑞·曼多马夫人,多年来,您为我们传递信息,谢谢您在幕后所做的一切。

谢谢您,曼多马,您将自己的作品托付给我。我希望,我已经公正地对待了您。让我的这个重新诞生的作品,成为我对您的教导的真诚感谢。

作者原序

对于许多芬兰人来说,路德的思想几乎是不为大家所知的。路德宗教会[即信义会]的基督教信仰,并不是毫无隔阂地直接建立在路德的神学之上的。在改教家路德去世之后不久,信义会的教义就变成了那样一种状况,以至于路德本人的核心思想都模糊不清了。只是过去几十年的研究,才把路德本人与信义会之间的差异展现出来。路德对文化和教会生活的真正决定性的影响,是间接的和隐藏的。因此,路德的思想并没有构成一幅明晰的图画。所以,对于许多人来说,认识路德的思想,意味着进入一个新的世界。

二版作者序

《两种爱》已经售罄多年。新版本作了少许补充，但几乎保留了原文的全部内容。实质性的补充是第七章"对上帝的爱"，由于技术原因，这章没有包含在第一版里。第一章至第六章的文字，只作了一些细微的修订。

1995 年 5 月 15 日于爱斯波

第一章　对存在的爱与对不存在的爱

在 1518 年 4 月 26 日于海德堡举行的辩论会上,路德用命题语句的形式描述了他自己的神学之基本结构。他把那些内容称之为"悖论神学"(theologia paradoxa)。①

它的基本思想可在《海德堡辩论》最后的第 28 条中见到,这个命题所包含的悖论中以之为前提的判断思路,顺理成章地在此达到高潮,但是,它也为它们打开了最终的意义。

根据这个命题,存在着两种爱:上帝以之进行爱的爱,和人以之进行爱的爱。路德是这样表述它们之间差异的:"上帝的爱,不去找到而是去创造所爱的对象;人的爱则从所爱的对象中产生出来。"②简要地说,这表示,"上帝的爱"是趋向"虚空"(tyhjää)和"什么都不是"(ei-mitään)的,为了要在那里创造一些东西并使之存在。它不是从对象身上找到已经预备好的可爱性,而是要创造这个可爱性。"人的爱"则趋向已经有的存在、善和美丽;它从对象的价值和荣耀里面产生出来。

在建构人的爱从所爱的对象(也就是可爱性)身上产生这个判

---

① 最好的文字版本在路德的著作中;Studienausgabe 1, Hrsg. von H. - U. Delius. Berlin 1979(＝Sta 1). 见 Sta 1, 213, 27 - 28。

② 《海德堡辩论》(1518). Sta 1, 212, 1 - 3; WA 1, 365, 2 - 4。
刘行仕的译文为:"第 28 条:上帝之爱并不是寻找自己喜悦之事物,而是创造所喜悦的。人之爱是因遇见令自己喜悦之事物而引发的。"(《路德文集》第一卷,路德文集中文版编辑委员会,总主编雷雨田、伍渭田,上海三联书店,2005 年,第45 页)

断时,路德确认了所有哲学与神学关于爱的"原因"就是它的对象的教导。灵魂的能力,无疑趋向外部存在的它们所追求的真实。对于智力来说,那个它所趋向的真实的维度是"真的",对于意愿(即爱)来说,这个维度是"善的"和"美丽的"。智力和爱的对象,都一直是已经有的某种从真实而来的存在。针对这个思想,可以参考路德所说的,人的爱找到其对象而不是创造它们。因此,作为人的知识和爱的对象,自然不可能是"什么都不是的"(虚空)和恶,而只能是那种已经存在的、真的、好的和美丽的事物。所以,人也不能爱虚空和恶,他也无法理解那样的东西。路德认为《诗篇》第 40篇表达了这种思想:"那理解有缺乏的和贫穷的,便为有福。"(根据拉丁语《武加大版本》)③

因为人的爱从对象中产生出来,与其说是分享善,不如说是接受[爱]。换句话说,人们总是在爱的对象中找到"他自己"(即自己的善)。同样,自然地,这个爱就欣赏那些自身可爱的与在人眼里看来也是"某物"的(即有价值的、好看的东西)。这导致的结果就是,人的爱"根据脸面"来判断和选择那些它所面临的人们:有些人它接受,而另一些人它则拒绝。

"人的爱"自然地无法趋向虚空和恶,但"上帝的爱"在本质上是相反的。它不趋向存在,而是趋向不存在。所以,它不从对象身上寻求善,而是将善浇灌和分享到对象身上。所以,上帝之爱的理由,不是存在于爱之外的对象自己身上的宝贵属性与可爱性,而是存在于爱本身纯洁的、创造的和赠予性的善。上帝的本性自身,就是永不枯竭的、雨后春笋般长出来的和向外流淌的爱。就像上帝从无中创造一切而使不存在的变为存在,同样,上帝的爱从虚空中邀请所爱的对象并以善环绕这个对象。这些善,都是上帝赐给人类被造界的善。创造性的爱特别明显地体现在,上帝以及上帝的爱活在其中的人,会爱罪人、恶人、愚笨的人和软弱的人,以使他们

---

③ 《海德堡辩论》(1518)。WA 1, 365, 16 - 17; Sta 1, 212, 15 - 16。(译者注:和合本圣经译为:"但我是困苦穷乏的,主仍顾念我。")

变为义人、善人、聪明的人和强壮的人。针对创造性的爱,路德从这个视角精炼地说道:

> 罪人是美丽的,因为他们被爱;他们被爱,不是因为他们是美丽的。④

面对人间的不平等,上帝的爱与人的爱之表现,也是互不相同的。因为上帝的爱不是找到而是创造可爱,它不是根据对象的属性来确定的。这样,它就不看人,也不依赖于人的观点,因为人们认为,爱的对象总是"应该是些什么"。上帝的爱原则上同等地面对和关注一切。"他叫日头照好人,也照歹人;降雨给义人,也给不义的人。"(太5:45)

上帝的爱与人的爱的运动是相反的。人的爱是"向上"趋向伟大、智慧、活气、美丽和善。而上帝的爱则是"向下"趋向卑微、羞耻、软弱、愚拙、罪恶和死亡。因此,上帝的爱难免就意味着倒空、苦难和"走向十字架的爱"。同样活在人里面的这个爱,认识十字架,而且是从十字架生出来的。路德说:

> 这是十字架的爱,它从十字架中生出来,它出现于无法找到善可享受的地方,它在那里分享善给恶人与贫乏之人。⑤

路德以提要的方式,借助于它们互不相同的"方向",描述了爱的两个基本类型。在其《尊主颂》(*Magnificat*)讲义中,路德思想的起点是,上帝的本性一直是从无中创造;而最后结束的画面是上帝总是向下面的深渊观望:

> 就像起初上帝从无中创造世界一样——因此,祂被称为创

---

④ 《海德堡辩论》(1518)。WA 1, 365, 11-12; Sta 1, 212, 10-11。
⑤ 《海德堡辩论》(1518)。WA 1, 365, 13-15; Sta 1, 212, 10-11。

造者和全能者——在这种影响的方式里,祂仍然保持不变:直到世界末日为止,祂的一切作为,都是把什么都不是的、弱小的、被鄙视的、悲惨的和死亡的,变成某种存在的、宝贵的、受尊敬的、蒙福的和有生命的;另一方面,祂把所有宝贵的、受尊敬的、蒙福的和有生命的,变为虚空,并视之为微不足道的、悲惨的和死亡的。这样,被造者就无法影响什么:它不能从无(什么都不是)中做什么。因此,上帝的眼睛只关注深渊,像但以理所说的那样:"你坐在天使之上,眼看深渊。"⑥

同样,路德借助于方向来简要地描述人的爱:人向上观看高处,但不是向下观看有着贫穷、苦难和死亡的深渊:

> 但世界和人的眼睛所做的相反:就像《箴言》30 章所说,他们只向上观看,只想向上提升,"这民的眼睛只往上看,眼角只向高处提升。"每天我们都能经历到,每个人怎样在为高处的荣誉、权力、财富、技能、好的生活和所有巨大而高高在上的一切而奋斗。哪里有那些内心依靠这一切的人,那里就希望被服侍,那里每个人就希望而且分享高大。圣经中所描述的王侯很少有正确态度,显然这描述不是徒劳的。而相反的是,没有人愿意观看那里是贫穷、羞耻、苦难、悲惨和烦闷的深渊,每个人都将自己的眼睛转离那里。哪里有那样的人群,所有人就都远离那里,逃离那里,拒绝去那里,这些人就被丢弃在那里,而没有人想着去帮助他们,去与他们在一起,去把他们也当作什么来加以影响。这样,他们就必须停留在深渊、卑微、被鄙视的地位之中。在这个人群中,没有谁是创造者,愿意把什么都不是的变成某种东西,就像保罗所教导和诉说的那样:"亲爱的弟兄们,不要志气高大,倒要俯就卑微的人。"(罗 12:15)⑦

---

⑥ Magnificat(1RR521). WA 7, 547, 1-10.
⑦ Magnificat(1RR521). WA 7, 547, 17-32.

路德所介绍的向下观看的上帝之爱与向上观看的人之爱的巨大差异,引起的问题是,这两种爱的形式之间是否完全地相互排斥呢？同样产生的问题是,与上帝之爱相对立的人之爱是邪恶的吗？它所爱的对象是被禁止的吗？路德抛弃了全部的人性之爱及其由之产生爱的价值了吗？

为了回答这个问题,首先需要注意路德自己用来设立关于爱的类型之命题的"前缀符号"。很明显,这是悖论性的表述方式。悖论是言语艺术的有效手段,一件事被通过这种手段来表述为"与看起来的相反",或一件事被介绍为与一般的观点或逻辑规则相反。在这里,悖论比较接近于"奇迹"的内容,目的是通过对立面的帮助来使所介绍的事情尽可能尖锐、深刻地让听众明白。

第二个需要注意的事项是,路德在描述时也使用另一个非常著名的修辞表达方式"借代"。这种表述方式意味着,在探讨两个相互关联的事情时,一件事被用来代表另一件事,或用一个[个别]来代表全部,如用部分来代表整体。路德认为,圣经中更常使用这种言语表述艺术。⑧ 这样一来,在论及人的爱时,路德就使用它的一个基本属性,也就是那个为自己对已经存在的东西和有价值的东西的寻求,来描绘人的所有爱(即或者说以部分来代表整体)。因此,路德并不表示,人永远无法用爱来爱上帝——这其实是基督教的全部信仰所特别强调的——也不是表示所有的人之爱都是像路德所描绘的人之爱那样。命题:"在所有趋向已经存在的和伟大的人之爱里,人寻求他自己",不是借代。而所有的人之爱都只是寻求自己的爱,则就是借代了。在讨论人之爱时,路德曾使用一个属性来描绘全部的整体。他想通过这种方式来尽量强调,无论在什么样的人之爱里,特别是在与上帝关系的爱里,"寻找他自己"的意义。

第三,路德根本不否认爱是善的,那些它所趋向的爱的对象可

---

⑧　比如,*Rationis Latomianae confutatio* (1RR521)。WA 8, 65, 8‑10; Sta 2, 441, 4‑7。

能是上帝的善的赐予,人们为此应该赞美上帝。比如说,路德就没有轻视男女之间的爱(就像奥伯曼[H. Oberman]所确认的那样,在路德以前,没有哪位神学家曾经像路德那样明白地把肉体的爱也说成是上帝的礼物)。⑨ 路德也没有否认朋友之爱的价值;他强调说,人是"为了朋友性的交往和共同生活而被造的"。⑩ 他也没有否认父母与儿女之间的爱、对动物的爱,等等。那些人们自然地所爱的有价值的东西和事情,真的是上帝的礼物:罪恶只是对它们的错误使用。人的爱这个概念描绘出:在那个善的人性之爱中的那个拐弯抹角地对私利的寻求,在发生着影响。人在爱上帝和他人的时候,都在寻求自己的私利。而上帝之爱则打开人心来利他性地爱上帝,并同时使他睁开眼睛来注意邻舍的真实需要并为他们寻求利益。换句话说,上帝之爱教导人们,一方面去爱上帝本身而不只是从祂那里得到好处,另一方面去爱其他人自身及其位格,而不是为了自己的利益和好处而去爱他人有价值的属性。

上述介绍的爱之类型差别的两个悖论,完全建立在《海德堡辩论》的思想架构之上。尽管二者之间的差别是在最后一个命题中才加以介绍的,作为不言而喻的前提,它也临在于所有的其他部分之中。然而,这个《海德堡辩论》中所说的,在路德的全部思想和作品中都能得到印证。其实,改教家路德的所有神学,都可以从这两种爱的视角来开启出丰富的成果。

---

⑨ Heiko O. Oberman, *Luther. Mensch zwischen Gott und Teufel* (Berlin 1RR981), 286 - 290.

⑩ 《加拉太书注释》(1RR535)。WA 40, II, 72, 5 - 6; vrt. 31 - 36。

第二章　两种爱与作为联合力量的爱

　　决定着路德神学基本结构的上帝之爱与人之爱之间的差异，可以通过更进一步的探讨来加以区分。在这两个爱的形式的根基里，传统的爱的概念，可以理解为爱是可以把爱者与被爱者联合（unio）到一起的联合力量（vis unitiva，或者说运动）。

　　乍看起来，只有那个路德称为人之爱的爱，才可能自然地是这种联合的力量。这里所说的爱之所以能够产生，是因为爱的对象里所包含的善在爱者里面生出一种追求的运动，其目标是把这个善吸收到他自己里面去（或者说正好把爱者与被爱者联合到一起）。可以说，在路德看来，人之爱的基本缺陷恰恰就在于这个联合的思想。也就是说，如果根据所探讨的人之爱来把对上帝的爱理解为联合的力量，不可避免的结果就是，在实现上帝-关系时，人与上帝就联合到一起了。这看起来可能会导致创造者与被造者之间差异的消失，以及由此而对基督教信仰的完全歪曲。

　　无论怎么说，那种认为联合思想可以把人之爱与上帝之爱区分开来的诠释，是错误的。两种爱都是联合的力量。爱的形式中的差异不在于那样的联合思想，而在于二者各自是怎样来理解联合的。在上帝之爱的思想体系中，联合的内容完全不同于在人之爱的思想体系中的。然而，这两种爱的形式，都包含着爱者与被爱者连接在一起的思想。在基督教理解爱的诠释历史中，这一点没有一直被足够清晰地注意到。①

――――――――――

① 这个研究，只部分地与尼格仁关于"eros"和"agape"爱的关系的基本命 （转下页）

路德尖锐地批评那种对"爱人如己"的爱（即所谓的金律）的诠释，因为它被诠释为，它命令人先爱自己，然后把这个对自己的爱当成基本形式和根基去爱其他所有的人。② 因为路德所批评的这种对金律的诠释出现在托马斯·阿奎那的神学中，③路德自己也把阿奎那归入错误的人之爱的神学代表之中，我们有理由介绍一下阿奎那对于爱及其联合力量的理解。我的目的不是在这里介绍阿奎那多线条的对爱的理解的全部内容，只是为了理解路德所批评的历史背景，我才来介绍阿奎那的相关思想。关于路德是否正确理解了阿奎那以及他们二人的神学之间是否有路德所声称的那么大差异的问题，将会成为普世神学研究的一个任务。很多学者都认为，阿奎那与路德之间的差异，没有以前所声称的那么大。然而，在对路德信仰世界的讨论中，最重要的是搞清楚，他自己实际上是如何理解这种差异的。

根据阿奎那，在最一般的意义上，对于其特征与适合的善来说，爱是每个生物的"本能倾向、意愿"或"追求心愿"。在这个意义上，爱是全部真实的结构原则：这个运动的所有力量就是爱。阿奎那引用狄奥尼修斯·亚略巴古（Dionysios Areiopagita）说："所有人做所有事情，都是因为[他们]爱良善。"④在阿奎那看来，在这个词在最一般意义上，这种对自己本质之完全和善之扩展的倾向与追求，即是爱的本质。⑤ 用现代的表述方式来说，爱就是自我实现，就是对自我本质中所包含的所有可能性变成真实的追求。

现实状况中，爱会以不同的程度出现在无生命的物质里、在植

（接上页）题相关。请比较 Anders Nygren. *Den kristna kärlekstanken genom tiderna. Eros och Agape.* I-II. Stockholm 1RR947。尼格仁的思想中所谓的联合思想总是属于eros的范畴。另一个关于爱的概念的历史是 Helmut Kuhn 的作品 "Liebe"。Geschichte eines Begriffs. München 1RR975。但在这个著作中，路德几乎没有被提到。

② 《罗马书讲义》(1RR515 - 1RR516)。WA 56，518，4 - 31。

③ 比如 Sth II-II. q. 25. a. 4. c。

④ Sth I-II. q. 28. a. 6。

⑤ 比如，可参考 Sth I-II. q. 26. a. 1。

物里、在动物里、在人和上帝里。为了简单起见,我们可以探讨一下对植物(比如树)的"爱"(即对善的努力追求)。当然,根据阿奎那,要小心把对植物营养的爱的类型当作该词的完全意义上的爱。自然地,这属于人的个人现实。然而,通过树这个事例,可以帮助我们看到所有爱的形式的一些属性,就像对细胞的初步研究可以帮助理解比较复杂的生物结构一样。

第一件真实的事情是,树的种子是存在的(即它是有"存在"的)。第二,这个种子有一定的"本质"(或者说,那是每个生物的所是),朝着它所规定的善的特征去发展,也就是长成树的形状。从这个本质形式里能出现一种规划形象的力量,来促使植物进入到一定的影响过程之中。换句话说,种子的本质里居住着追求努力,来促使这个本质的形式得以实现(或者说长成完全的树)。同样的这个意思可以表述为,实现了的树,是所种下去的种子和成长的树的"善",种子通过自然的倾向追求这个善(即种子所爱的正是这个善)。

在追求这个目标的时候,种子的"本质形式"从自己里面发展出了不同的"非本质的"、但与本质相关的形式和偶然形式,通过它们,植物的本质形式的基本追求得到实现;这些能力包括,比如树根、树干、树枝、树叶等等。为了服务于整体形式(即完全善的实现),它们全都需要去爱那些部分善,这是实现目标所必须的。树枝本能地倾向阳光:光是树枝的善。树根会寻求水源和矿物质:水和矿物质是树根的善,树根追求它们,也就是爱它们,并与它们联合到一起。在一定的意义上,可以说,树在爱自己的完全形式(即在追求实现它)的时候,会像爱自己一样地爱阳光、空气、水和矿物质,并会与它们合一。恰恰是爱者努力融化于被爱者的善,或某个生物"在对待他者时的自我态度",在阿奎那看来,这就是爱的最一般性的本质。同样可以看出,根据阿奎那,所有的爱是怎样通过一定的方式来实现所理解的(爱人如己)这个金律的。[6]

---

[6] 参看 Sth I-II. q. 27. a. 3。

　　通过树这个事例,就已经看出爱所包含的一般性的基本特征:它是对每个生物的善之属性的追求,它努力把这个善与自己联合到一起,以至于使追求者和被追求者成为一体。这个树的事例仍然表明,从路德的批评来看,本质性的问题是,因为爱是每个生物对属性形式(即善)的追求,它总是趋向"存在的"而从来不会趋向"什么都不是的"。这明显地表现如下:从完全长成的树来看,种子还只是一种可能性。而完全长成其形式的树,则是已经实现了的和已经成为真实的可能性;因此,与存在相比,它是种子,还没有-成为树-进入存在(ei-vielä-puuna-olemiseen)。所以,爱总是趋向已经存在的,也因此,它使每个生物的自我实现和自我本质变为真实。因此,每个生物的存在,也是唯一一个爱与合一的过程。

　　树的事例,还顺便揭示了一个从路德的批评来看非常有趣的事情。任何生物,比如说种子,用以追求其目标的运动,如上所述,在亚里士多德-托马斯·阿奎那思想模式中,是一种"行为"(ergon)。树爱(即实现)善,或用路德的话说,通过"行为"的帮助成为善。

　　但是,在阅读阿奎那在树的比喻中对爱的理解的全部性质时,要十分小心。这个事例首先表明的是,在所有地方的爱,都属于所表现出来的追求,而这个追求的目标则是每个生物的善之属性。因此,需要注意,根据阿奎那,有多种追求的形式,同样也有多种爱的形式。无生命的、物质的、哑巴的(沉默的)、瞎子的(盲目的)和从外部推向自己本质的对善的追求运动是一回事;植物对营养的追求是另一回事;动物的萌芽的、有意识的、感官的追求又是一回事;而最后,人的有意识的和智力性的追求(即意愿),则更是另一回事。[7]

　　只有从人的个人现实中才能打开爱的真正本质。人真的在他自己之内包括了物质性的沉默之爱、植物对营养之爱和动物的感官之爱,但它们现在通过理性和意愿重新组建了一个形成中的整体。这个人性追求的新形式,在人的里面,给无生命的、营养性的

---

⑦　Sth I-II q. 26. a. 1.

和感官性的追求以一种新的整体性目标(即新的给人的善属性及其相应的爱的形式)。⑧

在人里面,所有的存在水平都被联合起来了:在一定的方式上说,他就是全部。比如说,尽管情(intohimo, passio)是那种首先属于感官-心灵水平的爱的属性,从某种意义上说,人的所有爱都可以是情。但同样可以说,人的智力性的爱也可以是情,就像感官的情是智力性的引导一样。

因为在人里面,不同的爱的形式联合成了一个整体,我们可以选择爱的形式的一个属性来领会全部。出于属性的明确性缘故,情爱(intohimoinen rakkaus,即情 passio)正好可以成为这类[的代表]。⑨

情爱需要两个互相对立的真实之存在作为前提。一端在人里面至少是处于萌芽状态的对某种善的倾向,另一端则是这个对象的真正临在。在这两端之间,产生着紧张的关系。从临在的善中、从被爱者之中,发出一种影响,它能在爱者里面唤醒趋向被爱者的运动。根据阿奎那,爱正是这种被爱者所引起的趋向被爱者的"运动"。只要爱处于趋向所追求的目标的运动之中,它就是"渴求"(即愿望)。运动的终端则是安息(即"喜悦")。⑩ 因为这种爱的运动是从外部(即被爱者所引起的吸引力之中)所产生的;爱在该词的真正意义中就是情(passio),或者说,就同时是作为影响的附属的存在(即受苦)和主动的"自发性运动"。Passio(拉丁语的"情"),即 intohimo(芬兰语的"情"),在爱者与被爱者两端的影响和影响之环的过程中,可以逐渐强化为一种包罗万有的力量。

建立在阿奎那对爱的理解之上的基本的"同样性"(saman-kaltaisuus)思想,可以在这个情爱的概念中特别明显地体现出来。同样性的概念,把关于爱是对良善的追求的思想,与关于爱是联合

---

⑧ Sth I. q. 81.

⑨ Sth I-II. q. 26. a. 2.

⑩ Sth I-II. q. a. 2. c.

的力量的思想,结合到了一起。

根据同样的思想,所有被造的生物,都追求那种能以某种方式回应其本质并且属于其本质的东西。⑪ 从所追求的目标中,会产生出吸引人的、引诱人的或让人兴奋的影响,而追求者则以喜欢和愿意分享对象"自己的良善"来对之进行回应。爱是这个追求的内在情感取向、同化或对某种"作为自己的良善"的适应。换句话说,从其真正的本质来说,爱就是"对他人的态度,就像作为对自己的态度一样"。⑫

很容易看到,这个建立在同样性之上的爱的界定,作为对他人的态度,就像作为对自己的态度一样,可以在不同语境中得到非常不同的道德意义。

比如说,当人爱(即贪恋)某种有价值的物体的时候,他的全部本质可以说都处于所想要的那个对象之中:他对它的态度就像对自己一样。然而,根据阿奎那,这是关于爱的形式的问题,阿奎那称之为"情欲之爱"(amor concupiscentiae)。在这个爱的形式里,爱者与被爱者的关系,是爱者缺少对象所有的,而爱者想将之据为己有。因此,将从爱者里面所缺少的内容与被爱者的实现了的内容之间的同样性之中,形成一种同样性。⑬

然而,根据阿奎那,爱者对他人的态度,可以"就像对自己的态度一样",用完全不同的方式。阿奎那认为,"情欲之爱"不同于"善意之爱"(amor benevolentiae),即"朋友之爱"[友谊之爱](amor amicitiae)。在友谊之爱里,另一个人的位格被爱是为了他自己的缘故,不是为了从他身上获得益处。在朋友之爱里,不要求善,而是给予他人以善。⑭

通过友谊之爱与情欲之爱之间的区别,阿奎那努力解决中世纪

⑪ Sth I-II. q. 27. a. 3;CG IV. 19.

⑫ B. Ziermann, *Kommentar*. Die Deutsche Thomas-Agusgabe. Bd. 10. Graze 1RR 955. 533.

⑬ Sth I-II. q. 26. a. 4; Sth I-II. q. 27. a. 3.

⑭ Sth I-II. q. 26. a. 4.

讨论了很多的自利的爱和非自利的爱之间的关系。这个任务不容易[解决]，因为根据他的一般定义，爱是对每个生物良善属性的实现之追求。这难道不意味着，就字面意义而言，所有的爱都不可避免地是自利的吗？或者说是对自己的爱吗？

问题的解决又是建立在同样性与联系的概念之上。根据阿奎那所解释的金律，爱的确就是对他人的态度，就像是对自己的态度一样。在友谊之爱里面，这个爱的真正本质实现得最明确，因此，友谊之爱是爱的最高形式。

在情欲之爱里面，爱者的缺乏可以由被爱者的丰满来回应；或者说，爱者的可能性"物质"，可以由被爱者的真实"形式"来回应。而友谊之爱得以产生，是因为爱者与被爱者之间有着共同的丰满、共同的真实（即共同的形式）。友谊恰恰得以建立的基础是，朋友们之间有很多在他们中间可以互相分享的相同性和已经实现了的财富，比如像同样的智力、教育水平、同样的感觉-生活的敏感性，等等。在友谊之爱里面，爱者与被爱者之间的同样性与联系，可以达到如此的程度，以至于对于朋友来说，朋友就像另一个我或者另一个配偶一样。这导致的结果是，在想给被爱者以善的时候，爱者同样就像想要给自己善一样。愿意给予者自己会接受（即或者说发生）双向的善的分享。⑮

友谊之爱的、作为行善的、而不是作为情欲的爱的性质，正是建立在这个同一性和联系的思想之上。朋友自己的善，是另一个人自己的善，爱者在想给他人以善的时候，他自己就得到[善]。那样一来，朋友的本质就是双方的、建立在同样财富之上的善的分享、交通和使双方变为富有。只有朋友之爱才是该词真正意义上的爱。

在介绍路德信仰世界的导论中，没有必要询问，阿奎那对利他性之爱的问题的解决是否客观、符合事实。从理解路德的批评之视角而言，本质性的是，阿奎那的善意之爱（amor benevolentiae），即

⑮　Sth II-II. q. 23. a. 1.

友谊之爱,在内容上不同于路德所介绍的趋向"什么都不是"、缺乏和恶的上帝之爱。阿奎那自己声明,向他人怀有善意,对于朋友之爱的概念来说,还是不够的;因为友谊的前提是双向的善的分享和爱:我们只对朋友成为朋友。阿奎那说:

> 友谊的本质包括,通过它,有的人想给自己双向的善,这对他们来说是不隐藏的;这是为前面提到的某人的所谓善、喜乐或有益的缘故而发生的……善的愿望对于朋友之爱的概念来说是不够的,而是需要双向的爱,因为友谊是对朋友成为朋友:这种双向的善的意愿建立在一定的共同分享之上。[16]

因此,朋友之爱不违背爱总是趋向已经存在的和善的之规则。这个爱的形式的定义自身包括:"存在"在其自身里面和作为其自身原有的样子,而不是在与某种他者的"关系中"被爱。[17] 因为友谊之爱也一直趋向"存在",在路德看来,友谊之爱和情欲之爱的差异,要比阿奎那前面所给的定义更加模糊。友谊之爱也遵循一般的爱之本质的规律,即对每个生物来说它都是善的属性的实现。这样一来,这个爱也是建立在对作为对象的存在的"形式"(即存在和善)的追求之上,它在人里面产生对友谊之爱的倾向。[18]

同样揭示出的是,阿奎那如何前后一致地以路德所批评的方式,或者说,通过把人的追求、对自我本质给他所界定的善(即所有其他的自爱)的追逐,也当作利他的朋友之爱的根基,来诠释爱人如己的爱之金律。需要注意的是,这里的问题并非什么任意的、粗鲁的自爱,而是关于,在阿奎那看来,上帝在规定每个生物实现其自己的善时种植在每个生物本质中的自爱。阿奎那自己在论及善意的友谊之爱与自爱的关系时说道:

---

[16] Sth II-II. q. 23. a. 1. c.

[17] Sth I-II. q. 26. a. 4. c.

[18] Sth II-II. q. 23. a. 4. c.

据此需要说的是，在词的真正意义上说，友谊并不涉及我们自己，其实，与我们的关系要比友谊更大。因为友谊获得了某种联合，像迪奥尼修斯所说，爱是联合的力量。而在与自己的关系中，每个人都拥有一种要比联合更大的一体性（ykseys）。同样，就像一体性是联合的起源一样，那个人通过它来爱自己的爱，则是友谊的形式和根基：因为我们互相间的友谊正是，我们对待他们就像对待我们自己一样。亚里士多德提醒说，相互之间的友谊感，会把人自己的友谊感传递给自己。⑲

因此，阿奎那教导说，因为对每个生物来说，爱就是对善的属性的追求，人就会像爱自己一样来爱这个善。在他看来，在那种意义上，爱就是联合的力量，爱就像是在对待他人态度里对自己的态度；或者说，每个生物对自己的善和自我实现的追求，就是生出一体性的力量。因为阿奎那教导说，每个生物的自我实现，建立在自我之上；自爱是所有其他爱的榜样和根基。所以，阿奎那《神学大全》德语版的评论者说：

事实上，有两个特定的本质是在彼此心里的，那些以某种方式属于一体的和彼此是亲属的，一般完全取决于两者之间的一体性；没有它的话，什么爱都是不可能的。爱者以某种方式在他者里面寻找并且找到他自己，而且作为他自己愿意把善给予他——当爱赢得了自己的名字的时候。这样，我们就已经指向了那一点，因为人越是最密切地加入自己，或在自己个人的一体性中首先属于自己；自爱就需要首先用自然的必要性来表述。因此，自爱强迫人自然地把自己的存在走向丰富与实现之中。自爱还组成所有的爱的类型得以成长的根基——既包括

---

⑲　Sth II-II. q. 25. a. 4. c.

对上帝的爱,也包括对邻舍的爱——对于所有的其他来说,它需要的是指导性的榜样:"爱人如己"。[20]

路德承认,前文所描绘的对爱的理解,一方面可以有效地描绘自然真实,另一方面却否定它得以成为伦理的榜样。然而,路德的批评首先针对的是趋向善与存在的爱的概念,被移用为诠释上帝自己的爱的原则了。从一定意义上说,在阿奎那的思想中,上帝对人的爱与人对上帝的爱,都是借助于自我实现的爱的概念来诠释的。根据路德,只是在这里,才发生了真正的错误。路德所批评的对基督教信仰的全部歪曲,看起来都建立在下面这个基本前提之上:人的爱被移用为上帝-关系的诠释原则了。

也就是说,根据阿奎那,上帝自己的爱也是某种自我实现的爱。上帝也爱属于祂的善的属性。因为上帝是完美的存在,在祂里面所有的可能性与所有的善都已经实现了——祂确实是最真实的存在和最高的善——上帝之爱的第一个对象只能是祂自己的存在和祂自己的本质。用基督教三位一体的语言来表述就是:神圣三一内部的爱,以完全的方式,在爱自己的时候来爱他者,抑或说,上帝是完全的友谊之爱。根据自我实现的模式来进行的对金律的诠释,被类比性地扩展到了上帝自身之中。——这个上帝之爱的基本定义有几个后果,对于理解路德所提出的批评来说是本质性的。

阿奎那的诠释的第一个后果是,在一定意义上来说,上帝的爱遵循自我实现的爱,清楚地说就是友谊之爱的模式。像所有的爱一样,上帝之爱只趋向善。恶,作为其自身的那个样子,永远无法成为上帝之爱的对象;恶只有在与某种善的关系中,才可能被爱,那时它被爱,实际上也是作为善而被爱。因为上帝是最高的善,毫无疑问地,祂最爱自己的本质。在与外部的关系中,哪里有更多的善被实现,上帝就更多地爱那个对象。这样导致的结果,就如阿奎

---

[20] Ziemann, 539.

那所说:"上帝总是更爱较好的"。㉑

在阿奎那的诠释里,上帝的爱是自我实现的友谊之爱,也导致另一个与前一个结果紧密相连的上帝之爱的属性。上帝是最高的善,但也是最真实的存在,其中全部的可能性都已经实现了和已经存在了。如此一来,存在与善就成了可替换的概念。从上帝最爱自己的本质这个原则中导致的结果是,上帝之爱的第一个对象同样是祂的纯粹的存在状态。所以,在与外部的关系中,哪个对象已经更多地实现为存在,上帝就更多地爱那个对象。换句话说就是:上帝总是爱"存在"。而"不存在"(或者说,"什么都不是"),除非在关系中的存在(或者说,作为属于某处的可能性,即作为那种存在)以外,就不能成为上帝之爱的对象。

这样就可以理解路德命题的某个历史背景了,人的爱趋向善和存在,它的对象不可能是"什么都不是"和恶。路德认为,在学院派的亚里士多德的下列神学中,上帝的形象"被变成了人的形象",抑或说,以人之爱为标准。

在通过特定的自我实现的爱的方式来诠释上帝之爱时,也会导致另一个基本的事实,它这次涉及到被造者对上帝的爱的思想。因为上帝爱作为最高之善的祂自己的本质,所有的被造者都是根据这个爱的样式的形象而造的。每个生物的追求(即对属于其善的属性的爱),实际上都是反映了上帝之爱的方式。像上帝一样,每个被造者都爱善和存在。因为上帝是全部的善的实现,其中全部的可能性都是纯粹的实现;每个被造的善(即被造者在自我实现中所追求的)就是爱的、在上帝里面已经是作为真实而存在的可能性。这导致的本质性事实是:每个被造者在爱他自己的善的时候,不知不觉地就爱了上帝。换句话说,对任何一种善的爱,只有在善自己的、上帝所给予的可能性的视野里,才有可能。无生命的物质、植物和动物在爱自己的善的时候,都无意地爱了上帝。而人的

㉑ Sth I. q. 20. a. 4.

使命则是,有意地和自觉地爱上帝。[22]

然而,要注意的是,阿奎那认为,人对上帝的关系并不是自利的爱,而是某种方式的友谊之爱。因为友谊只在同类之间才有可能,因为上帝只爱善,上帝就必须为人创造新的形式,也就是,被造的恩典;这个恩典使人在与上帝的友谊中成为有价值的。这个被造的恩典,是与新人的本质相关的属性,它给人以新的目标及其与之相关的新的运动(即爱对人真正善的属性,即上帝的趋向)。阿奎那称这个爱为"上帝的爱"(caritas)。然而,它却遵循所有的爱都追求属性的规律。就像树的种子里临在着某种茂盛之树的形式,同样,在上帝之爱里面也"已经"以特定形式包括了爱的自己的对象、上帝本身的本质。[23]仍然像亚里士多德所认为的那样,运动的实现及其"一直-已经-在目标里-存在"(aina-jo-päämäärässä-oleminen, entelekeia)借助于"行动"(ergon)而发生,同样,作为运动的上帝之爱是行动、作为。人真的无法通过作为而得救,但他在运动里被拯救(即在爱者的运动里趋向最高的善——福佑、上帝)。[24]

为了避免误解,需要强调的是,根据阿奎那在前面所描述的,上帝之爱是完全出于恩典而被给予人的。在这一点上,阿奎那和路德所说的还是同一种语言。像已经说过的,无论如何,路德对经院神学的主要批评是:上帝-关系被按照人之爱所提供的标准来诠释了。路德以明确的语言说,经院学者们从亚里士多德那里学习了对爱的理解。换句话说,完全从恩典里浇灌出来的上帝之爱,被按照哲学的标准来诠释了。就像任何生物的爱都是趋向其善的属性的运动一样,这种"一直-已经-在目标里-存在"的运动的实现是行为,同样,被作为礼物所得到的上帝之爱被理解为在不同程度的运动里和趋向上帝的行为里变为真实的运动。

---

[22] CG III. q. 17; Sth I. q. 60. a. 5; 3. Sent. 29. 1.

[23] Sth II-II. q. 24. a. 9. c.

[24] Karl-Heinz zur Mühlen, *Reformatorische Vernuftjritik und neuzeutliches Denken.* Tübingen 1RR980, 14.

典型的是,在阿奎那看来,趋向上帝的爱的运动的增加,也遵循所有物体的运动规律:"就像我们从物体的运动中也看到的那样,作为第一个物体离开出发点,作为第二个物体趋向新的目标去接近,而作为第三个则在这个目标里休息。"根据这个一般运动的规律,上帝之爱的增加,通过努力开始避免罪,并对反对上帝之爱的情欲进行反对。接着的第二点,则是强化和坚固上帝之爱的挣扎。第三,人则追求与上帝合一,并享受作为最高目标的祂。"这涉及那些想要离开以及想要与基督在一起的完全的人。"㉕

前面对上帝之爱的本质的描述,会对特定的人设立爱的次序。基督徒第一个爱的对象是他自己,因为上帝这个最高的善已经联合到了他的里面。其次,爱的焦点是作为上帝的朋友的人们(即邻舍),或者说,作为友谊之爱的目标,他同样分享了上帝之爱。要注意,在爱他人的时候,爱的目标最终也是最高的善(即上帝)。第三,爱趋向罪人。然而,罪人被爱只因为他是一个人,或者说,可能他有能力分享了上帝。如果只因他是个罪人,他就不被爱,这样一来,对于阿奎那所介绍的爱的次序,从路德的立场来看,一直以来以及前后一贯的问题,就是关于那种善和人对待它就像对待自己一样存在的爱之间的关系。

路德改革性批评的真正焦点,正好针对那种把人与上帝的关系,根据趋向存在与善的人的爱,理解为自我实现的思想。"在那个爱的位置,我们放进了信"㉖——这个句子包含了他的宗教改革计划的核心。代替自我实现的爱的位置而被确立为与上帝关系的基本概念的信,意味着它的向下、对趋向"什么都不是"和恶的上帝之爱的接受,它[这个上帝之爱]在基督里成为了肉身。

这样一来,从本质上说,路德的批评主要针对的是:以希腊哲学为基础的形而上学,被使用为基督教信仰的核心诠释原则。路德反抗这种经院学派的形而上学的争战,至少包含两个要点,其中

㉕　Sth II-II. q. 24. a. 9. c.

㉖　《加拉太书注释》(1RR535)。WA 40,1,228,27。

第一个要点与对爱的理解本身相关,第二个要点与对爱的理解背后存在的对从上帝而获得的知识的性质的诠释相关。

首先,路德的批评,针对[如何]理解人之爱及其典型的对关于爱作为联合力量的诠释。然而,需要特别注意的是,上帝之爱也是联合的力量,但它所有的前缀与人的爱所拥有的是相反的。上帝的爱并不"寻找那些可以找到善来享受的地方,而是寻找那些可以把善与恶及缺乏联合起来的地方"。⑦ 这里存在着差异的核心。上帝不追求(即爱)那些有"形式"(即存在,或者说善、美、智慧、力量等等)的东西。相反,上帝的爱在关系中给予并把善(即形式)与那些缺乏形式者(即那些"什么都不是者")联合到善和形式之中。因此,上帝把形式联合到贫穷者、罪人、恶、愚蠢和软弱之中,为的是使他们成为义、善、智慧和强壮者。换句话说,上帝遵循祂自己的行动规则:从无造有。"作为上帝就是:不索取而是给予善。"⑧

首先,上帝实现祂自己的本质,即通过向所有人赠送其所是的存在而给予。被造者本身及其全部的善,都是上帝的礼物。

其次,上帝在基督里把自己赐下,即祂把祂自己的形式和善与缺乏形式者、贫穷者、"丑恶者"和罪人联合起来。同样,祂把人的缺乏、罪和死亡都背负到自己身上。因此,上帝真实地合并到人之中。因此,作为联合力量的爱,就不单单是上帝思想里存在的趋向人的良性的意念。上帝通过将祂自己完全赐予人(或者说祂的全部自然及其属性,即义、力量、生命、喜乐等等)而爱。[基督是上帝赐给人的礼物、爱,而这个行为就是上帝的善行。]接受基督的这个善行,基督徒的使命就是利他性地去爱上帝及其旨意,并且成为他们邻舍的基督(即像基督对他们自己所做的那样,去对待邻舍):把所得到的善作为礼物赠送给贫穷的邻舍,对待其邻舍的罪、软弱和

---

⑦ 《海德堡辩论》(1RR518)。Sta 1, 212, 13-14; WA 1, 365, 14-15。

⑧ Dictata super Psalterium(1RR513-1RR516)。WA 4, 269, 25. 因为在信里面接受上帝本身的所有属性,"善"。信意味着分享上帝的性情。Simo Peura, *Mehr als ein Mensch*? Die Vergöttlichung als Thema der Theologie Martin Luthers von 1RR513 bis 1RR519. Helsinki 1RR990。

缺乏,就像它们是他自己的一样。㉙ 这样一来,在上帝里面和祂的爱里面,基督、基督徒和他的邻舍,就组成了同一个身体。

路德在把上帝的爱当作联合的力量进行诠释的时候,其背后明显可以看到特定的理解,即所谓的爱人如己的金律。它与阿奎那之间的差异在于,根据路德,金律里面没有"命令"人先去爱自己,而那里"要求的前提是"人的自然的自爱是一件明显的真实事情。而金律所包含的命令集中针对的是,人应该视邻舍的需求就像他罪恶地[本能地]看待自己的需求一样重要,这是最重要的和无条件的。㉚ 换句话说,设身处地站在邻舍的位置时,人可以根据自己的理性与情感所提供的事例,原则上知道,另一个人需要什么,以及他应该为了帮助邻舍而做什么。在解释金律时,路德这样说:

> ……这个诫命给出了一个完全活生生的例子,即你自己。这个事例比所有其他神圣的例子都更珍贵,因为它们都已经消失了和死去了,但这个例子却依然活着。因为每个人都必须承认他是如何地爱自己。他知道,他是如何热情地照顾自己的生命,如何勤奋地为自己的身体预备饮食、衣服和所有的好东西,如何逃避死亡和躲避一切的灾难。看啊,这就是你爱自己的样子;你看不到它、感觉不到它吗? 这个诫命教给你什么呢? 就是去做那些你做给自己的同样的事情吧,这样,你就会给你的邻舍的身体与生命以同样的意义,就像你对待你自己的身体和生命那样。怎么可能给你一个比在你深处的还要更亲近、更生动和更强烈的事例呢? 这个例子就是你自己。㉛

根据路德,金律代表所谓的上帝将之"已经描绘"在每个人心灵

㉙ 这个思想是路德神学总结的内容,*Tractatus de libertate christiana*(《基督徒的自由》)(1RR520)。WA 7, 20 - 38。

㉚ 《罗马书讲义》(1RR515 - 1RR516)。WA 56, 518, 4 - 31。

㉛ 《禁食证道集》(1RR525)。WA 17 II, 102, 27 - 39。

里的自然的伦理律法(luonnollinen eettinen laki)——无论人是否知道或者遵守它。㉜ 把这个规则确定在第二位的原则,建立在所有的人性伦理的行动、十诫及社会正义秩序之上。㉝ 根据路德,上帝在基督里进入人的位置来承担他的苦难时,其实也在遵循金律并完成㉞律法。㉟ 不仅阿奎那,而且路德也认为,金律是诠释人之爱与上帝之爱的原则。但是,在路德神学中,它从上帝之爱的原则中获得了内容:"作为上帝就是:不是接受,而是给予善。"根据从上帝之爱的根基上来理解的金律,人的使命是单纯而利他地爱上帝和邻舍。一方面,他需要"站在上帝的位置",即就像上帝期待被造的人那样:让上帝成为上帝(即全部被造者和救恩的善的赠与者)。另一方面,人的使命则是"站在邻舍的位置",并根据邻舍的需求来分享上帝美好的礼物。

路德对希腊经院学派形而上学的批评,除去针对理解爱本身之外,还针对其前提;这个前提使得形而上学对爱的理解可能在诠释基督教信仰时被加以使用。在路德的批评神学里,有着明显的前提,即上帝的本质可以通过特定的方法从被造的真实来加以理解,并把被造的内在结构移用为诠释宗教内容的核心原则。尽管根据路德,上帝的一般性本质原则上可以在其创造工作里被知道,然而,在实际上,这个关于上帝的知识,无法越过基督而通过研究上帝的创造工作来获得。形而上学家在他们的思想里,忘记了"十字架的形象"(imago crucis)。上帝是隐藏的上帝,祂的作为被藏在十字架的反面,上帝的"荣耀属性"被隐藏在否定之中。

㉜ 比如,参看《反律法主义的第一争论》(1RR537),以及 WA 39,I,361,19-20。关于路德的律法神学,参看 Lauri Haikola, *Usus legis*. 2. Helsinki 1RR981。基本的著作是 Antti Raunio, *Summe des christlichen Lebens*. Die Goldene Regel als Gesetz der Liebe in der Theologies Martin Luthers von 1RR510 bis 1RR525. Helsinki 1RR993。

㉝ 比如,参看 Jorma Laulaja, *Kultaisen säännön etiikka*. *Lutherin sosiaalietiikan luonnonoikeudellinen prusstruktuuri*. Helsinki 1RR981。

㉞ 译者注:完成(täyttää, täyttymys),也可翻译为"实现"或"成全",还可能译为"充满"或"填满"等。

㉟ 《等待主临期证道》(1RR522)。WA 10 I 2,42,21-43,4。

第三章　荣耀神学与十架神学

在人之爱和上帝之爱的差异之上，建立着两个互相对立的神学形式，即"荣耀神学"（kunnian teologia）和"十架神学"（ristin teologia）。它们的差别，对于理解路德的信仰世界是核心性的。十架神学，不是其他问题中的一个教义要点，而是全部中的本质性内容。即使在它没有被特别提及时，它也是一个必须的前提。荣耀神学与十架神学的差异，可以简要地描述如下。荣耀神学向上观看上帝的伟大和荣耀属性：祂的神圣性。十架神学则往下观看十架的形象：在人里面的、在软弱之中和在愚拙之中的上帝。

在《海德堡辩论》第 19、20 和 21 条论纲中，荣耀神学与十架神学被这样介绍到：

> 一个通过观察被造者来理解上帝的不可见属性的人，是不配被称为神学家的。从《罗马书》1 章可以看出这一点，使徒把如此做的人称为愚拙。上帝的不可见属性是力量、神圣、智慧、义、善，等等。对这些的任何一种知识，都不会使人有价值和有智慧（第 20 条）。而只有那些通过所见的苦难和十字架来理解上帝可见的和明确的属性的人，才配得上被称为神学家。上帝的背面的（即看得见的）属性，就是人性、软弱和愚拙，都是与祂的不可见属性相反的；在《哥林多前书》1 章里，这些属性被称为上帝的软弱和愚拙。因为人们错误地使用了从创造工作中所获得的对上帝的理解，反过来，上帝自己想在苦难中被认识、想抛弃那个通过看得见的智慧而获得的看不见的智

慧,这样一来,那些不崇拜创造奇迹的上帝的人们,来崇拜隐藏在苦难中的上帝,正如《哥林多前书》1:21 所说:"世人凭自己的智慧,既不认识神,神就乐意用人所当作愚拙的道理拯救那些信的人。"这样一来,除非一个人在十字架和耻辱中认识上帝;[否则,]在荣耀和伟大里对上帝的认识,就对谁都不会足够;也不会使任何人受益。"祂弃绝聪明人的聪明"(林前 1:18),等等,正如以赛亚所说:"你实在是自藏的神"(赛 45:15)。所以,在《约翰福音》14:8 中腓力根据荣耀神学说道:"求主将父显给我们看。"基督把他拉了回来,并让他收回飞跃的思路去到其他地方寻找上帝,说道:"腓力,人看见了我,就是看见了父。"(约 14:9)因此,在被钉于十字架上的基督里有真正的神学和对上帝的认识……荣耀神学家称恶为善,称善为恶;十架神学家则说,事情是怎么样的。这表明的是,当荣耀神学家不认识基督的时候,他就不认识隐藏在苦难里面的上帝。所以,他认为行动和行为要好于苦难和作为影响对象的存在(激情,passio);荣耀要好于十字架;力量要好于软弱;智慧要好于愚拙;而一般地说,善要好于恶。①

---

① 《海德堡辩论》(1RR518)。WA 1,361,31 - 362,25;Sta 1,207,25 - 208,24。

刘行仕的译文是:第 19 条:那以为可透过外显之事物来清晰窥见上帝隐藏之事物的人,不配称为神学家(罗 1:20)。试想使徒保罗在《罗马书》一章(第 22 节)批评那些"神学家"为"自以为聪明、反成了愚拙",这一条就显而易见了。再者,上帝不可见之物就是德行、敬虔、智慧、公正、良善等等,但只是认识到所有这些事物,还不能使一个人变得有价值或聪智。第 20 条:然而,那透过苦难和十字架来理解上帝外显之事物的人,就配称为神学家。上帝可见之物乃是与不可见的事物相对,即上帝的人性、软弱性和愚拙。使徒保罗在《哥林多前书》一章(第 25 节)就称它们为"上帝的软弱"和"上帝的愚拙"。由于人们看重行为而错用了有关上帝的知识,上帝反过来就只愿让人们藉苦难去认识祂,并用透过可见之物认识上帝的智慧,去谴责透过不可见之物认识上帝的智慧。这样,人既没有因为上帝显明的作为而荣耀祂,就要因隐藏于苦难中的作为而荣耀祂,恰如《哥林多前书》一章(第 21 节)指出:"世人凭自己的智慧既不认识上帝,上帝就乐意用人们当作愚拙的道理拯救那些信的人,这就是上帝的智慧(转下页)

荣耀神学和十架神学的差别背后,隐藏着路德关于两种爱的理解:荣耀神学建立在人之爱的上面,而十架神学则建立在上帝之爱的上面。

荣耀神学家的特点,是不将目光注视在十字架的形象上。而在十字架里可以明显地向下、向什么都不是和恶观看。上帝是如此深地融入了人的位置,以至于祂已经把人的形象(换句话说,他的人性、软弱、愚拙、罪性和地狱)吸收到了自己里面,就像它们就是祂自己的一样。在这样与人联合到一起的时候,上帝把祂自己的善赠送给了人,如上帝的义、力量、智慧、喜乐和永恒的生命,即恰恰这些祂自己的本质。在追求(即爱)上帝的时候,荣耀神学家越过十字架去在伟大和可见的属性里找到祂,换句话说,[荣耀神学家找到]作为趋向存在和善的爱的对象。路德说:

> 但是,荣耀神学家……向亚里士多德学习到,意愿的对象

(接上页)了。"现在,除非人能在十字架的谦卑和羞辱中去认识上帝,否则无人能在上帝的荣耀和权威中认识祂,而从荣耀中认识上帝对人也没有什么好处。因此上帝消灭聪明人的聪明,正像《以赛亚书》(45:15)所言:"你实在是自隐的上帝。"所以,《约翰福音》14:8 也记载,当腓力按照荣耀神学提出"求主将父显给我们看"的时候,基督马上就把从其他地方寻找上帝的念头转向祂自己,祂说:"腓力,人看见了我,就看见了父。"(约 14:9)由此可知,真正的神学及认识上帝的道理是在钉十字架的基督身上,正如《约翰福音》十章所言:"若不藉着我,没有人能到父那里去","我就是门。"(约 10:9)圣经中另外许多地方都有这样的内容。第 21 条:荣耀神学家称恶为善,称善为恶;十架神学家正确道出事物的真相。十分清楚,不认识基督的人就不了解隐藏于苦难中的上帝。因此,他喜好善工而不喜好苦难,喜爱荣耀而不喜爱十字架,喜爱强力而不喜爱软弱,喜爱聪智而不喜爱愚拙。总而言之,他喜爱美善而不喜爱丑恶。这种人,使徒保罗称之为"基督十字架的仇敌"(腓 3:18),因他们仇视十字架和苦难,却喜好美善和荣耀的工。因此,他们就称十字架的良善为恶,而称邪恶之举为良善。正如上面所说,只有在苦难和十字架中,才能找到上帝。这样,十字架之友赞颂十字架,厌恶善功,因为在十字架面前,不仅善功被推翻,就连由善功所造就的老亚当也被钉十字架。一个人不可能做了善功而不自高;只有当他首先被否定,遭受苦难的折磨,直至他自觉毫无价值的时候,才会领悟到他所做的善行并非出于他本人,而是出于上帝(见《路德文集》第一卷,2005 年,第 40—41 页)。

是善,善是可爱,恶是可恨。因此,对于他来说,上帝是最高的善和最高的可爱。②

因此,荣耀神学家以上帝的创造工作(即可见的世界)为根基,来推理不可见的上帝是什么样的。对此,路德说:

> 一个通过被造者来观看和努力理解上帝的不可见属性的人,是不配被称为神学家的。③

实际上,经院学派(换句话说,自然神学)也通过"三路"来思考从上帝的本质中所获得的知识(请注意,这里谈的不是所谓的证明上帝存在的五路)。这些路是:疏远之路(via remotionis,或否定之路[via negationis])、归属之路(via attributionis)和卓越之路(via eminentiae)。它们最终都建立在那个原则之上:那些在被造者里面的、在可见的真实里面代表完全的属性,在移用到上帝概念里去的时候,可以被加强和说成是无限的。④ 根据人的爱,荣耀神学家越过人眼可见的十字架,也创造了不可见荣耀的上帝:无限的力量、无限的神圣、无限的智慧、无限的义和善,等等。针对这些属性,路德说:"对这些的任何一种知识,都不会使人有价值和有智慧。"这个特别勇敢的批评,明显地建立在上帝之爱这个思想之上。一个把上帝当作最高的善和最真实的存在来爱的荣耀神学家,不能理解那个在十字架的恶里面和在什么都不是里面的上帝。荣耀神学家的理性与爱——像每个人的一样,因为人自然地就是荣耀神

---

② *Resolutiones disputationum de indulgentiarum virtute* (1RR518). WA 1, 614, 17-22.

③ 《海德堡辩论》(1RR518)。WA 1, 361, 32-33; Sta 1, 207, 26-27。也可以翻译为,"那以为可透过外显之事物来清晰窥见上帝隐藏之事物的人,不配称为神学家。"

④ 比如,参看 Walter Brugger S. J., *Theologia naturalis. Institutiones philosophiae scholasticae*. Paris IV. Barcelona 1RR964. 254。

学家——只关注什么"是某物"和什么是善。所以,在荣耀神学家和人看来,真实的上帝一般是什么都不是和恶的;根据祂的爱,祂所爱的对象在哪里,[这个真实的上帝]就在那里,也就是说,在人性里、在软弱中和在愚拙里。

同样明确的是,亚里士多德对上帝的理解,只是神学的一种形式。然而,其中特别明显地呈现出一种对于所有荣耀神学的共同性:是根据人之爱而不是神之爱,来思考上帝的本质。这样一来,在路德看来,亚里士多德对上帝的理解的基本错误就是,在那里,上帝不是为了人的上帝,换句话说,[上帝不是]以上帝之爱[来爱人]的可爱的上帝。路德说:

> 因为除去哲学的也就是形而上学的理解之外,他们对上帝没有其他的理解。据此,上帝是与被造者分离的存在,就像亚里士多德所说的,是真实的、是对在其内部被造者有意义的上帝。但是,这个上帝与我们有什么关系呢? 其实,魔鬼也认识上帝,并且知道祂的所有的真实性。因此,当在神学里教导关于上帝的知识时,被认识和被接受的那个上帝,不是封闭在其内部的,而是走出来的、来到我们跟前的、使我们承认祂是我们的上帝。前面所说的那个亚里士多德的也就是哲学的上帝,是犹太人的、土耳其人的和教皇的上帝,但祂不是为了我们人类的上帝。⑤

与荣耀神学家不同,十架神学家观看"来到我们跟前的"上帝,并"通过所见的苦难和十字架来理解上帝可见的和背面的属性"。为了理解这一点,需要注意的是,关于上帝的背面的属性的表述,从字面来说,表示的是上帝的背部之面(posteriora)。这个说法与武加大拉丁语译本的《出埃及记》33:18 - 23 相关,在那里,摩西请求上帝显出祂的荣耀给他看。上帝回答说摩西不能看祂的面,"因

---

⑤ *Vorlesungen über 1. Moose* (1RR535 - 1RR545). WA 43,240,23 - 28.

为人见我的面不能存活"。然后,上帝将摩西放在磐石穴中,用祂的手遮盖他,直到祂过去。"然后我要将我的手收回,你就得见我的背,却不得见我的面。"⑥

在关注术语"上帝的背面"之意义的时候,就能理解十架神学家与上帝之间的关系特点是什么。首先,他研究从上帝的背面来看祂的什么是可见的:上帝的人性、软弱和愚拙。其次,他通过自己所见的苦难和十字架来观看上帝的那些属性,即所见的"自己的"人性、软弱性和愚拙性。因此,基督的十字架和基督徒的十字架就有机地属于一体。所以,只有生活在地上的(而不是在天上的爱之行程里运行的)及其日常生活的真实中的人,才能理解上帝在基督里的人性。只有罪人和恶人,才能理解那接受罪的人性并将善分享给他的上帝。只有那自己是软弱的人,才能理解在软弱的十字架上给予人的上帝的力量。这里又涉及到了路德的两种爱学说的核心:上帝只在那些祂所创造的爱所在的地方,即下面的人性、什么都不是及恶里面。

基督把所有的罪人的位格都联合到祂自己之中了。就像路德所表述的,祂是最大的罪人,祂沉入到所有的罪之中,并且所有的罪都沉入了祂之中。这样一来,每个人的罪、死亡和地狱就在基督里,而基督就在每个人的罪、死亡和地狱里。⑦

上帝的爱之本性决定着祂在世界上的全部作为都是十字架的形式。因此,上帝以两种方式来行动:祂[把人]送到地狱,并且[把人]从那里带回来。换句话说就是,祂使人成为什么都不是、罪人、软弱和愚拙,而又使人成为神圣、坚强和智慧。路德把前一个行动方式称为上帝"左手的工作",而把后一个行动方式称为上帝"右手的工作"。路德认为,左手的工作是上帝的"客人的工作",而右手的作为则是上帝"自己的工作"。在这个语境里,上帝的仇恨表示

---

⑥ 《出埃及记》33:23。

⑦ 我在《基督就在信本身之中》一书中已经更详细地介绍了路德关于基督"作为最大的罪人"的概念。

的就是客人的工作。⑧

要注意，上帝的客人的工作和自己的工作，不仅发生在前后顺序之中，而且首要的是发生在由外到里的次序之中：上帝自己的工作正好是隐藏在客人的工作本身里面的。十架神学的核心思想里包括，上帝总是隐藏在其反面之中。祂的神圣性隐藏在人性之中，天堂隐藏在地狱之中，生命隐藏在死亡之中，公义隐藏在错误之中，力量隐藏在软弱之中，等等。上帝的作为不会是那样的，比如说，祂一次通过左手的工作使人成为罪人，然后让人成为永远的义人。上帝的作为是持续性地和一般性地隐藏在其反面之中的。这里又是关于上帝之爱的永恒属性问题：它不寻求而是从无中创造其可爱性。路德说：

> 因为上帝不救罪人之外的人；不教导愚拙的和什么都不懂的人之外的人；不使贫穷的人之外的人变为富有；不使死人之外的人活过来。然而，[上帝所接纳的]不是那些自以为所是的或认为只有自己才是那样的人的人们，而是那些真正是和承认是那样的人的人们。⑨

就像上帝越过摩西而遮盖住祂的荣耀以至于摩西只看到了上帝的背面，同样，上帝在十字架的形状里接近人的时候，人们看见祂的只是那些可见的和背面的属性，这些属性是祂的不可见的荣耀之属性的对立面。那些可见的属性，与上帝的人性相关，所以，人只有透过所见到的自己的十字架、苦难、软弱、愚拙、罪恶和地狱，才能理解它们。正因为如此，路德认为，生命只能隐藏在死亡里面，荣耀隐藏在羞辱里面，圣洁隐藏在罪恶里面，智慧隐藏在愚

---

⑧ 《海德堡辩论》(1RR518)。WA 1, 357, 6-7. Sta 1, 201, 27-28。关于"上帝的仇恨"这个概念，请参看 Lennart Pinomaa, *Der Zorn Gottes in der Theologie Luthers*. Helsinki 1RR938。

⑨ 《罗马书讲义》(1RR515-1RR516)。WA 56, 427, 1-6。

拙里面,公义隐藏在错误里面,力量隐藏在软弱里面,救恩隐藏在地狱里面,而且一般来说,任何好的、肯定的都是隐藏在其否定之中的。那些否定既来源于基督又来源于人自己的十字架,如已所述,基督的十字架与人的十字架是一体的。

上帝的客人的工作目的,是把人送到上帝自己所在的地方——不是在天堂及其善和存在里,而是在下面的世界及其什么都不是和恶的里面。人真正地是在这里的,尽管他自己并不承认这一点。所以,必须除掉人对自己和真实的错误想像,而把他放入与上帝和其他人的良好关系之中去。换句话说就是,要对他具体地显明,他没有遵守上帝的从本质上要求爱上帝和邻舍的律法。人将会开始注意到,上帝律法的诫命最终说的是,他自己所缺乏的是什么以及他自己不是什么。

《海德堡辩论》第4条论纲表明,十架神学是如何亲近地塑造和界定了路德对律法的理解之内容。为了理解这一点,需要注意,上帝的律法在创造中被写进每个人的心里,而且它的核心内容就是爱上帝和邻舍的要求。

《以赛亚书》53:2表明,上帝的作为是无形的,而且它们是丑恶的:"祂无佳形美容。"同样,《撒母耳记上》2:6说:"耶和华使人死,也使人活;使人下阴间,也使人往上升。"这可以理解为,主通过律法来让我们看自己的罪的时候以使我们谦卑和恐惧,我们不仅在人的眼里,而且在我们自己的眼里,看起来都是什么都不是、愚拙和罪恶的,还有,我们不仅看起来如此,而且实际上我们就是如此。当我们注意到和承认这一点的时候,我们的里面就没有佳形美容了;我们就生活在隐藏的上帝里面(就是,生活在对祂的怜悯的赤裸裸的相信里面)了,我们的里面就有着对罪恶、愚拙、死亡和地狱的答案了;就像使徒在《哥林多后书》6:9-10中所说的那样,"似乎要死,却是活着的;似乎忧愁,却是常常快乐的。"这就像《以赛亚书》28:21中说的那样,上帝的客人的工作,[是为了上帝]"好作成祂的工"

（就是，祂在我们自己里面让我们谦卑，而使我们绝望则为的
是在祂的怜悯里提升我们并使我们成为有希望的）。就像《哈
巴谷书》3：2中所说的那样，"在发怒的时候以怜悯为念"。因
此，那样的人不会在任何的行为中来使自己满意，而只会看见
自己的"无佳形"。他还会让在那些其他人看来愚拙而没有佳
形的，变得更加外露。⑩

为了使人正确地认识自己和上帝律法之间的关系，上帝在开始
让人恐惧的时候，可能会把他送进地狱。在开始使人成圣的时候，
上帝会使人不但在自己眼里而且在他人眼里成为罪人，而且真的
是罪人。从自然的人之爱来看，十架神学是否定神学，而且上帝的
本质是否定性的，因为上帝的行为总是意味着：建立在以人之爱为
指导的理解基础上的对完全地总结上帝的全部作为进行理解（即

---

⑩ 《海德堡辩论》(1RR518)。WA 1，356，35 - 357，4；Sta 1，201，19 - 202，4。
　　　刘行仕的译文为：第4条：虽然上帝的工作经常看起来不怎么辉煌，甚或令
人觉得邪恶难忍，然而它们却实实在在是永久的功德。之所以说上帝的工并不
辉煌，因为《以赛亚书》53：2称："他无佳形美容"；《撒母耳记上》2：6讲："耶和
华使人死，也使人活；使人下到阴间，也使人往上升。"这段经文可理解为：主借
着律法和我们的罪，使我们变得卑微、感到恐惧，叫我们不仅在别人眼中，就是
自己也觉得渺小、愚拙、邪恶，因为实情的确如此。只有在承认自己并无佳形美
容时，才能相信自己的生命是隐藏在上帝里（就是唯独相信上帝的怜悯），发现
自己所有的只是罪孽、愚昧、死亡和地狱。按照圣保罗《哥林多后书》6：9 - 10
所言："似乎忧愁，却是常常喜乐的；似乎要死，却是活着的。"同时，《以赛亚书》
28：21指出上帝所成就的是非常的工，就是上帝使我们全然降卑、处于绝境之
后，才会因祂的怜悯高举我们，给与我们希望，正如《哈巴谷书》3：2所讲："在发
怒的时候，以怜悯为念。"这样的人全然不喜悦自己所作的，也看不到自己有佳
形美容，只看到自己的败坏，他也确实会做其他人认为是讨厌的傻事。但是，这
种自以为败坏的感觉，是因上帝对我们的惩罚和我们的自责而起。正像《哥林
多前书》11：31所言："我们若是先分辨自己，就不至于受审。"《申命记》32：36
也指出："耶和华见他的百姓毫无能力……就必为他们伸冤，怜恤祂的仆人。"其
结果是，上帝在我们谦卑和虔诚的人身上所做的不辉煌的工作，才是真正永久
的，因为卑微和敬畏上帝，才完完全全是我们的功德（见《路德文集》第一卷，
2005年，第31—32页）。

作为神圣的上帝),一而再、再而三地被否定。就像荣耀神学家也教导的那样,上帝真的在祂自己里面是善、义、真、全能,等等;但是,祂只是在人性里面(即十字架的反面里面)和人在那里是恶、不义、撒谎者和无力的地方,祂才是对人的如此所是。当人根据他的自然的爱的本质不想承认他的如此所是时,上帝用左手的工作使他在具体的命运里成为那样。

要注意,上帝的这个左手的工作,就是使人成为什么都不是(请记住,这个表述是借代!),原则上,正好是针对右手的工作的,换句话说就是,上帝能从什么都不是和无中造出新的来。上帝真正的目的,不是要使人成为无、罪人、软弱、愚拙和灭亡——人实际上已经是这一切了——而是在实际上影响人去真正地知道和承认他的软弱、罪恶和地狱,即他处于与上帝和邻舍分离的境况之中。也就是说,人在两个层面上是变态的:他是有病的,但却不承认他的病;他是迷失的,但却不承认他的迷失。

上帝的客人的工作和自己的工作这两个概念,精确地与路德所定义的上帝之爱相应:它不是找到而是创造其可爱性。上帝的爱不是找到其可爱性,换句话说就是,上帝爱缺乏的、罪恶的和那些有愚拙特征的,即每个人。通过左手的工作,祂也使他们从外部上进入到如此愚拙和罪恶的境地,以至于他们必须承认自己是那样的。承认是可能的,因为上帝的律法首要地是"活的律法",它被写到每个人的心里,在所有人的日常社会生活中间发挥作用——对于相信上帝,[它是个]挑战;从受苦的邻舍的脸上看来,[它也是个]挑战。在这里,我们涉及的是两种爱的学说的核心:

因为只有病人才需要医生,迷失的才被寻找,囚犯才被释放,贫穷的才被变为富有,软弱的才被变为刚强,降低的才被提升,被拆毁的才被建造。就像哲学家们所说的:除非在缺乏形式的地方和前一个形式被拿掉的地方,否则形式就不会被给予;以及:可能的智力(mahdollinen intellekti)不会接受形式,若它不在其存在的本来状态里被从所有的形式中脱下来而成为裸体,就像纯洁的白板（tabula rasa）一样的话。⑪

　　路德所用的哲学术语"形式"和"可能的智力",可以帮助更好地理解上帝之爱的双重悖论的性质。根据亚里士多德式的经院学派的"形式（forma）-质料（materia）-形状/图案（kaavio）",所有的生物都是由"质料"和"形式"构成的。比如,巨石是物质（aines）,雕塑家根据自己的想法可以赋予其形式。石头是可能（mahdollisuus）,从外部接受其形式（muoto）。根据这个形状/图案,物质（aines）则什么都不是,即是处于与形式关系中的可能性。形式（muoto）则又是真实（todellisuus）、存在（oleminen）,在与物质的关系中只是可能性（mahdollisuus）和什么都不存在（ei-oleminen）。

　　从上帝的思想和十架神学来看,"形式-质料-形状/图案"的意义,正好与这个"不存在"和"存在"的矛盾关系相连。好比除非石头以前的形式被脱掉,石碑无法获得雕塑家所设计的新形式;同样,除非人以前的形式被脱掉,人就无法接受新形式（即新的存在）。形式只赋予那缺乏形式者。在形式的被脱掉与形式的被给予的矛盾中,可以看见上帝之爱的双重悖论性。形式的被脱掉和形式的被给予,是同时性的发生,就像上帝的左手的工作与上帝的右手的工作连接在一起一样。

　　看起来,路德特别喜欢通过借助"形式-质料-形状/图案"来描绘十架神学的本质及其与之紧密相连的上帝之爱的思想。在他的《罗马书讲义》中,路德探讨了十架神学的本质性的一面,也就是,与这个思想模式相联系的上帝之作为的隐藏性。

　　路德认为,上帝的作为和人的作为互不相同的视角在于,人自己的作为,在其发生之前是可以被理解的。而上帝在人里面的作为,在其发生的那个时刻是不可理解的,只有在事情完成之后[才可能被理解]:

---

⑪ 《罗马书讲义》(1RR515-1RR516)。WA 56,218,17-219,2。

《耶利米书》23：20 中说："末后的日子你们要全然明白。"
这是说：起初和首先我们明白自己的意图，但上帝的意图我们
在最后才能明白……就像艺术家开始接触那个可能和适用于
成为他所塑造的艺术作品的质料时，这个质料的适应性，就像
一个不可知的祷告和对于形式的欲望一样，是艺术家所要理解
和聆听的，是在艺术家开始准备去做的，是那个质料通过其适
应性所寻求的。同样，上帝在来到我们的爱与思想边缘的时
候，也观看它们祈求什么、它们适合于什么以及它们通过欲望
渴求什么；那么在聆听之后，祂开始把祂的艺术和思想的形式
放到我们里面。哪里是必须的，我们的思想的主意和形式就会
[在那里]消失。就像《创世记》1：1 所说，"源面黑暗，神的灵运
行在水面上。"注意："渊面黑暗"，而不是："渊上黑暗"，因为
神的灵开始在我们里面做我们所求的时，从外面看来它是反对
我们的。⑫

因为上帝在人里面的工作是持续不断的、"从义到义"的扩展，
在人一生之中，它也都是秘密的。关于基督徒，路德说：

> 他一直灭亡，他也一直被保守为虔敬的。⑬

当上帝违反我们的情感（我们的爱和我们的思想）而行动时，
也就是说，违反我们的基本诉求时，这与我们对爱与恶的理解相
关，[即我们认为]上帝看起来其本性是消极的。对于我们的那些
追求善、被认为是善和真的祷告呼求，无论是我们未知的还是已知
的，祂看起来都是反面的。只有在否定我们所有的那些介绍上帝
的肯定语句时，祂才能被拥有和被获得。祂是否定性的良善、否定
性的智慧和否定性的公义。换句话说，上帝是人的爱所引导的、我

---

⑫ 《罗马书讲义》(1RR515-1RR516)。WA 56，377，24-378，12。
⑬ *Operationes in psalmos*(1RR518-1RR521)。WA 5，444，25。

们的知识性的、在不可接近里存在的上帝。作为隐藏的上帝的存在，是如此深入，以至于祂是作为隐藏直接存在于其对立面之中的。路德说：

> 我们的善是隐藏的，而且还是如此的深入，以至于是隐藏在其对立面之中的。如此一来，我们的生命隐藏在死亡之中，爱隐藏在仇恨之中，荣耀隐藏在羞耻之中，拯救隐藏在灭亡之中，国度隐藏在流亡之中，天堂隐藏在地狱之中，智慧隐藏在愚拙之中，公义隐藏在罪恶之中，力量隐藏在软弱之中。而且一般情况下，我们所有的任何好的肯定都隐藏在否定之中，好让信在上帝里面有其位置，上帝则是否定性的本质、良善、智慧和公义。除非我们所有的肯定性的表述都被否定，祂是不能被拥有和被获得的。⑭

上帝的所有行为的隐藏性，可以通过前面引用的《海德堡辩论》的有力的第 21 条论纲来加以理解：

> 荣耀神学家称恶为善、称善为恶；十架神学家则说，事情是怎么样的。这表明的是，当荣耀神学家不认识基督的时候，他就不认识隐藏在苦难里面的上帝。所以，他认为行动和行为要好于苦难和作为影响对象的存在（激情，passio）；荣耀要好于十字架；力量要好于软弱；智慧要好于愚拙，而一般地说，善要好于恶。⑮

特别是在最后的语句里，十架神学所包含的福音被特别尖锐地表述了出来。

然而，路德认为，上帝并没有隐藏到如此的深度，以至于祂从

---

⑭ 《罗马书讲义》(1RR515-1RR516)。WA 56，392，17-393，3。
⑮ 《海德堡辩论》(1RR518)。WA 1，361，31-362，25；Sta 1，207，25-208，24。

人的爱来看是否定、否定性本质、什么都不是。而且,上帝是一直隐藏的,直到祂直接看起来就是人的反对者。因为地狱就是上帝成为人的反对者,上帝看起来像个想让人下地狱的暴君。1530年,路德以直接令人惊叹的方式在解释《诗篇》的时候,这样说:

> 恩宠从外表看起来只是仇恨而已,它是如此深地被遮盖在两层厚皮或皮肤之下。也就是说,恩宠看起来像是我们的敌人,它好像要让全世界都毁灭掉,而后自己从中脱身;恩宠只是一场灾难和上帝的仇恨。我们自己则觉得在我们里面,就像彼得(彼后1:19)正当地所说的,只有道在我们里面闪烁,就像灯照在暗处。的确真的是在暗处。因此,在它成为真理之前,上帝的信实和真理,也必须一直和永恒地,先成为巨大的谎言。因为在这个世界的眼里,它只是异端而已。这样,在我们看来,上帝看起来也一直是想要抛弃我们和背弃祂的话语,这样,在我们的心里,上帝就开始变成一个撒谎者。并且,总而言之:上帝不能成为上帝,除非祂在那之前不得不成为撒但;我们也不能进入天堂,除非我们在那之前被迫进入地狱;我们不能成为上帝的儿女,除非在那之前我们变成撒但的儿女。因为上帝所说和所做的一切,撒但必须先做和先说。另一方面,世界的谎言不可能成为谎言,除非它在那之前不得不变成真理;无神者们也不会下到地狱,除非在那之前进入了天堂;他们也不会成为撒但的儿女,除非在那之前他们不得不已经是上帝的儿女了。[16]
>
> 所以,总而言之:撒但不会变成撒但,除非他先已经是上帝了。谁都不会变成黑暗的天使,除非他首先已经是光明的天使了。因为撒但所说和所做的,它必须是上帝已经说过和做过的,它[必须是]世界相信的,并且它也能感动我们自己。所以,高度的评价,必须要有高度的认识,以理解上帝的、在我们的

---

⑯ *Psalmauslegungen* (1RR530). WA 31 I, 249, 16 - 250. 1.

生命中掌权和完成其使命的恩宠和真理,或祂的良善与信实。但令人安慰的是,谁能理解和确信上帝的恩宠与信实的临在,尽管它明显地作为另一个和其他的样子而投降。他就是用灵性的蔑视方式说:好吧,我事先清楚地知道,上帝的话语也必须在我自己里面变成巨大的谎言,在它变成真理之前。我也知道,撒但的话语在它变成谎言之前,必须先变成明亮的和透明的神圣真理。我必须给撒但一些时间(Stüdlein)的神圣,给我们的上帝一些撒但性。但是,这还不是所有日子的最终夜晚。最后总会说:"祂的良善与信实保卫着我们。"⑰

在仔细研究上帝行动的反面性时,对于人的爱及其所希望的形式来说,要注意那个本质的事实:对立并不仅仅在思想里,或是想像出来的。上帝也不只是从思想上来阅读这个处于祂自己和人之间的对立,其实,它是真实的。上帝只拯救有罪的、愚拙的、没有理解力的、贫穷的、软弱的、死亡的和灭亡的人们。荣耀神学从上帝身边离开。

因此,上帝的行为真的与人在人的爱里对上帝的行为作为物质性的期望相反。物质对形式的适应性,它对存在和善的形式的接近,同样是人的自然之爱趋向他自己的善。所以,路德认为,荣耀神学家对于自己来说,既是上帝又是邻舍,换句话说就是,对待上帝和邻舍的态度就像对待自己一样。自然人为了自己的缘故,通过享受作为其最后目标而利用上帝和他人。因此,路德认为,需要消除这个有缺陷的形式,换句话说就是,要得到那个什么都不是以期创造一个新(uusi)来。那样一来,比起听着像追求人的存在之意义,上帝的行为看起来更像是伤害人。

这样一来,所发生的就是,当我们向上帝祷告,无论我们这些祈求的对象是什么,而当祂听过以后开始想要赠送它们时,

---

⑰ *Psalmauslegungen* (1RR530). WA 31 I, 250, 24 - 37.

结果是,祂赠送给我们的所有东西,都是与我们的概念即思想相反的。看起来好像是,在我们的祷告以后,我们更像是被伤害了,而且,我们所祈求的,发生得好像比我们的祷告之前还要更少。上帝做这一切,因为祂的本性就是要摧毁和消灭,在我们里面所有的那些在祂赠送祂自己的给我们之前的任何东西,就像所写的那样:"主使人贫穷,祂使人富有,祂[把人]送到地狱,并且[把人]从那里带回来。"⑱

从前面所描绘的隐藏的上帝的思想中,也可以理解路德批评形而上学的最终意义。形而上学是那样一种研究方式,在其中上帝的属性被根据荣耀神学来进行研究。换句话说就是,上帝的属性直接作为它们出现于上帝的荣耀里的样子而被研究,但不是作为隐藏在其对立面之中的样子。因此,在形而上学里,不研究"隐藏的上帝",而是"明显的上帝",就像人根据自己的爱而想象祂所是的那个直接的样子。路德对形而上学(和荣耀神学)的批评,可以表述为,形而上学家把上帝及其行为理解为对善的追求(即人的存在本身所意味着的)的直接延续。他的上帝的形式,是在人里面已经存在的形式的直接延续,而且不需要上帝在赋予形式的时候必须消除掉被塑造质料的自己的形式。路德认为,形而上学家最终不能认识到,上帝爱什么都不是是为了使其存在,而且必须这样通过左手的工作来清空他。形而上学家的上帝只是右手的上帝。路德特别清晰地表述了形而上学的基本错误:

> 我们不是经常宣讲上帝的力量、智慧、良善、公义和赦免是如此的伟大和神奇吗,我们却并不理解它。为什么呢?因为我们是从形而上学的层面来理解,换句话说,因为我们一般把它们作为彰显的而不是隐藏的来理解。然而,祂把祂的力量只隐

---

⑱ 《罗马书讲义》(1RR515-1RR516)。WA 56,380,30-381,6;WA 56,375,14-20。

藏在软弱之中,把智慧只隐藏在愚拙之中,把良善只隐藏在严厉之中,把公义只隐藏在罪恶之中,把赦免只隐藏在仇恨之中。因此,当他们看见软弱等等的时候,他们不理解上帝的力量。所以,《诗篇》81 篇说道:"我在暴风的隐藏中听见了你。""在隐藏中"表示:当仇恨的暴风隐藏了恩宠的可爱时,即当祂用与我们的思想相反的行为来聆听我们的时候。我们祈求拯救,而祂为了拯救我们,却把我们更深地带到地狱,还把祂所听到的隐藏到那种暴风里面。《出埃及记》2 章对这一点做了描述,当上帝开始要解救祂的子民的时候,祂唤醒法老比以前更加强烈地反对这些子民,以至于看起来祂更少地想解救这些子民。[19]

路德关于荣耀神学和十架神学的理论,可以被看作是从两种爱的主题里而来的一个变体。上帝的方式是从无中创造出意义正好相反的东西:使在上的变成在下的,使在下的变成在上的,使死亡的成为活过来的。

为了正确地理解路德的十架神学,需要记住,它的许多核心表述,如"使死亡"和成为"什么都不是",如已所述,都是路德喜欢使用的借代表述。比如,针对杀死和消灭,路德说:

> 借代是最可爱的也是必须的形象表述和上帝的爱与怜悯的象征。所以,当经常说上帝杀死、使死亡或消灭的时候,这不是表示祂完全地摧毁了或杀死了一切;祂实际上在触及部分的时候而涉及整体和全部。[20]

为了正确理解路德的荣耀神学和十架神学,仍然需要记住路德所说的它们二者之间的差别,最终是同样一件耶稣在其教导中表

---

[19] 《罗马书讲义》(1RR515 - 1RR516)。WA 56,380,30 - 381.8。
[20] *Rationis Latomianae confutatio*(1RR521)。WA 8,65,8 - 10;Sta 2,441,4 - 7。

述的简单的事情：税吏和妓女要比法利赛人和文士先进入天国。
路德说，那些想要凭着律法和行为成为义和有生命的人，

> ……要比税吏、罪人和妓女更多地远离义和生命。也就是说，他们不能把信任建立在行为之上；他们的行为是不能使他们得以依靠而相信来得到恩宠与罪被饶恕的……因此，在这种关系里，他们[税吏、罪人和妓女]要比凭着律法追求义的人更加幸福，因为他们没有那种对自己行为的信任来阻碍他们相信基督，尽管它[对自己行为的信任]没有被完全消灭掉。相反的是，凭着律法追求虔敬的人们，在外表上远离罪时、在让人可以看见地生活得无可指责时，是不能脱离他们的妄想的：即对自己和自己的公义的信任。与此同时，信就无法成功。所以，他们[凭着行为追求义的人们]就远比那些不向愤怒的上帝提供好行为的税吏和妓女还要不幸，祂因此将永恒的生命赐给他们[税吏和妓女]。他们根本就没有好行为，只是因基督的缘故而祈求罪被赦免。[21]

在路德的十架神学里，问题所涉及的同样是人的义与信的义之间的对立，正如前文引用的文字所说的那样。在十架神学里，对立只是从基督教信仰世界的整体关联来彻底思考的：关于创造的学说、在人生命运里对日常生活的看顾、基督的位格，等等。因此，十架神学是对上帝思想的一种表述，祂是融合给予的爱，祂不寻求善，而是把善与缺乏和恶联合起来。

---

[21] 《加拉太书注释》(1RR535)。WA 40 II, 15, 28-16, 18。

第四章　两种爱与被造者的价值

　　路德对信的理解,被公正地认为是路德改革计划的核心。他对信的理解的内容,则最明确地开启了两种爱的思想。

　　在根据人之爱来理解上帝-关系的时候,从信仰生活中组成了一个离开世界而向上趋向最高的善与最高的可爱(即上帝)的运动。根据这种亚里士多德模式,关于思考爱的运动的实现,最终是在人的手里的——尽管也只是恩宠所许可的——行动和作为,正如本书第二章所表明的。人得救真的不是爱的运动及其行为的功劳,但却是在这个"运动本身里面"和"行为本身里面"的。

　　再一次地在上帝之爱的整个体系里来理解上帝-关系的时候,上帝——而不是人——是行动的主体。因为上帝是纯洁的、向外流淌的爱,祂的本质是持续不断的给予的行为。上帝行动的方式是,祂不寻找存在和善,而是把存在和善与那些什么都不是和恶联合到一起。上帝所赠送的存在和善,是被造者所包含的全部有价值的[东西],但在其他一切之前,祂自己,换句话说就是,与祂的怜悯的本质的全部神圣丰富一起,是义、圣洁、力量、喜乐、生命,等等。信就是那个"地方"或器官,在那里上帝把善与人联合到一起,人借此接受上帝的爱。所以,在路德的神学里,基本的概念正是信;而在通过人的爱对基督教信仰所进行的理解里,上帝-关系的基本概念则是追求性的、有目的的爱。因此,路德的宗教改革计划的核心句子里就包含了如下的内容:"我们在那个爱的位置上放入了信。"在路德对基督教信仰的理解里,这并不表示,对上帝的爱可能不是根本重要了;实际上,这个爱在信里产生并跟随着信,而不能试图根据人之爱来理解它（参见本书第七章"对上帝的爱"）。基督教信仰对信的接受与对爱的追求之间的差别，在探讨人如何根据这两种倾向来对待作为造物主的上帝时，即在询问什么是人对被造者及其所包含的善与宝贵的事情的正确态度的时候，就已经体现出来了。那种对基督教信仰的诠释，其中上帝-关系被借助于追求性的爱的概念来理解，包含了不可避免的某种程度的对世界否定的倾向。尽管所有这些倾向与已经介绍的对确定性的追求相反，对上帝的爱和对任何被造者的有限性之善的爱，都会陷入并永久地保留于竞争状态之中。这时，对上帝的爱的强度，会与针对某种被造者的依附强度反比例地在一起。

对上帝的爱和对被造者的善的爱之间原则上的竞争关系，尽管与所有的思路相反，比如说，会体现在教父奥古斯丁对爱的理解里；它或多或少地给路德之前的天主教神学留下了烙印。奥古斯丁真的试图把"上帝之爱"与"人之爱"联合成一个思想整体，但追求性的爱在他的思想里还是最终占据了决定性的地位。根据奥古斯丁，有两种爱，一是利用性的爱（uti），二是享受性的爱（frui）。在享受性的爱里，对象被当作目标本身而被爱；在利用性的爱里，对象则被当作追求享受性之爱的目标的手段而被爱。基督教信仰里的核心问题，其实是人放弃错误的爱的次序和找到正确的爱的次序。因此，根据奥古斯丁，为了所追求的对象自身的可爱性的缘故，只有上帝才可以用享受性的爱来被爱。而任何被造者，则都只能用利用性的爱来被爱。在这一点上，奥古斯丁的思想留下了一个永远的问题，它们涉及基督徒与被造者的真实的善之间的关系，以及作为目标本身的对其他人的爱。仔细说来就是，人以利用性的爱（也就是在上帝之爱里作为工具）来爱被造的某种宝贵东西或其他人，是什么意思呢？在奥古斯丁的思想里，注意力都集中在：利他性的和馈赠性的对邻舍之爱的思想无法获得其权力吗？同样涉及的是，奥古斯丁几乎没有思考男人与女人之间的爱，在这一点上,他给西方对爱的理解的历史留下了空白。①

因为以人的爱为基础所诠释的与上帝的关系,遵循着一般的规律;就像阿奎那所教导的那样,对上帝进行追求的爱,首先意味着脱离人以前所处的位置,然后是趋向新目标的运动,最后是运动的安息,即在与目标合一里的喜乐。借助于追求性的爱的运动来对这个上帝-关系的诠释,在托马斯·肯培(Tuomas Kempiläinen)的那本在芬兰语圈子里被广泛阅读的《效法基督》一书里,有形象的表现。下文从其[这本书的作者]比较陌生的路德的视角来介绍这本书的内容时,目的完全不是要轻视其作为属灵文学大师的经典价值。尽管路德对他有所批评,但他还是非常尊敬肯培的。[本书的]目标也不是要提高路德宗和天主教之间的对立,因为借助于追求性的爱这个概念对上帝-关系的诠释,在路德以后,既出现于路德宗也出现于天主教里面。尽管路德宗的上帝之爱的主题较多地、也明显地在肯培的神学核心留下了烙印,然而,他的思想的整体信息在明显多的数量上是由人的追求性的爱的主题所构成。上帝之爱的主题被通过人之爱的语言如此强烈地表述了出来,以至于艰难地产生了细分的组合。这样一来,他的思想形象地揭示出,追求性的对上帝的爱与对世界上的宝贵东西的抛弃是如何不可分割地属于一体。因为从路德的两种爱理论的视角而言,这里的问题是关于核心主题的,让我们来更加广泛地引用肯培的思想吧。

首先,通过奥古斯丁的利用性的爱与享受性的爱,肯培教导说,人首先应该有正确的爱的次序:对上帝的爱只能是享受性的爱,对被造者的爱只能是利用性的爱。肯培说:

> 我的灵魂啊,只要稍微等一会儿,等待一下上帝所应许的,那样,你就会丰富地拥有天国里的全部良善。如果你违反"正确的次序"去追求那些属世的东西,你就会失去永恒的和属于

---

① 参考,比如 Nygren II, 251-374;Kuhn, 80-92。

天国的一切。"利用"属世的，向往属天的。从任何有限的善中你都无法获得满足，因为你不是被造来去"享受"它们的（引文中的引号由作者所加）。②

人必须离开所处的位置去追求最高的、最真实的和唯一可存留的善。这通过将人引向否定和脱离的主动行动和行为而发生，由此人将预备进入恩宠。肯培说：

> 我的孩子，我们的恩宠是宝贵的；它不能与外在的东西、也不能与属世的安慰混在一起。因此，如果你想要它涌流而出，就需要清除道路上所有的恩宠的障碍。你退到一边去，你宁愿独自一人居住，不要与谁交谈，而是向上帝倾诉你诚心的祷告，以至于你可以保留您悔改的意念和纯洁的良心。把全世界当成不存在一样的宝贵；把你对上帝的自由放在所有的一切之先。你不能对我是自由的同时又为可灭亡之物而喜悦。你需要远离你所熟悉的和你所爱的，你要使你的意念远离一切有限的安慰。③

在路德的十字架神学里，"上帝自己"使人成为"什么都不是"，并在具体的生活命运里成为虚空；而人是这个行动的对象，而不是它的主动性主体。而肯培则认为，"人自己的"对世界的主动放弃和对它的可爱性的爱的拒绝，使人成为上帝的恩典才可以流入的虚空。微小的对有限之善的依附，也会阻止获得最高的善与最高的可爱性。

> 如果你能使你自己完全消失和倒空所有的被造之爱，那

---

② Tuomas Kempiläinen, *Kristuksen seuraamisesta. De imitatione Christi*. Johdanto, selitykset Seppo A：Teinonen. Helsinki 1RR979，133.
③ Kempiläinen，205.

时，我将可以把我的恩宠丰富地流给你。当你去看你背后的被造之物时，你就无法再看见造物主。为了造物主的缘故，你学习在一切里战胜你自己吧，那时你就可以认识上帝。无论某物是多么小，如果它被爱和被关注，它就会阻止获得最高者，就会是灾难。④

托马斯·肯培几乎一字不差地说出了路德所提及的荣耀神学的教导：创造者与被造者之间没有任何相似之处。荣耀神学是在爱里往上观看最高的善，而不是在信里往下观看人性化的上帝。

那么，人就需要提升到所有的被造物之上，需要完全抛弃自己，需要停留在灵的狂喜里面，需要确保你这个万有的创造者与被造者之间没有任何相似之处。如果一个人不脱离所有的被造者的话，他就不能自由地趋向神圣。⑤

对上帝的爱与对世界的爱越是相互走向对立面，上帝-关系就会越多地被描绘为想要的、主动的和追求性的人之爱，在这里，男人和女人之间的爱，就可以通过概念和图画来做如下描绘。肯培首先描述了爱的努力及其向其所爱者身边的运动：

在天上和地下，都没有什么比爱更加可爱、更加强烈、更高，也没有什么比爱更好；因为爱从上帝而生，除非在上帝里面，即在所有被造者之上，它无法获得安息。——爱者飞翔、奔跑和欢喜；他是自由的，而不是被限制在哪里。他从所有里给予所有，他在所有里拥有所有，因为他超越一切地安息在那个从其中流出和长出一切的最高者里面。他不观看礼物，而是超越一切礼物地转向赐予者自己。爱不会感觉到负担，也不会计

---

④　Kempiläinen，181.
⑤　Kempiläinen，162.

算劳神费力,它超出己能地追求;它也不会以不可能当作搪塞,而是把所有都当成是对自己的可能与应许。因此,在无爱、厌倦降临的地方,它可以做一切、完成和获得许多。⑥

在首先描述了爱对世界的脱离及其后爱趋向所爱者的运动以后,肯培最后描绘了终结的对象:安息,即在被爱者里面的喜乐。像燃烧的火焰一样,爱往上飞腾,直到它"熔化"和畅游于爱(即其本身就是上帝)里为止:

> 爱警醒着,而在打盹中也不会睡着。疲劳时它不厌倦,受苦中它不痛苦,恐惧中它不沮丧,而是像冒着火的火焰和燃烧的火炬一样向上飞腾,并一定能冲破一切。如果有人爱,他就能感觉到它的声音。当灵魂说话时,灵魂的燃烧之爱就像上帝耳朵里的强烈呼喊一样:我的神,我的爱,你完全是我的,我完全是你的。——在爱里扩展我吧,让我用心灵的内在之口来学习品尝:爱、熔化于爱和在爱里畅游是多么的甜蜜。让爱占有我吧,以至于我可以站到自己之上的不可企及的光晕里。我想唱一首爱之歌,我要跟随你直到最高之处,我亲爱的;让我的灵魂出于爱的喜悦而落入对你的赞美之中!我想爱你甚于爱我自己,除非为了你的缘故,否则我不会爱自己,就像那从你里面照耀出来的爱之诫命所命令的那样,我爱你里面的那真正爱你的一切。⑦

尽管在其本质上强调明显的"上帝的爱",托马斯·肯培对基督教信仰的诠释,是根据人追求的爱之思想模式对基督教信仰的诠释进行表述的形象事例之一,其中对上帝的爱与对被造世界的宝贵之物的爱,走向了原则性的竞争与对立的关系之中。在路德

---

⑥ Kempiläinen,110.
⑦ Kempiläinen,110 - 111.

所理解的人的上帝-关系里没有出现这样的"原则性的"矛盾，[路德所理解的人的上帝-关系]是由上帝之爱的思想和把接受这个爱当作肢体[重要]的信的理解所决定的。其起点思想就是："作为上帝就是：不是接受，而是给予"，上帝首先不是人所追求的爱的对象及其接受者。因此，与上帝的正确关系，不是主动追求的爱的关系，而是接受的信。在上帝所赐予的善里面，被赠送了纯洁的对上帝和邻舍的爱，一方面是所希望的好处和奖赏，另一方面是脱离灾难或惩罚的自由。

在路德所理解的基督教里，世界的创造就已经遵循着上帝赠送与给予的方式了：从无造有。上帝在创造中赠送给人的那个良善，真的是上帝的美好礼物，人可以在信里把它当作上帝的良善而接受。

> ……我相信，我是上帝所创造的，换句话说就是，祂已经赐给了我并且持续不断地看顾我的身体、灵魂和生命、大的和小的肢体、所有的感觉、理性和理解力……⑧

存在本身就是上帝的礼物。路德提醒荣耀神学家：如果在一个祷告的时间里上帝把[荣耀神学家]所呼吸的空气拿掉的话，那将意味着什么。

罪首先不是对上帝所造的某种善的依附，而是人的"心不变暖、不生出感恩，和不为了上帝的荣耀和感谢而利用所有那些美好礼物"⑨。这意味着，人不把上帝的良善攫取和偷窃给自己，而是他将会为它们感谢上帝，并把那些良善和由之获得的喜悦分享给邻舍。

特别需要注意的是，在路德之前，可能没有任何一个神学家像

---

⑧ *Iso Katekismus*, *Evankelis-luterilaisen kirkon tunnustuskirjat*（《大教义问答》）. Suom. A. E. Koskeniemi. Helsinki 1RR948. 362。

⑨ *Iso Katekismus*, 363.

路德一样把上帝与物质世界、上帝和质料如此紧密地联合在一起。在这里,又可以看见路德的十架神学及与之相关的反面思想。然而,实际上,上帝恰恰临在于那些从人看来最不像上帝的地方,即在材料和物质的真实里。上帝的创造话语使得物质世界产生,而上帝的所有行为也都仍然是与质料连接在一起的。看顾、道成肉身、写下来的和活生生地发出回声的话语、圣礼以及作为人的相互扶持的组织的教会,都是上帝隐藏于其中的具体的和物质的伟大。基督徒的爱的行为,也趋向他人及其肉体和灵魂的需要——但却不在追求之爱的行动里向上趋向灵性的上帝。在基督里和那些是"其邻舍的基督"的基督徒里,上帝总是物质性的和人性的上帝。

上帝和物质性的统一性,体现在许多地方,如在路德对性别的新的态度里。奥伯曼(H. Oberman)写道:

路德看见人的"较高的"和"较低的"力量在一起的事情表明,某种决定性的新的事情已经在发生了。最令人惊奇的物质材料——也是 1500 年代最唤醒罪恶的——是承认性是上帝的力量,而且把它当作上帝与生活联合在一起的(至关重要的)临在。作为圣经的根据,路德喜欢《创世记》中对于他如此重要的一节经文,以至于他一再地把它翻译成美丽的德语。最后,他决定的形式是:"那人独居不好,我要为他造一个配偶帮助他。"(创 2:18)以下路德的决定了他对性和婚姻的理解的解释,现在真正地意味着跳入了另一个时代:"这是上帝的话语,从其力量中……创造了和保持着对女性的多情和自然的倾向。要成为修士的誓言和法律都无法阻止它。因为它是上帝的话语和作为。"——上帝的力量不仅在婚姻中工作,而且在性里面[工作];婚姻只是它的正确运用而已。它是真正属灵的,因此,过着性[的生活]是上帝所设定的。因为撒但害怕上帝的生命力量,就像它试图阻止上帝的和平和减少土地的出产一样,它仇恨婚姻。⑩

路德也教导,对婚姻的拒绝并不能使人处于更加圣洁的境地;它只能发生在上帝特殊与明确的呼召以进入完全服侍之中。相反,婚姻是属于所有人的,而且它是宝贵而神圣的事情。路德说:

> 一个为婚姻感到羞耻的人,也是为自己是个人和被称作人而羞耻,或者他想把事情做得比上帝还好。⑪

没有女人而存在的男人与没有男人而存在的女人,就像他们可以不需要其他自然要求之类的人一样稀少。

> 一个想拒绝它(性)而不让自然要去做它想做的以及它必须做的,他除去否定自然成为自然、火成为燃烧、水成为浇灌以及人既不能更多地吃喝也不能睡觉之外,还能做什么呢?⑫

路德对性与婚姻的理解,只是那个新的对真实的理解的一部分,它产生于从上帝之爱的基本世界观而来的对基督教信仰的诠释之中。所有属世的被造的真实,作为上帝所赐予的和在信里被接受的礼物和使命,会得到新的意义和价值。当上帝-关系的基本概念,是接受上帝的良善的信时,爱的主动运动的行为,就会去向处于缺乏之中的邻舍进行良善的分享——不再是上帝,因为在信里上帝已经在其全部的本质里是作为爱的存在了。这样一来,人就不需要为拒绝那种产生于操练"自己选择的"行为和对邻舍没有益处的事情而受苦了。真正的痛苦和十字架并不是产生于自己所选

---

⑩ Oberman,287-288.

⑪ Oberman,286. *Christliche Schrift*, *sich in den ehelichen Stand zu begeben* (1RR515). WA 18, 277, 26-27.

⑫ Oberman,290. *Wider den falsch genannten geislichen Stand des Papstes und der Bischöfe*. WA 10 II, 156, 16-22.

择的行为,而是那种从受苦的邻舍的脸上所看见的缺乏和灾难的一部分。这时,在思考如何能最好地在具体的生活处境中来帮助邻舍时,"自由的基督徒的理性"就面临着决定性的地位。人在家庭和社会的不同使命与行为中的行动,就会深深地变为属灵性的。使命的可见度不是决定性的。当书记员坐在房间里时,他就是在通过工作对人行善,即爱他的社团;所以,他的房间就是上帝之灵的居所。当丈夫帮助妻子以及清洗孩子的脏衣服等等之时,圣灵就会喜悦。

在路德的思想里,深深地把属世的真实作为属灵真实的突破性理解,特别明显地体现在他对上帝律法的理解上。上帝的律法不是——像在以人之爱为基础的基督教信仰形式的思想里——那决定属世和属灵真实的永恒的爱的次序(ordo)。⑬ 而律法所要求的是,在人具体的生活及其不同阶段的历史景里,对上帝的信和对邻舍的爱。换句话说就是,律法要求相信上帝的良善、对这个良善的接受以及将之与邻舍的分享。因为罪是真实的事情,上帝也借助于祂的律法和看顾发生影响,以至于人或者承认自己无力相信上帝和爱邻舍,或者在认识自己的缺乏上变得更加盲目。所以,信不能仅仅因为如果祂是造物主和律法的颁布者(即所谓的第一信条)就对准上帝,信对准上帝的首要原因是祂在基督里把自己赐给了人们。在祂的里面,上帝不仅赐给人们自然界的好处,而且[还有]祂的神圣本质。在基督里,上帝开始归回"乐园",在那里上帝在人们的心里,人们在彼此的心里,换句话说就是,在那里上帝是人的居所,人是彼此的居所。因此,上帝开始重新创造爱的权柄。

---

⑬　参看 Haikola, *Usus legis*。

第五章　信与上帝所创造的
对不存在和恶的爱

在路德的神学中,上帝之爱在基督的位格里获得了最强烈的表述。在基督里,上帝不仅对人表达了怜悯的意念,而且祂把自己完全地赐给了人。在本质上,信是在基督里接受这个对人怜悯和将自己赐予人的"上帝之爱"。

路德理解信以什么方式接受上帝的怜悯性的自我奉献,需要的前提是理解他的话语神学(sanan teologia)。

路德的话语神学建立在"内在的"和"外在的"话语之间的差别之上。内在话语是那个在人的意念里的意识或思想,通过它人经历自己的思想、愿望和感觉。这个意识好像是人对自己所说的话。内在话语向人表明他人自己是什么。为了能向其他人(即外在的一个人)表达自己,人的唯一可能性就是让他的内在话语进入某种物质性的符号之中"成为肉身":说出来的或写下来的话语或者某种表情或手势之中。为了被理解,因此,内在话语必须穿上变成物质性的外在话语。

外在话语有双向的影响力。一方面,单独借助于它[外在话语],人的内在话语,即人所是的和所经历的,可以完全被他人所认识和向他人敞开。另一方面,物质性的、外在的符号又会形成理解其他人内在真实的障碍。内在话语从来就不是无隔阂地和直接地在其他人的接触范围之内,而总是只能通过外在的、物质的符号。因为从内在话语没有一条越过外在话语的直接通道,这个物质符号总是掩盖和隐藏着内在话语。这时人会听到其他人的话语,但信息却传不到位；外在话语在听者里面不能变成那种回答说者的内外真实的内在真实。

　　根据路德，所说的内在话语与外在话语，也适用于上帝及其话语——当然有着本质的区别。上帝的里面也有内在话语[道]即罗各斯，也就是上帝自己：上帝的智慧、思想、力量、生命、义、良善，等等。上帝的内在话语也必须取得物质的符号形象，以至于人可以接受和理解它。上帝的内在话语[道]需要穿上肉身（即外在的上帝）的话语。基督就是上帝的这个成为肉身的道。祂所是、所做和所说的一切，都是给予人的上帝的外在话语。①

　　然而，根据路德，作为上帝话语的基督（Kristus Jumalan Sanana）②有一点决定性地不同于对其他人所说出来的人的话语：人的话语里包含了某种程度的说话者的人格；而在基督-话语里，上帝的位格则是全部和完全的临在。关于人的话语，路德说：

　　　　人的话语已经真的表明了这其中的一些事情，因为那里能感觉到人的心。尽管只认识他的话语，一般还是会说"我有他的心"或"他的意念"。因此，可以这样说，心的意念追随话语和借助于话语而被认识，就像它在话语里面一样。经验也教导了外邦人去说，"什么样的人，也就说什么样的话。"还有，"话语是心灵的图画……"③

　　然而，从人的话语里只能是部分地发生效用，从上帝的话语里可以完全有效：上帝的本质完全临在于祂所说的话语里。

---

① 参看 *Joulusaarna*（《圣诞证道》）（1RR515）。WA 1, 20-25。
② 译者注：Jumalan sana, Jumalan Sana, Jumalan puhe 一般都被翻译成"上帝的话语"或"上帝的话"。但 Jumalan Sana 其实专指"上帝的道"即"基督"，因为这个词表示的也是上帝的"话语"之一种，因此如此翻译也是可以的。在本书的这个部分讨论内在话语与外在话语时，不用"道"而用"话"或"话语"更容易理解。
③ *Kirkkopostilla*（《教会证道集》）（1RR522）。WA 10 I 1, 187, 9-16。

袦的话语就像袦的样式,以至于上帝性(Jumaluus)完全地在那里,谁有那话语,谁就有了全部的上帝性。但因此,这个关于人的话语的比喻,也是有缺陷的。因为人的话语不能带着本质(即心的属性),心只是存在于目的的水平上或作为符号,就像木质的或金质的画像也不能带来所画者的本质一样。但是,在上帝里,话语不仅带来符号和图画,而且是全部的本质;话语是同样完全的上帝,就像它的画像或话语所是的一样。④

然而,要注意的是,路德的话语神学,只有在他的十字架神学的整体体系里才能被理解。上帝的形而上的话[道],是人之爱所引导的理性无法知道的,这个知识总是由十字架的反面所突破的以及由什么都不是所带来的。在启示的话语里,上帝也是隐藏的上帝。神圣性的话[上帝的道],首先也被隐藏在物质性的符号里,人的肉体的对立面之中。其次,道以更深的方式隐藏着,以至于它没有获取外在符号的中立和纯粹的人性,而是真实的和罪恶的人性。上帝的话穿上并联合了极端的对立面,即恰恰是人的软弱、愚拙、罪恶、苦难、死亡和地狱。上帝的话就是这样的十字架的形状。所以,只有那些与上帝的话形状相同的,才能理解和认识上帝的话语。只有通过所见的十字架和苦难,即在自己的罪恶、软弱、愚拙、苦难、死亡和地狱里,人才能理解上帝的话语。上帝的话只有在那些上帝的爱所在的地方,才能被见到:在什么都不是和恶中间创造出新(uusi)来。追求存在和良善的人的理性和爱,换句话说就是,义人、聪明人、理解人的人和蒙福的财主们,会越过成为肉身的话语。⑤

尽管上帝的启示话语是如此深地被隐藏到对立面之中,以至于它看起来什么都不是,但这个启示的话语是上帝自己。上帝即道

---

④ *Kirkkopostilla*(《教会证道集》)(1RR522)。WA 10 I 1, 188, 7-17。

⑤ 比如,参看 *Adventtipostilla*(《等待主临期证道集》)(1RR522)。WA 10 I 2, 167, 32-168, 16。

融化了良善和人的爱,穿上并担负了人的负担和苦难。衪对待人的缺乏、罪恶、死亡和地狱,就像它们是衪自己的一样。正是在根据金律来把衪自己给予到人性、软弱和愚拙的深处的时候,话语［道］才把自己的自我及其属性给了人,即神圣的力量、智慧、义、喜乐,等等。人和话语之间发生了一种特定的属性的交换。在基督里,通过成为软弱和将力量联合到软弱之中,上帝战胜了人的软弱。通过衪自己变成罪人和被诅咒者以及将祝福与义联合到罪人和被诅咒者之中,上帝已经战胜了人的罪恶。通过死亡、自己灭亡以及将生命联合到死亡、将怜悯联合到灭亡之中,上帝已经表明衪比死亡和灭亡更加伟大。上帝已经完全进入了人的境地。话语已经变成了肉身,以至于肉身可以变成话语。⑥

在基督的所有行为里,所实现的上帝之爱的方式极端地体现为:"它出现于它无法享受良善的地方,它出现于它将良善分享给恶人与贫穷人的地方"。上帝的爱不是要找到,而是去创造它的所爱。尽管路德认为,基督的工作不是"单一类型的,而是各种类型的"(比如道成肉身、和解、救赎),然而,基督对所有者所做的特点是利他、融化良善和爱。⑦信接受这个怜悯人的、奉献自己的"上帝之爱",即在基督里重新成为肉身的话语。

路德认为,对基督性情的分享,产生于福音的话语之中。福音就是关于基督的信息。衪是上帝的外部话语,其中隐藏着上帝的内在话语。关于基督所写下来的和所说出来的话语(即福音),隐藏在上帝的话语之内,也就是上帝自身之内。在这一点上,又与十架神学里所包含的反面思想相关。对于人的爱所引导的理性来说,上帝是隐藏在话语的物质性符号、字母或这里及现在回响着的声音及可见的话语、圣礼之中的。所以,上帝在福音的话语里看起来好像什么都不是。只有信才能接受话语,因为信是什么都看不见的知识［未见之事的确据］。上帝只想临在于这个信的黑暗与密

---

⑥ *Joulusaarna*(《圣诞证道》)(1RR525)。WA 1, 28。

⑦ *Adventtipostilla*(《等待主临期证道集》)(1RR522)。WA 10 I 2, 42, 5-12。

云里面。上帝以什么样的方式临在于信的黑暗里，却是人的理性无法知道的。问题是十架神学所包含的反面思想：只有缺乏"形式"者才可以接受"形式"。只有什么都看不见的知识，即被除去了拥有的欲望和将良善与存在形式据为己有的知识，才能是上帝之道临在的地方和在人里面的神圣居所。

> 在肉体（即老我）什么都看不见的地方，它推理出：无中不会出现什么，然而，我们却看见通过话语，一切都会来到这个什么都不是里面成为（神圣的）安慰。⑧

路德把信与摩西所预备的其中充满黑暗的最神圣的启示所（ilmestysmaja）进行比较。正是在这个黑暗里，居住着上帝。⑨

因为只有信才可能是在人里面接受福音话语的地方，上帝之道基督本身，与其所有的神圣属性，即义、智慧、力量、圣洁、生命、喜乐、爱等等一起，临在于信的黑暗和什么都不是里面。在信里，基督-道与人联合，以至于人可能与基督-道联合。这样一来，在信里，道也就会以某种方式成为人的样式，因此，人可能变成道的样式。智慧成为愚拙，以至于愚拙可能成为智慧；力量成为软弱，以至于软弱可能成为力量，等等。然而，道不会变成人，而是变成人的样式；人也不会变成道，而是变成道的样式。⑩

在信里，上帝的生命在人里面与毁灭的力量争战。就像火使铁发光发热一样，上帝的生命更新人并使他活着。上帝的义能驱散人的不义，上帝的圣洁能摧毁罪恶，上帝的喜乐使忧伤和抑郁消失，上帝的爱能驱除仇恨与自私，上帝的不朽能赶走死亡。然而，需要再次注意的是，基督及其力量的真实和影响性的临在，根据十

---

⑧ *Jesajaluento*（《关于以赛亚的教导》）（1RR527－1RR530）。WA 31 II，364，25－28。

⑨ *Magnificat*（1RR521）。WA 7，551，12－24。

⑩ *Joulusaarna*（《圣诞证道》）（1RR525）。WA 1，28。

架神学,在什么都不是和黑暗的反面性中面临着挑战。上帝只住在那些自以为"离上帝较远"和"离撒但更近"的人里面。只有这样的人,才是"上帝在地上居于其中的优秀的居所、城堡、厅堂和乐园"。⑪

福音的话语将上帝与罪人相联合。关于话语的意义,路德说:

> 灵魂中其他的东西都可以缺乏,就是不可以缺乏上帝的话语,没有它的话,什么都不能帮助它[灵魂]。但是,如果灵魂里有了上帝的话语,它就什么都不需要了,因为话语是不可思议的生命、真理、光、平安、义、救恩、喜乐、自由、智慧、力量、恩宠、荣耀和所有的善的话语。⑫

这里的问题关系到路德宗教改革的核心内容:

> 上帝的话语是不能通过任何行为来接受和当作神圣的,只能通过信。所以,明确的是,就像灵魂只需要话语来活着和成为义一样,灵魂只能通过信而不是任何行为来称义。⑬

在路德更广泛的《加拉太书注释》中,有一个地方把两种爱的理论,关于基督真实临在于信的黑暗里和宗教改革关于因信称义的核心理论,总结为一个整体。在这段文字里,已有的许多路德所诠释的主题,都可以被听到:

> 我们在那个爱的位置上放入信。⋯⋯如果信是真实的信,它就是心灵的确定性信任(luottamus)和坚定性意愿(suostumus),通过它我们接受基督。基督就是信的对象,但不仅是对象,而是

---

⑪ *Crucigerin Kesäpostilla* (1RR544). WA 21, 457, 11-28.

⑫ *Tractatus de libertate christana*(1RR520). WA 7, 50, 39-51, 3.

⑬ *Tractatus de libertate christana*(1RR520). WA 7, 50, 20-23.

如我所说的基督就在信本身之中。信就是那种知识,即什么都看不见的黑暗。然而,在这个黑暗中,在信里面的基督坐在其宝座上。上帝以同样的方式,居住在黑暗之中的西奈山和圣殿里。因此,我们的真实性的和内容性的义,不是那个赋予信以真实和内容的爱;而是我们的真实性的和内容性的义本身,就是信和心灵的密云,它是对我们所看不见的事情,那完全在理解的视力之外的却又临在的基督的信任。因此,信使人称义,因为它包含和拥有那个宝贝,就是临在的基督。基督以之临在的方式,在我们的思想范围之外,因为,就像我已经说过的,这里黑暗在掌权。哪里只要有真正的心灵的信任存在,基督就在那个黑暗和信本身里临在。这是那个真实性的和内容性的义,人因为它的缘故而称义;他[人]不是像经院学者们声称的那样因为爱而称义。总而言之:就像经院学者们说爱赋予信以真实性和内容并穿越它一样,我们说,基督赋予信以真实性和内容并穿越它;也就是说,我们说,基督是信的真实和内容。这导致的结果是,在信里所拥有的和在心里所居住的基督,就是那个基督教的义,因为它的缘故,上帝称我们为义并赐给我们永生。这里真的不是律法的行为,也不是什么爱,而完全是另一个义,就好像是律法之上和之外的另一个世界。基督即信不是律法,也不是律法的行为。[14]

根据路德,对上帝-关系的正确的提纲挈领表述,不是产生于追求性的“人之爱”的运动(即趋向上帝的“作为”)里,而是产生于通过信对福音里的上帝之爱的接受之中。路德认为,上帝只唤醒死人,就像基督通过其话语让拉撒路从死里复活一样。路德说:

> 对上帝,除去信基督已经为你所做的行为并把它们放到上帝面前之外,你不能做什么行为。为了让你的信保持纯洁,除

---

[14] *Galatalaiskirjeen kommentaari*(《加拉太书注释》)。WA 40 I, 228, 27 - 229, 32.

去安静下来、让祂行善、接受基督的作为以及让基督在你的里面操练爱之外,什么都不要做。你必须是瞎眼的、瘸腿的、耳聋的、死去的、患麻风病的和贫穷的,或者你必须在基督里毁坏。福音不会向你撒谎:只有在那些有缺乏的人们中间,它才让人看见基督,只有在那里它才让祂行善。⑮

尽管路德教导在上帝-关系里的完全的责任,但他的基督教理论,最终只有在注意到上帝之爱是将上帝和人相互联系到一起的联合力量的情况下,才能被理解。这又意味着,路德代表——用古代教会的概念来表述——某种特定的成神理论。与不同教派的共同传统成为肉身的道相关,路德教导,肉身成为道。这首先涉及基督,但若也涉及基督徒,基督就真的临在于信之中。因此,基督的临在意味着某种人的成神。人的本质并不真的变成道,但由于道和人的合一,路德认为,人可以被说成也是道本身。

> ……那么,我们这些是肉体的人,就无法成为道以至于我们在本质上变成道,而是我们吸收道,并通过信把它联合到我们自己里面去。因为这个联合的缘故,我们不仅被说成是拥有道,而且我们也被说成就是道。⑯

因为道是基督,基督徒也就可以被说成是基督。

然而,只要路德关于基督徒作为基督(kristitty Kristuksena)的理论这个表述,是根据人之爱的思想体系来理解的,它就完全被权诠释错了。从作为上帝的存在意味着给予而不是接受的起点出发,作为基督的存在,则就是作为给予的存在。像上帝把自己给予了什么都不是与恶一样,基督徒在与邻舍的关系中的使命也是同

---

⑮ *Adventti postilla*(《等待主临期证道集》)(1RR522)。WA 10 I 2, 167, 32 -。WA 10 I 2;168, 3 - 11。

⑯ *Joulusaarna*(《圣诞证道》)(1RR515)。WA 1, 28, 25 - 26, 6。

样的。因此,路德使用基督徒这个名称时,基督总是包含了"邻舍的基督"的表述。路德还说道:

> 让我自己成为邻舍的基督,就像基督把祂自己给予我一样。⑰

因此,当把成神论的思想与上帝是给予的上帝的理论联合在一起来理解时,路德关于基督徒如何是邻舍的基督这个观点,就会从他的神学根基的深处冒出来。这个成神论的性质,也被表述在如下的文字中:

> ……就像我们的天父在基督里白白地帮助了我们一样,我们也应该白白地……帮助我们的邻舍,就像我们相互成为彼此的基督一样,以至于我们可以双向地成为基督,而且基督也可能在所有里面都是相同的……⑱

路德认为,基督徒甚至因此而被称为:基督住在他们里面,以及他们相互是彼此的基督。

> 我们还不知道,为什么我们是基督徒,以及为什么我们被称为基督徒。我们一定是从基督那里获得了我们的名称,祂不是缺场的,而是当我们信祂的时候就在我们里面居住着。对我们而言,我们互相之间彼此是基督,而且像基督对我们所做的那样,我们[同样]去[对待]我们的邻舍。⑲

在路德的神学里,信的被动性(即从上帝那里接受良善)和爱的主动性(即把良善给予邻舍)属于一体,它们由基督的临在(即成

---

⑰ *Tractatus de libertate christana*(1RR520). WA 7, 66, 3-4.

⑱ *Tractatus de libertate christana*(1RR520). WA 7, 66, 25-28.

⑲ *Tractatus de libertate christana*(1RR520). WA 7, 66, 32-36.

神的思想)联合在一起。这个思想构成了基督教信仰和生活的
总纲：

> ……我们每天制造出这么多的新行为和理论,以至于我们
> 最后都不知道什么是真正的美好生活了。所有的基督教理论、
> 行为和生活,都是被简短地、明显地和丰丰富富地在信和爱这
> 两点里想出来的;通过它们,人被设立为上帝和邻舍之间的工
> 具,从上面接受和从下面流出,既成为器皿又成为渠道,通过
> 它,神圣的良善源泉永不停息地流向其他人那里。看啊,这样
> 的人是真正的上帝形状的人,他们从上帝那里接受他在基督里
> 所有的一切,又自己用好行为表现得就像是其他人的上帝一
> 样。用《诗篇》81篇的话说,就是:我已经说过,你们全是神和
> 至高者的儿女。通过信我们成为上帝的儿女,它[信]使我们
> 成为上帝的所有良善的承受者。通过爱我们又成为神,这使我
> 们成为对邻舍行善的人;因为除去单纯的行善以外,神圣的属
> 性不是什么其他的友谊和对人的爱——就像圣保罗在这里所
> 说的那样——它每天把良善丰丰富富地浇灌到所有被造者身
> 上,就像我们所看见的那样。⑳

---

⑳ *Kirkkopostilla*(《教会证道集》)(1RR522)。WA 10 I 1, 100, 7 - 101, 2。

第六章　作为邻舍之基督的基督徒

路德关于两种爱的理论，开启了他关于邻舍之爱的学说。当上帝-关系不是根据"人之爱"对上帝进行追求的运动而是在信里发生的对"上帝之爱"的接受时，爱的行为就脱离了服务他人[而获得自由]。路德经常在对其思想的重复中来表述这一点：就像基督对待你那样去对待你的邻舍。

> 除去信之外的所有行为，都应该趋向邻舍。因为对于祂自己上帝不要求我们给予任何行为，只要我们通过基督的信。祂是满足的；我们要按照祂所是的上帝那样把荣耀给予祂，祂是富于怜悯的、仁慈的、智慧的和真理的。其后，除了像基督对你所做了什么一样地去对待邻舍之外，你不需要想任何其他的事情。让你全部的工作和整个的一生，都趋向邻舍吧。到那些有贫穷、生病和各种苦难的地方去寻找吧；帮助他们；在那里投入你的生命去操练吧。尽你的身体、财富和荣耀之所能，让那些需要你的人去享受你吧。[①]

像已经声明的那样，上帝的律法要求信和爱。在基督里，"律法的完全实现"被赠送给人们，换句话说，在祂的里面可以重新找到上帝和邻舍。

为了理解基督，作为律法实现者的人，在与邻舍的关系里需要

---

① *Adventti postilla*(《等待主临期证道集》)(1RR522)。WA 10 I 2，168，18 - 26。

注意,所有的"律法的另一个诫版",即针对人与人之间关系的命令,都包含在爱之内了。

> 爱是所有良善的共同之善,是它们的首和根。爱喂养、提供水分、穿戴、安慰、代祷、释放、帮助和拯救。要说的是什么呢？它把自己、身体和生命、财产和荣耀以及力量从外到内地全部给予苦难中的邻舍以让他受益。向朋友和敌人,它都不会保留任何它可以用于服侍他人的东西。因此,没有任何良善可以与它比较,也没有什么特殊的行为可以用来描绘或称呼它,就像说纯洁、怜悯、忍耐和温柔等等一样。爱成就一切……因此,使徒保罗说所有的诫命都包含在这个总结里了：爱你的邻舍。②

因为爱是所有诫命的源头和根基,它让所有的诫命生效而且也推翻它们：

> 所以,现在这个爱的诫命就是一个短的诫命和长的诫命,一个唯一的诫命和许多的诫命；它不是某种诫命,它是所有的诫命。就其本身而言,它是短的和一个诫命；理性很快可以理解它。而就其操练的视角而言,它则是长的和许多的,因为它包含了所有的诫命并是他们的师傅。只要看行为,它就不是什么诫命,因为它没有什么特殊的行为可以有名字。然而,它都是诫命,因为它有所有诫命的行为,而且它们将是它的行为。因此,爱的诫命推翻所有的诫命,并能使所有的它们生效。③

所有属世的和教会的律法,都是针对同一个爱的：

---

② *Paastopostilla*(《禁食证道集》)(1RR525)。WA 17 II, 100, 26-101, 4。
③ *Paastopostilla*(《禁食证道集》)(1525)。WA 17 II, 95, 17-24。

[世界上]有这么多的书籍和理论供人们来教导,以至于数都数不尽。就像我们在属世和属灵的法律里面看见的那样,书籍和律法是写不完的。……这一切都还可以被忍受,……只要那些律法和理论是根据主要律法、也就是爱的规则和标准来被引导和被理解的话。赐下了许多律法的圣经这样做,但它们一起组成和形成爱。它也使所有的律法都服从于爱。什么时候涉及到爱,所有的律法就都应该避免,而且什么时候都不应该成为律法,也根本不应该有效。④

路德认为,邻舍的需求就是对邻舍的爱的标准。这个传统被包含在金律之中,它被精炼地表述为:爱人如己。这个规则意味着:通过设身处地在他人的位置和理性地思考自己在同样的处境里希望受到什么待遇,每个人原则上都有能力知道他人需要什么。路德说:

话语很短、美丽和强烈地被表述出来:"爱人如己!"谁都不会比他自己能给出更好的、更确定的和更亲近的例子。没有什么属性会比爱更加宝贵和深刻,也没有什么对象会比邻舍更有价值。因此,例子、属性和对象是真的宝贵。所以,如果你想知道,邻舍应该以什么方式被爱,如果你想为之获得美好的例子,那就仔细检查一下你是怎么爱你自己的吧。当你处在苦难和危险中时,你一定不仅想要所有人而且所有被造者都可能以他们所有的建议、技能和力量来爱和帮助你。因此,你根本就不需要什么书籍来教导和劝说你去如何爱你的邻舍。也就是说,你在你自己的心里,有着包含了所有律法的最美丽、最好的书籍。在这件事情上,你不需要什么老师;你只要问问你的心就可以了!它将会给你丰丰富富的教导:你应该爱人如己。爱是最高的善。只用语言、行动、金钱和财产来服务还不

---

④ *Paastopostilla*(《禁食证道集》)(1525)。WA 17 II,91,7-15。

够,而是也需要全部的身体和生命本身……⑤

　　需要注意,只有在利他的上帝之爱的语境里及作为它的一个特定的表述时,路德对金律的理解才能被正确地诠释。明显的是,金律提出挑战:爱他人是出于这个人本身的缘故,而不是为了从他那里得到好处和益处:

　　　　因为"如己"这个词语排除了一切的爱的做作。因此,一个人爱邻舍,若是因为财富、荣耀、修养、声望、权力或者安慰的缘故,而不是同样地爱一个贫穷、不名誉、无学识、反对者、地位低下或难缠的人,那他就明显是在做作地爱;他不爱他人"本身",而是那些给另一个自己带来益处的"良善"。因此,他就不是爱邻舍"如己"。因为每个人都爱自己,哪怕他贫穷、愚拙和直接就什么都不是。谁会如此地无用,以至于仇恨自己呢?也没有谁会这样什么都不是,以至于他不爱自己……因此,如果我们正确理解的话,那个诫命是最难实现的。⑥

路德关于谁都不会什么都不是以至于不爱自己的思想,明显地表现出,他是怎样以面对什么都不是和恶的爱为基础来诠释金律的。
　　从路德对邻舍之爱的理解来说,典型的是,他不把那样的良善意愿接受为道德之善的标准。金律把爱者的位格之外的另一个人的需要和善设立为标准。比如,路德列举富人使用金钱作为例子来说明良善意愿的不足:

　　　　有钱人向牧师赠送财富来建造教堂和纪念碑。但是,如果他们想像一下贫穷并能向自己证明的话,他们愿意不赠送给他们自己而还是给教会吗?他们自己很容易知道,他们应该对自

―――――――――――
⑤ 《加拉太书注释》(1531)。WA 40 II, 72, 14-28。
⑥ 《罗马书讲义》(1515-16)。WA 56, 482, 29-483, 11。

已做什么。⑦

路德认为，内在的善良意愿和外在的行为属于一体：

> 圣保罗就这样抛弃了那些经院学者们的梦幻，它们谈论爱
> 时把外在行为与内在良善意愿区分开来。他们说：爱是内在
> 的良善意愿、仁慈，而且它把邻舍当作亲爱的，当它给他内在的良
> 善时，……这不符合事实。从这一点你能够看到，圣保罗不
> 仅是把"爱"称为"良善的意愿和仁慈"，而是"仁慈的良善行为"。⑧

根据上帝之爱的思想，在路德看来，基督教的爱，就是根据
每个人的需求，在具体的行为里对他人无私的帮助。因此，这
个爱遵循上帝之爱的传统，因为它不寻求良善，而是分享和赠
送良善：

> 爱的诫命不说：你必须爱有钱人、优秀的人、有学识的人、
> 圣洁的人……爱不看人。错误的情欲的世界之爱这样做，它只
> 看人，只要那个人有用处、有希望，它就爱。只要那里用处和
> 希望结束了，爱也就结束了。但是，爱的诫命要求对每个人的
> 自愿之爱，不论他是谁，仇敌或是朋友。因为爱不寻求益处或
> 好处，而是给予和创造益处和好处。因此，爱是最为了穷人、
> 有缺乏者、恶人、罪人、傻瓜、病人和敌人的好处的。⑨

特别明显地，作为对什么都不是和恶的神圣之爱的基督教的爱
的性质，体现在路德对罪人的爱的理解里。在路德神学里，对罪人
的爱是个核心主题——不同于他之后的路德宗教派。路德经常说，

---

⑦ 《罗马书讲义》(1515-16)。WA 56，483，21-24。
⑧ 《禁食证道集》(1525)。WA 17 II，98，28-33。
⑨ 《禁食证道集》(1525)。WA 17 II，101,6-17。

邻舍的"外部帮助"是伟大的,但对罪人的爱和"以义来遮盖"他的
罪,更加伟大。

> 外部的爱的行为是很伟大的,当我们把我们的财产给予他
> 人和我们自己变成仆人的时候。然而,最伟大的却是,放弃我
> 的义并让它来服侍有罪的邻舍。因为在通过财富的外部服侍
> 和帮助里,爱只在外部的里面,但是,义的赠送是伟大的,而且
> 它是在里面的:我必须成为罪人的朋友并且爱他,⋯⋯我必须
> 把他当做如此亲爱的,以至于也来寻找他,而且成为他的那个
> 寻找羔羊的牧者,或者成为那个寻找丢失的钱币的妇人。所
> 以,我们想要诉说这个爱的高尚工作,就是敬虔的男人必须用
> 义来为罪人辩护,敬虔的妻子必须把荣耀给予最坏的妓女。因
> 为世界和理性都不会做这件事。哪里只要有理性、诚实和敬虔
> 的人们,那里就不能做那样的事情;只有会对罪人嗤之以鼻的
> 地方,敬虔才会在那里被证明⋯⋯⑩

关于对罪人的爱,路德还说:

> 真正的基督教的行为是这些:深深地倒向、进入和卷到罪
> 人所在的泥坑里,把他的罪拿到自己头上来,与他一起挖开土
> 爬出来。基督徒表现的,好像邻舍的罪就是他自己的一样。⑪

在他的神学著作《基督徒的自由》里,路德对这同一个主题
说道:

> 那个基督教的生命规则不可避免地意味着,我们从上帝那
> 里所得到的良善,从一个人流向另一个人而成为一体,以至于

---

⑩ 《证道》(1525)。WA 10 III, 217, 13 - 18, 22 - 30。
⑪ 《证道》(1525)。WA 10 III, 218, 26 - 29。

每个人都用它们来遮盖他的邻舍,并且行动起来就像自己处于这个位置一样。这些良善从基督里流出来,而且它们流到我们里面。他遮盖我们并为我们而行动,就像他自己是我们所是的一样。它们从我们里面流出来,流到那些缺乏它们的地方:甚至会有那么多,以至于我的信和义都必须在上帝面前被安排去遮盖邻舍的罪,它们被安排来为邻舍的罪代祷,我把这些罪拿到自己头上,我在其中努力和服务,就像那些罪是我自己的一样。基督就是这样对待我们的。这是真的爱和基督徒生命的真实规则。⑫

根据路德,基督对罪人的爱的例子意味着,基督教的全部生命就是来担当他人之罪的重担。在路德的教会论里,这个思想也是一个重要的主题。总体而言,基督徒只与罪人打交道。

圣保罗用唯一的一个词来审判所有的伪善者的本质和管辖。伪善者的本质就是他不能与罪人和衰萎者打交道。所有都应该按照律法的严厉性来进行。只有追击和背后驱赶,没有什么怜悯,只有绝对的惩罚、指责、审判、批评和发怒。伪善无法忍受不公平。但是,基督徒的律法是这样的,他们中间有许多罪人和脆弱者;这样一来,他们就只与那样的人而不是圣洁之人打交道。因此,他们谁都不抛弃,而是扶持每个人;这样一来,他们专心地接受罪人和悲惨之人,就像如果他们自己在那些罪里和软弱里一样。他们为他们祷告,并为了帮助他们去教导、劝说、鼓励和做一切他们所能做的。这样才是真正基督教的质量;上帝就在基督里为我们做了这样的事,而且仍然在做。⑬

因为基督徒总体上只与罪人和有缺乏的人打交道,路德认为,

---

⑫ *Tractatus de libertate christiana* (1520). WA 7, 69, 1-9.
⑬ 《禁食证道集》(1525)。WA 17 II, 111,32-112,10.

除去像"不可救药之人的医院"之外,教会不可能是其他什么。福音的"总纲"就是,基督的国度是不变的彼此担当。所以,主教们和牧师们对待他们的教区,应该就像是医院一样,他们似乎应该只与病人打交道。

> 福音的总纲是这个:基督的国度是怜悯与恩宠的国度。除去不停地担当之外,它不是什么其他。基督担当我们的悲惨与病痛。祂把我们的罪拿到祂的头上,当我们步入歧途的时候,祂仍然富于耐心。祂还用肩膀一直扶持着我们,从不疲惫,⋯⋯在这个国度里,布道者安慰良心,友好地与人相处,用福音的营养来喂养人,扶持软弱者,医治生病者,并且根据每个人的需求来照顾他。这也应该是每个主教与牧师的正确置位。他们不可以使用暴力,像我们的主教现在所做的那样,把人的脚夹进木狗来损伤它,并说:起来,起来,谁不愿意? 它是强迫性的! 不该这样,主教和牧师应该像那些照顾病人的人一样。他谨慎地与病人相处,给他们分享美好的话语,与他们在所有的事情里一起勤奋。主教和牧师也该这样做。他不该有其他的想法,应该把他的教区和教会当做医治所和无可救药之人的医院,其中有非常多的和各种类型的病人。⑭

路德的教会论的基本主题,是他对互相成为基督的基督徒的理解。就像基督已经在圣餐的饼和酒里将自己赐给了基督徒一样,所以,在基督里,基督徒们也形成了"一块饼",而且他们也成了"同一杯酒"。通过这种方式,基督徒们称为彼此的饼和酒,以之满足彼此所有的饥饿和干渴。

> 在我们中间也发生的是,我们所有人都成为一块饼,而且我们彼此喂养。你们知道,在制作饼的时候,所有的麦粒都要

---

⑭ 《夏日证道集》(1526)。WA 10 I 2;366,18-34。

被揉搓和粉碎。每粒麦子都和其他麦粒一起成为面粉。所有的麦子都被混合在一起,以至于在面袋里你会看到所有的麦粒都被混合到一起了。每粒麦子都成了其他麦粒的面粉,没有哪粒麦子还会保留它自己的形状。每粒麦子都把自己的面粉奉献出来而失去其身体。这样一来,许多麦粒的身体就形成了一个面包的身体。同样,在制作酒的时候,每颗葡萄都会把它的汁液混合到其他的葡萄汁液里面去。所有的葡萄都失去其形状,而从全部的葡萄里面则产生同一个饮料。在我们中间也应该这样。当我使自己成为一个共同体并来服侍你的时候,你就会在你对我的所需方面来享用我,这样我就成了你的饮食——就像你在饥饿的时候享用饼一样,它能帮助你的身体和饥饿的肚子并给你力量。因此,当我在所有的苦难中来帮助和服侍你的时候,我也就是你的饼。另一方面,如果你是一个基督徒,你也会做的是,你用你的全部所有来服侍我,以至于所有都是为了我的好处,我享用它们就像饮食一样。如果我是罪人,你是从上帝恩宠里来的敬虔者,那么,你就来到我跟前把你的敬虔分给我、为我祷告、替我站到上帝面前、接待我就像你是我一样。因此,你用你的敬虔来享用和吃掉我的罪,就像基督对我们所做的一样。如果你吃了我的话,我也吃掉你。⑮

在路德的思想里,所有人的行为,原则上都是为了爱的服侍。福音的宣扬与对饥饿者的喂养,都同样是良善的分享,就像在家庭、社会和教会里的所有其他行为一样。在上帝的属世管辖里,即在社会的法律体系里,爱真的是"被迫的爱":法律用当权者的剑来保护弱者脱离强者的暴力。然而,强迫的爱是上帝爱人的方式之一,即将良善分享给人。法律和当权者的剑都是爱的仆人。所有人在教会里和社会里的行动,都是从爱里流出来的对上帝所造生命的保护和耕耘。

---

⑮ 《证道》(1523)。WA 12;489-490,5。

第七章　对上帝的爱

　　路德所理解的基督教信仰的结构,可以从"上帝之爱"与"人之爱"这两种类型的爱的视角来理解。① 关于上帝-关系的本质,路德所说的"在那个爱的位置我们放进了信"这句话,可以看作是他改革计划的核心主题。在追求上帝作为最高之善的"人之爱"的位置上,路德放进了信,它是对趋向恶人、有缺乏者和什么都不是的"上帝之爱"的接受。因此,在路德看来,与上帝的关系不是主动的、追求爱和行动的关系,而是接受的、"被动的"信的关系。

　　前面所描述的上帝之爱和人之爱的关系的基本界定,会引起两个问题。首先,基督徒对上帝的爱,在路德的基督教信仰的总体体系里有什么位置? 在他的著作里,有许多地方都谈及了人对上帝的爱。其次,路德在许多地方说道,基督徒必须爱上帝超过爱任何被造者。这后一个问题尖锐如下:在路德的观念里,会出现同一个原则性的对世界的拒绝吗? 这种拒绝不可避免地会产生,哪里上帝-关系被理解为根据人之爱来追求的爱的关系,那里就把对上帝的爱作为最高的善来追求,与对被造者、较低的善的爱,就会陷入原则性的、永远的和无法解决的自相矛盾之中。② 在这一点上,在有关基督徒对上帝的爱的问题里,"人之爱"与"上帝之爱"之间的差别,从另一方面来说是路德神学的一个本质性前提,会相对化

---

①　本章的内容原计划是作为《两种爱》这本书的最后一章,但在第一版中,本章内容没有被包括进来。

②　关于对上帝的和被造的善的接受,参看前面第四章。

吗？这两个问题可以合成一个问题：可以把基督徒对上帝的爱,理解为路德的"两种爱"神学的一个必不可少的部分吗？

关于路德神学里的基督徒对上帝的爱这个问题,研究之少超乎想象。比如说,就是在讨论尼格仁的主题时,它涉及了 eros 和 agape 之爱在路德神学里的地位,也没有促使任何涉及在信里实现的对上帝的爱的专著产生。③

首先明显的是,在路德神学里,基督徒对上帝的爱所建立的基础是"上帝之爱",它趋向有缺乏者、恶人和那些什么都不是者。路德把这一点说得最明确的,是比如在他的《尊主颂》讲义里,在把人之爱描述为向上[趋向]至高之处而上帝之爱是向下[趋向]深渊之中的运动之后,他立即说：

> 因为这个缘故,只有上帝才有那种看向深渊、苦难和悲惨的视野,只有上帝才临在于那些处于深渊中的一切,像彼得说的那样："祂反对高大的人,对于卑下的人祂富有怜悯。"从这个根基里现在流出对上帝的爱和对祂的赞美。谁都不能赞美上帝,若上帝没有在那之前就是爱他的；谁也不能爱上帝,若他没有觉得上帝是最甜蜜、最可爱和最好的。上帝只能通过在我们里面所表现出来的、被认识的和被经验过的行为被大家所知。但是,只有在那些地方,祂被经验为观看深渊和只帮助贫穷者、被鄙视者、可怜者、悲惨者、被抛弃者和那些什么都不是的人,在那里祂才能成为人们心中的所爱,以至于人们的心里充满喜乐,并因在上帝里面获得的欢欣而跳跃。④

在这里,路德说"上帝之爱"是对上帝的爱的"根基"。同样的事情,比如,他后来表述说,上帝的趋向深渊的爱,是人们对上帝的

---

③ 对尼格仁的主题的讨论,不是太多。部分原因是尼格仁主要使用价值哲学的术语"eros"来处理"人之爱"。路德神学里的"人之爱",是强调罪性的术语。

④ *Magnificat*(1521). WA 7,547,33 - 548,10；Sta 1,318,11 - 21.

爱和赞美的原因：

> 因此，上帝的行为和面孔只趋向深渊，人的面孔和行为则
> 趋向高处。这是人赞美祂的原因……⑤

因此，基督徒对上帝的爱，产生于人学习认识"上帝之爱"：上帝观看深渊和什么都不是。路德说：

> 简短地说，他在这节经文里，通过表明上帝观看卑下和被
> 鄙视之人，教导人正确地认识上帝。那样的人能正确地认识上
> 帝，他如此地知道上帝观看卑下……这个知识能带来对上帝的
> 爱和信任，以至于人乐意将他自己奉献给祂并且跟随祂。⑥

因为人在信里通过话语与上帝合一，因为上帝是爱，人在信里与上帝的爱联合在一起。⑦ 像路德在《海德堡辩论》里所说的那样，当基督通过信住在基督徒里面的时候，爱就"活"在基督徒里面。⑧特别需要注意的是，在信里所接受的爱，不仅趋向他人，它的对象也同样是上帝自己。这个在爱里活着的对上帝的爱，不是人自己得到的"人的行为"，而完全是上帝的作为，人是它所影响的对象，从人的视角来看，它是"可喜的情感"(iloista passiota)。路德写道：

> 我的生命和我所有的感觉都飘荡在上帝之爱、赞美和极大
> 的喜乐里面，以至于比起提升自我去赞美上帝，我更多会无法
> 控制自己地提升自我。这会发生在所有人身上，所有被上帝的
> 甜蜜和灵所浸透的人们，以至于他们所经历的会多于他们所诉

⑤ *Magnificat*(1521). WA 7，549，29 - 31；Sta 1，319，29 - 31.
⑥ *Magnificat*(1521). WA 7，564，18 - 22；Sta 1，332，29 - 33.
⑦ 比如，比较 *Magnificat*(1521)。WA 7，554，7 - 9；Sta 1，323，36。
⑧ 《海德堡辩论》(1518)。*Magnificat*(1521)。WA 1，364，28 - 38；WA 365，8 -
10；Sta 1，211，15 - 25；Sta 1，212，8 - 9。

说的。因为喜乐地赞美上帝不是人的行为。它更多的是喜乐的作为影响的对象（passiota），完全是上帝的作为，只有通过自我的经历才能被认识。⑨

因为基督徒在信里参与到上帝之爱本身里面，这爱在他里面影响着对上帝和邻舍的爱，这个在人里面发生影响的爱也有上帝之爱的属性：它是利他的爱，它不寻求自我的益处。基督徒开始用利他的"纯洁的"爱来爱上帝和他人。因此，需要注意——在路德研究里完全没有被注意到的——基督徒也以纯洁的、不寻求自我的爱来爱上帝。

路德认为，当人爱和赞美上帝单单因为上帝是良善的、而不是因为他从上帝那里得到美好礼物的缘故时，对上帝的爱才是纯洁的。不纯洁的爱者，即"享受者"（nieszling），却不单纯地爱上帝的良善，而是看着自己和思考上帝能向被爱者自己表现出多少可能感觉到和经验到的良善。路德说：

> 她（马利亚）这样教导我们，我们应该如何正确和有序地去单单地爱和赞美上帝本身，而不是在祂里面寻求我们自己。那样的人单纯地和正确地爱和赞美上帝，他赞美祂，完全是因为祂是良善的，除去祂的良善，并单单从其中获得欢欣和喜乐之外，并不寻求什么。这是高尚的、纯洁的、美好的爱与赞美的方式，它非常符合与这个童女一样高尚和美好之人。不纯洁的和拐弯抹角的爱者，即那些除去是单纯的享受者和在上帝里面寻求自我之外，并不单纯因为上帝的良善而爱和赞美祂，而是观看自己和单单思考上帝会对他们有多好的人。⑩

只要爱者仍能从不纯洁的对上帝之爱里为自己获得良善和益

---

⑨ *Magnificat*(1521). WA 7；550，5‑11；Sta 1，319，36‑320，2.
⑩ *Magnificat*(1521). WA 7，556，18‑29；Sta 1，326，4‑13.

处,这种爱就能够一直延续下去;哪里上帝没有通过礼物来让人经历良善和益处,那里对上帝的爱就会结束。不纯洁的爱者不想让自己的里面有任何的无功和贫穷。所以,在上帝撤走祂的良善时,人就会变为悲惨和贫穷,对上帝的爱和对祂的赞美也就会结束。自私地爱上帝时,就不能赞美上帝的那个在看起来相反的上帝行为里所隐藏的良善。对于这样的爱,礼物要比礼物的给予者更加可爱。路德把不纯洁的对上帝的爱称作"享受者":

> 但是,当上帝隐藏起来并把良善的光芒撤回到祂自己里面时,人对祂的爱和赞美也就立即结束了。他们不能爱和赞美那些处于感觉所不可触及的、隐藏在上帝里面的单纯的良善。这样他们就证明,他们的灵没有在上帝里面、在救主里面喜悦过;而且他们的爱不是正确的对良善的爱和赞美,他们的意愿和喜悦与其说是在救主里,倒不如说是在救恩里,更多的是在礼物里而不是在礼物的给予者里,更多的是在被造者里而不是在上帝里。他们不能像圣保罗所说的那样:"我知道怎样处卑贱,也知道怎样处丰富"(腓 4:12),在拥有丰富和贫穷里,他们不能保持一致。[⑪]

在路德的神学里,前面所描绘的对上帝的纯洁之爱,与信无法分开。相反,对上帝的纯洁之爱的界定里面,包含信本身。对上帝的纯洁之爱,是那种与"上帝之爱"保持一定距离的爱,甚至它是隐藏在反面的帘幕背后的,它是只有信才能看见的(换句话说就是信,就是"什么都不知道的知识")。纯洁的信里,正好包含了对上帝的纯洁之爱。所以,路德在赞美马利亚的时候说:

> 实在的,这里有一个灵,只因信的缘故和只从它里面而欢欣跳跃。他不是因为他所感觉到的上帝的良善礼物而欢欣,而

---

⑪ *Magnificat*(1521). WA 7, 556, 30 - 557, 5; Sta 1, 326, 16 - 25.

是,他喜悦,只因为上帝和那个他没有明显地经历到但却在信里认识的救恩。啊,那样的是正确的、卑下的、自由的、饥饿的、敬畏上帝的灵……⑫

这段文字表明,路德关于基督徒对上帝的纯洁之爱,是多么深刻地与他的信仰理解体系以及他的"两种爱"理论密切相关。在探讨称义论与对上帝的纯洁之爱的关系时,这种联系将会更加明显地表现出来。

为了研究使人称义的信与对上帝的爱之间的关系,需要记住,上帝的律法最终要求人们两件事情,就是爱上帝和爱邻舍。

> 你要尽心、尽性、尽力、尽意爱主你的神;又要爱邻舍如同自己。(路 10:27)

路德认为,律法的双重诫命所要求的对上帝的爱,规定着对上帝的纯洁之爱:纯洁不能只是寻求自己的消极自由,而应该是实现了巨大的、"丰富的"、全部本质和性质的积极自由——路德在前面借助马利亚的例子所描绘的正是那种爱。

在信里被赠送给人的基督,我用路德的表述来说,就是律法的完成和律法的所有诫命的结束。换句话说,在信里,会赠送自然的、自由的和非强迫性的对上帝和邻舍的爱。信确实不是律法,也不是那样的律法的完成。实际情况是,信"找到""给予"或"送给"爱,即律法的完成。路德说:

> 尽管信现在没有完成律法,它却有律法得以通过它完成的那个[东西]。就是说,它找到灵和爱来使律法得以完成。而另一方面,尽管爱不能使人成为敬虔,然而它却证明,根据什么(也就是信任)人是敬虔的。总结:当圣保罗自己说,爱是律

---

⑫ *Magnificat*(1521). WA 7, 558, 25 - 29; Sta 1, 327, 39 - 328, 1.

法的完成时,就好像他是说:"是"律法的完成或"给予"律法的完成是不同的事情。因此,爱完成律法的方式是,它自己是完成;但信完成律法的方式是,它给予那个由之它被完成的。像《加拉太书》所说,因为信[发生]爱和影响:信通过爱而发生影响。水充满缸,服侍的人也充满缸;水通过自己[来充满缸],而服侍人员是用水[来充满缸]。经院学者们所说的律法被有效地、内容性地和真实地完成,就表示这个意思。⑬

前面引用的文字确切地表明,路德所说之话的意思就是,自发的、喜悦的对上帝之爱不是人的作为,而是上帝在人里面的作为。在信及其黑暗里、在什么都不是里,上帝的灵使道(即基督)和祂的所有被祂用来充满人的属性一起临在。路德说:

我们被用所有的方式来充满,祂用这些方式使我们被充满,而我们来充满[或完成]上帝。祂把祂的恩宠和圣灵的礼物丰丰富富地浇灌给我们,由此祂使我们变为勇敢。祂用祂的光来照亮我们,祂的生命活在我们里面,祂的福佑使我们蒙福,祂的爱唤醒我们里面的爱。⑭

使人称义的信和纯洁的完全建立在上帝良善之上的爱,这样不可分割地属于一体。信(即人的"在最神圣里面"及其"黑暗里面"运行的对上帝及其隐藏在反面的帘幕背后的爱的信任),只因为上帝良善的缘故,使人变为可爱。

使人称义的信和对上帝的纯洁之爱的一体性,可以通过积极地分析使人称义的信与爱之间的关系,也可以消极地通过表明路德所批评的"行为的义"与不纯洁的爱之间的一体性来进行。行为的义是建立在寻求自我的基础之上的。首先,在人努力通过"行为"

⑬ 《禁食证道集》(1521)。WA 17 II, 98, 13-14。
⑭ 《证道》(1525)。WA 17 I, 438, 15-19。

来追求成义和蒙福的时候,就是在上帝里面寻求自己的善和救恩;他对上帝的爱,也不是完全建立在上帝的恩宠性良善之上的。他通过行为"购买"福佑(即自己的善)。其次,当人通过行为来追求拯救的时候,趋向邻舍的爱的行为,就不是完全趋向邻舍自己的善和益处了;而这些行为的目的就是爱者自己的善和拯救。因此,通过行为追求成义的人们,会不纯洁地和拐弯抹角地爱上帝和他人。纯洁的和"正确的"爱,却完全产生于心对上帝之良善和恩宠的信任。

当路德理解对上帝和邻舍之爱是产生于信(即心的相信)之中时,他可以通过男女之爱的图画,来介绍全部的基督教生活及上帝和邻舍的关系。然而,这时爱强调的重点,存在于爱的关系里运行的信任之中,而不是在趋向彼此之爱的努力和追求的性质之中。比如,路德在他的著作《关于好行为的讲话》里就用男女关系的图画说道:

> 当一个男人或女人相信彼此的爱和喜悦时,自己就会坚定地相信,谁教他/她什么,态度应该怎样,应该做什么,不应该做什么,什么应该沉默,以及什么应该思考?单单只有信任才能教给他所有这些,并多于其所需要的。这里没有什么行为的区分。他做大的和长远的事情,许多人一样乐意做小的、短期的和微弱的以及相反的事情。另外,他喜乐地、平安地和以确定的心情行动,他是一个完全自由的人。但是,哪里有怀疑,那里就会寻求什么是最好的,那里就会开始描绘他们行为的差异以求获得他人的喜悦。然而,这样的人,行走时心情沉重,并且受到非常不情愿的控制。他就像被囚一样,比半绝望还严重,而且他经常会成为傻瓜。活在这种对上帝的信任里的基督徒,也是同样地知道一切,能做一切,和敢于做一切必须做的,并且是喜乐和自由地做这一切——不是为了收集许多的好功劳和行为,而是因为他有这样讨上帝喜悦的愿望,因为他单纯地和白白地服侍上帝,而且满足于这使上帝喜悦。而相反的

是,若谁不与上帝一起或是怀疑这一点,他就开始寻求和担心怎么做才好,他就开始用许多行为来影响上帝。然而,他……找不到平安,他沉重地、在绝望里、以不情愿之心来做一切。圣经用希伯来语称这样做的好行为是 auen amal,翻译过来就是劳神费力[的麻烦]和工作。所有这些之外,这些行为一点都不是好行为,它们完全是灭亡,……对这样的人,《智慧书》说道:"我们在错误的道路上使自己疲惫,我们走过了沉重而苦毒的道路,但上帝的道路我们不认识,祂公义的阳光也没有向我们升起。"⑮

前面在把上帝-和邻舍关系当作爱的关系来描绘时,路德没有放弃他的基本的信的神学:爱在那种心的信任(即信)里面实现,这信完全建立在上帝的良善(即"上帝之爱")之上。

根据前面的介绍,基督徒对上帝的爱可以被理解为路德的"两种爱"神学的一个不可缺少的部分。剩下来需要弄清楚的,是路德的那个经常介绍的思想,基督徒需要更多地爱上帝超过爱任何被造者。在这里,改教家路德会陷入那种传统性的对被造者的价值的否定吗?他曾经从另一方面以"人之爱"为根据把它作为宗教信仰的特性进行过如此尖锐的批评。

对所述问题的回答,其基本特点可以表述如下。把对上帝的爱与对任何被造之善的爱对立起来的时候,路德没有否认被造之善的价值和权利本身。所有被造者里面和被拯救里面所给予的爱,如金钱、财产、身体、荣耀、配偶、孩子、朋友、智慧、知识、属灵的礼物等等,都真正是良善的上帝的礼物。然而,它们是"上帝的"礼物,它们是人必须恰恰作为"祂的"赐予所要拿的。如果人被以这种或那种方式剥夺掉那样的良善,那些[良善]是他真正应该有权拥有的或是他所缺乏的,他不该那样抓住这个良善和权利,以至于抓紧、为自己获得或归还良善,会给他和其他人引起更大的消极影

---

⑮ 《关于好行为的讲话》(1520)。WA 6, 207, 16 - 208, 5; Sta 2, 20, 35 - 21, 25。

响。人必须"承认"他的良善和权利是真正的良善和权利,不然的话,他就否认了上帝的话语。因此,人必须承认真理,良善就是良善,而不是罪恶。然而,这个真理并不为人向上帝仇恨和苦毒提供正当权利,如果上帝认为较好的是从人那里把祂的礼物拿走一段时间或完全拿走的话。这时受到考验的是,人是更多地爱礼物还是礼物的给予者,换句话说,基督徒是否以纯洁的爱在爱上帝。良善的失去,也不该是"瞎闹、发怒、狂躁和暴力地夺回"的原因。明显的是,"承认"良善和权利,与"为自己赢得"良善和权利是不同的事情。人的事情是承认良善和权利,但是如果他没有成功地为自己赢得它们,他应该把获胜交给上帝、应该信任和平静、应该已经交给了上帝来掌管。⑯ 正是与这一点相关,鼓励人爱上帝要比爱被造者更多。基督徒应该相信上帝的良善本身,而不应该在仇恨和苦毒里失去这个信任,即使上帝把良善隐藏到了礼物被拿走的帘幕之中。

让我们来引用路德的文字吧,他特别明确地说,对上帝之爱多于对被造者的爱,并不意味着否认被造者的良善:

> 看啊,这里并不否认真理。真理说,它们是良善的和上帝所造的。同样的真理说和教导,如果上帝这样想的话,你应该让那样的良善失去,你应该准备好没有它们也照样存在[生活着],这完全取决于上帝。真理在说它们是良善的时候,并不强迫你重新拿回你的好东西[良善];而是你应该在态度上平静和交给上帝掌权,并且你应该承认它们是良善的而不是罪恶的。应该以同样的方式来处理权利和所有的理性或智慧之善。权利是良善的和上帝的礼物——谁会怀疑这一点呢?上帝的话语自己说,权利是良善的;谁也不应该承认,他的良善或正确的事情可能是不正确的或罪恶的;而是他更应该让所有上帝所不是的死掉和抛弃掉,因为对这个真理的否定可能会是对上

---

⑯ 比较 *Magnificat*(1521)。WA 7,581,6-18;Sta 1,347,18-31。

帝及其话语的否定。上帝的话语说的确实是,权利是良善的,而不是罪恶的。但是,你愿意因此喊叫、发怒、吵闹和勒索全世界:你被拿走了那样的权利或让它被践踏吗?有些人是这样做的,他们喊破天、制造所有的悲惨、污染土地和人民,而且让世界充满战争和鲜血。你怎么知道,上帝愿意让你保留那样的礼物和权利呢?它们毕竟是祂的,只要祂愿意,祂就可以今天或明天、在外面或在里面、用仇恨的或友好的手把它们从你那里拿走。祂试炼你,你愿意因为祂的缘故不要那个你有权利拥有的吗?你想在危险之中、忍受错误和在祂里面完全依靠祂吗?愿你敬畏上帝并且思考:主啊,东西是你的,如果我不知道你愿意让它给我的话,我不想拥有它;该失去的都失去吧,只要你是我的上帝。⑰

那些文字段落,在前面介绍的语境里进行了解释,其中路德把对上帝的爱和对被造者的爱对立起来。它们里面看不到被造者的善与上帝之爱的传统性对立。在这里,路德所理解的关于对上帝的爱,也应该作为他的神学体系的一个部分来加以理解。

---

⑰ *Magnificat* (1521). WA 7;581,24-582,12;Sta 1,346,36-347.

芬兰学派马丁·路德新诠释丛书　3

上帝

曼多马（Tuomo Mannermaa）**著**

黄保罗（Paulos Huang）**译**

原著及其版权：

Pieni Kirja Jumalasta

Tuomo Mannermaa & Kirjapaja，Helsinki，Finland

ISBN 951－662－140－6.

汉语版本及其版权

芬兰学派马丁·路德新诠释丛书　3

《上帝》

曼多马(Tuomo Mannermaa)著，黄保罗(Paulos Huang)译

汉译本版权：黄保罗(Paulos Huang)及世界华人路德学会(Luther Academy for China)

谨以此书
献给我的妻子曼莱雅
（1935～1994）

目 录

汉语版说明

黄保罗

　　作者曼多马博士是芬兰赫尔辛基大学的神学教授,也是芬兰神学界深享盛名的学者。曼教授的夫人于 1994 年 12 月 1 日去世,作者经历了深刻的痛苦和孤独,本书当时是他作为遗嘱来写的,以期留给他的几个儿女。本书的虔诚、深度和热情引起了广泛共鸣,出版后被评为"1995 年芬兰最优秀基督教书籍",在神学界、教会界、新闻界和艺术界引起众多关注。

　　本书的汉语译本曾经由道声出版社在香港和台湾于 2002 年出版,并曾通过中国基督教两会在上海于 2006 年出版。今次得以重新与曼教授的其他著作一起结集出版,特对相关各方表示感谢。

2014 年 6 月于赫尔辛基

作者序

1994 年 12 月 1 日,我的妻子离世了。从她长期与癌症抗争,到她逝世,及至她离去后的那段时间,我的生命也仿佛被摧毁了。

两个月后,为了自我陈明生命最终仍须继续的立足点,我开始写作;同时,我想这本小书或许能成为我们的四个孩子灵性上的遗嘱。

以往我只写过学术研究的著作,而现在我却从个人的观点着手,这本小书亦因此而生。

尽管这本小书的形成有个人的特质,但我仍然希望它在逻辑及整体上能够一致。我的目的在于将基督徒的信仰及生命透过个人的默想与智识的导向相联合。虽然死亡的痛楚隐藏在此书的字里行间,但并没有作为明显的主题。

我期望此书能给予华人读者安慰及盼望。

2002 年

1．喜乐

对于我们这个时代的很多人来说，"上帝"一词已经失去了它明确的内涵，成了一个没有意义的空洞之词。或者说，人们已经不知道这个词的内涵与我们的具体生活还有什么关系，甚或已经感觉不到上帝和我们之间有什么联系之处了。

然而，这个连接点还是存在的。而且这个连接点会为现代人打开一条出路，使他们可以去思索"上帝"这个词的意思，"上帝"对于他们每一天的生活会有什么意义。

只有当我们明白什么是爱的时候，上帝才开始变得真实；也只有当我们懂得什么是上帝的时候，我们才能理解什么是爱。

爱是人的存在。只有源于爱，人才有可能意识到上帝在人生命中的地位。爱并不是存在于另一个群体之中的灵性力量，实际上，当人晓得爱自己时，爱已经存在于他里面了。当我们生命里的爱找到了我们自己和其他对象时，我们才会得到平安。爱是我们最深层的存在，因此，所有人都在追求爱。

爱和被爱同时存在，并会产生喜乐。在爱里和因为爱而发生的一切，都源于喜乐。存在中最深层的喜乐就是爱。

除了喜乐，我们其他基本的感情也都与爱相联结。悲伤产生于失去了所爱的对象，希望使我们冲破一切的障碍，把心指向我们的所爱；恐惧是因为我们感受到自己的所爱面临危险；仇恨使我们转向反抗那些威胁我们所爱的一切。

爱是我们的存在，它决定着我们的生命质量。爱和喜乐是结连在一起的，所以，我们生活的成功与失败、绝望与喜乐，跟我们爱的实现与否直接相关。如果没有爱,我们将是静止、死亡、悲惨、暗淡和冷漠。像所有的时代一样,爱的问题是我们这个时代的基本问题。

我们是人,所以,我们的存在是指向爱和喜乐。但我们是不完美的人,所以我们不得不问,什么是爱?

我们对于自己存在的本质感到陌生,所以,我们不得不问,我们怎样才能去爱?

当我们问:爱和喜乐怎样才能临到我们的时候,实际上我们是在问,上帝是谁和祂是什么,祂怎么能够在我们的生命里变成真实的同在?

我们也可以从反方向来思考:爱和喜乐不需要上帝。没有上帝,"自然的实在"也有足够的意义来唤醒我们的爱,产生喜乐。

是的,我们的周围确实充满了有价值的事情,它们可以使我们的心灵感到喜乐,使我们想去得到它们、去爱它们。从物质的自然到植物、动物和人类的所有,都能够点燃我们的爱。

然而,正因为这个"自然的实在"是上帝所造的,是上帝手上的工作,它的可爱才反映出造物主上帝所赐的美好和爱。所有被造的美好,都是上帝的"面孔",透过它,上帝把良善赐给我们,并把我们造成爱和喜乐的一部分。所以,自然实在的本身充满了意义。

当我们看到青山映衬在天边、海浪翻滚于阳光之下的时候,谁没有从心而出的喜乐呢?面对着苍翠的森林和怒放的鲜花,谁不会获得生命的力量和无法言喻的喜乐呢?嗅着草地的清香,谁不会想起儿时的家乡呢?

当我们想到,人们用声音和乐器像变戏法一样创作出一套乐曲时,每个人都可以有恰到好处的声线来显示出风吹浪击,谁能不感到惊奇呢?在音乐中所产生的深远涵义是多么令人难忘啊!

当我们思索生命的奇妙和深深地领悟到自身的存在时,谁能不兴奋呢?

谁的心不为存在的美好而变得像孩子一样可爱呢?当隔阂消除,陌生人变成朋友,谁能不把这种喜乐当作礼物来打开呢?当男人和女人相遇,当上帝为另一个人所造的价值和荣耀使得所有有价值之事都得以实现其意义的时候,谁能描绘那种经历的深刻呢?当一对相爱的夫妻度过了婚姻生活之后,他们的脸上会泛起一种无法言喻的喜乐。

当上帝创造出世界的时候,祂就把那可消弭分歧的良善与爱心赐给了我们,使我们的心灵可以去接受、去喜乐和去爱。在被造的万有中,那些为我们而造的可爱礼物和我们的所爱,都表达了上帝的良善。如果没有了这些美好的礼物,在面对创造时,我们将会自私地埋怨"什么都不是",而我们的生命也只是晃动的风铃和小铃铛而已。

2. 悲苦

我们还可以问一些相反的问题：自然和生命是美好的，这不是可爱和令人高兴的事吗？但是，难道万有不都具有意义吗？换言之，万有岂不同时令人高兴和恐惧吗？

当鲜花开得最灿烂的时候，它即将凋谢。当男人与女人结为夫妇的时候，死亡总有一天来临，结果要让另一半陷入孤独的愁思之中。疾病使得可爱的孩子苟延残喘，让父母丧失神志。战争、不可思议的种族屠杀和各种不幸事故，夺取数以千计、万计，甚至百万计的生命。

还有更严重的：整个生命的世界不就是以互相吞噬来建立其根基的吗？

我们真的可以说，真实的存在是美好而令人高兴的事吗？难道万有不是卑劣的或至少是可爱与卑劣的混合物吗？很明显，这不是那么可爱和令人高兴的。

生命中有喜乐，也有恐惧，这并不奇怪。世界的消极面、不公平和一切的恐怖，导致虚无主义世界观的显现。虚无主义认为，所有的价值、种种可爱和令人高兴的事，实际上都是"什么都不是"或它的存在只是"要变成什么都不是"。那是说，实在被虚谎的窗帘遮住了，只有通过理性、批判和经验的帮助，其面目才会显露出来。那时才会看到存在本身是虚空和无意义的。

与真正可爱和令人喜乐的事相比，我们这个世纪的文化和历史，其实烙上了更多不可思议和陌生的经历。

在过去的几十年里，我们经常碰到以下类似的思考：我们出生的时候,有谁来问我们愿意出生吗? 我们"被投到这个世界上",也不知道是为了什么。在宇宙中、社会中和我们的家里,甚至在我们个人的精神生活中,我们并不是全能的,更隐约感到有陌生而盲目的力量在控制着我们。

如果在我们当中有人说,生命是令人喜乐的,难免会受到质疑。但如他说万有都是无意义和空虚的,便不会有人出来反对他的言论。

然而,那些宣称生命无意义的虚无主义者,需要说明,为什么在我们的理念中会有那么多有意义和令人喜乐的感觉。相信上帝的人们,需要思考"神证论"(teodikea)的问题:上帝既是良善的,怎么世界会有那么多的痛苦呢? 当然,虚无主义者也需要思考"证实虚无为宜"(nihilodikea)的问题:世界既然是虚空和无意义的,怎么会有那些有意义和令人喜乐的事物存在呢?

如果为上帝辩护是难以解答的;那么为虚无辩护则是一项更艰巨的任务。真正的虚无主义和所声明的现实,在本质上是自相矛盾的。在理论上,这有可能用来否定价值的存在;但是,在实践中,我们却不得不对它予以承认。

我们仅仅抓住生命的灭亡,对于它的到来不做任何反抗。比如说,每天早晨,我们都会自己起床、穿衣、吃饭、舒展四肢(和舌头)。尽管生命无意义,我们还是参与讨论这种无意义的事,并且还撰写虚无主义的书籍。

我们在理论上所宣称的跟我们在实践中所想和所做的,是不同的事情。对生命意义的态度,并不是我们自己所能控制的。存在本身要求我们肯定真实的价值,要求我们去爱它,并且要为它而喜乐。

爱和喜乐,像等待、希望、勇敢、信任和话语一样,是生命中不可缺少的要求。

凡是真实的存在,都是不一样的,这种不一样是生命形式中不可缺少的,也是生命的选择。在这些不同的选择中,其中心是真正的可爱和由此而产生的喜乐。没有这个中心的话,我们不能,也不会生活。因为如果没有这种生命的意义和喜乐作为话语的前提，我们甚至连谈论真实的无意义和无喜乐，都是不可能的。

虚无主义将存在中的消极面和积极面、无喜乐和喜乐放在相同的起点上，又有意和有计划地选择消极和无喜乐的一面。虚无主义不把意义、肯定、信任、爱和喜乐当作始源。实际上，只有它们预先存在，然后才有失望、不信任、否定和喜乐。

虚无主义影响着人们对声明的责任感。否定存在的价值和喜乐，可能是否定者自己生命中的一项图谋。试想想看，如果万有都是无聊和什么都不是的话，那么个人就不需要在自己的生命中对那些有价值的事物负任何责任，不需要对生命中那些鼓舞人和令人喜乐的价值予以尊重，不需要把自己的心向另一个人敞开，和他分享美好的事物，因为世上根本就没有美好的事物。

不喜乐的人总是活在什么都不是的圈子里，并且因此而陷入自己的担心和苦难的网罗中，被可怕的黑暗所包围。所以，对于别人，他是什么都不能给予的。对于别人来说，他已经被挖空了。不喜乐的人，不得不利用他的亲朋好友，因为如果没有美好事物的话，人是无法活下去的。真的，没有喜乐是一种非常痛苦的生活。

对没有喜乐和空虚的黑洞着迷的人不承认，实在的本身预设了伦理的要求，使我们得以接受那美好事物的存在。实际上，上帝一直不断地赐给我们美好、可爱与令人喜乐的一切。此外，上帝还在我们每个人的心田种下了祂的律法，也就是诫命，来接受从祂而来的好处，并且去和他人分享。

上帝的律法，就是生命本身的律法。它的第一条命令即基本命令，就是让我们等待和接受从上帝而来的好处，也就是相信上帝。我们实际生活中所面临的挑战，即坚信实在是可爱的和令人喜乐的，正是这个基本命令的反映。

在基督教传统中，喜乐的反义词不是悲伤，而是罪。罪是对上帝律法的破坏。它在本质上就是拒绝接受美好的事物和与之同在的喜乐。换句话说，它是不相信、不信任和绝望。罪是接受爱和给予爱的对立面。罪意味着对生命的阻碍，对生命的仇恨和毁灭。

在不喜乐之中，人不仅是一个牺牲品，而且也是一个主体，他像一块桦树皮一样散发着抑郁的情绪，他是用黑暗和痛苦使得周围的一切都枯萎。这样，他将自己毁灭掉，同时，他也失去了帮助另一个生命的机会。

上帝的律法所要求的并不抽象，也不是源于生活之外的陌生东西。律法所要求的，乃是来自生命并且指向生命本身。

现在已经很少使用"诫命"和"罪"这两个词了，但若想客观地思考生命的基本问题——爱和喜乐，这两个词仍然是不可缺少的。

生理的、心理的和社会的不喜乐，确实存在。然而，对诫命和罪的讨论说明，作为生命主体的个人，愿意或反对接受美好的事情与否，将会决定喜乐的存在，尽管喜乐本身也是一件礼物。随后还有另外一个问题，无论人是否在"意念里"和"实际中"自然而然地孕育这个意愿，他总不能避免这样的挑战和要求。

尽管否定真实价值和虚无主义世界观，都是有问题的，但它们对现实的很多描绘，指出了在生活中本来就是残酷的事实。所以，人不能自我控制以迫使自己遵守诫命、相信上帝，并视祂为良善。

消极、痛苦、死亡、什么都不是（的虚无）、空虚和罪恶，就是在我们自己的生命里也有很多，我们不得不与它们进行搏斗。这样，生命就成了光明和黑暗、希望和绝望、存在与虚无之间的争战。

这场争战很可能是这样的残酷，以至于我们还不知道什么是虚无主义世界观的时候，我们的力量就开始枯竭了。我们所经历过的打击，甚至会令我们在思想中把实在当作罪恶和冷酷，使之面目全非。在没有恩典的情况下，人和他的希望于是毁灭无余了。

3. 诫命

正是在那种情况中，人在光明和黑暗、良善和恐怖中争战，也是在和上帝的诫命争战。上帝的诫命要求人等待和接受从上帝而来的好处，并且进一步去和他人分享。

基本的第一条诫命是："我是耶和华你的神，除了我以外，你不可有别的神。"这第一条诫命的前提是：上帝是上帝，也就是所有美好事物的恩赐者。诫命悖论地要求人们接受从上帝而来的美好事物为礼物。基本的信心和信赖是属于上帝的。第二条诫命是鼓励人们去爱他人。从上帝而来的是需要与他人分享的。

所以，第一条诫命就是说，上帝的恩赐就是上帝。

当他可以是给予者与恩赐者的时候，上帝就能够成为上帝了。路德说："作为上帝，就是：不攫取，而是给予。"

当人们等待从祂而来的好处，并把所得到的和他人分享的时候，上帝就成为给予者和恩赐者了。路德说："说某个人有神或什么是上帝，是什么意思呢？回答：上帝就是我们从之可以盼望一切好处者"；接着又说："……唯独心之所赖塑成上帝或偶像。"（《基督徒大问答》第一诫）

要求人们等待和接受从上帝而来的好处的第一条诫命，是与悖论似的警告联系在一起的。如果我们的心灵信靠给予者上帝以外的其他事物，我们便会晕倒困顿。因为我们是把自己放在沙漠和空虚之中。

如果我们不以上帝为善，我们就不能接受良善，也就是爱。意思是说，如果我们没有爱，我们就不是生活在爱的供给上，我们也不能去爱。换言之，哪里没有爱，那里就是沙漠和虚空，那里就会生出荒凉和虚无。

在空虚和黑暗之中，偶像就会诞生和发展。偶像有一个特点，就是它许诺给予一切好处，但是它最终却并不给予。偶像总是欺骗人的。偶像答应给人天堂乐园，但是它给的却是沙漠和灰烬之地。存在于我们当中的假神力量，无疑正在如此运行着。

任何本来是好的事情，都有可能转化为偶像：民族、种族、科学、进步、未来社会、金钱、职业、美丽、享受、自我实现、性爱、性、喜乐的目标等等。这里所有的一切，最后都可能变为根本上的偶像。

若自己的民族、种族或家族被宣称为最后的绝对真理，从此所有的内部生命和外部活动都被搁置，这种损害和虚空将会是多么巨大啊！

若科学变为偶像而不再是良善的工具，它对生命的摧残将会是多么严重啊！那时，它成了绝对的权柄，而人们却等待着所有的好处是从它而来，更把心灵的信任寄托于它。目前我们这个世界的许多问题，正是"科学之神"所产生的结果，因为它欺骗了人们，留给人的只是荒凉和虚无。

同样，经济的发展已经成了"社会之神"，个人的信任要建立在它的基础上，以至于所有与真理之间的关系都被扭曲了。真理在哪里被虚谎败坏，那里就有罪恶和毁灭的力量在起作用。谎言、罪恶和虚无（毁灭）是一个可以互相转换的概念。

无论在什么地方，上帝所创造的美好事物，都可能被变成偶像。这些事物本身并不一定是罪恶的，罪恶的只是它们之被误用。正因为这种误用，事物变成偶像，这成了败坏的源泉。

总而言之，上帝是恩赐的上帝，也就是美好事物的给予者。若我们以上帝为善，相信他，我们自己也就变成上帝之善和爱的一个部分。那时，我们就会拥有亲人，而亲人也拥有我们了。

诫命本身是不可能从根本上要求我本人或我的个性变成值得爱的。只有在接受和体验爱的时候，而不是在命令爱的时候，人才可能变得可爱。

　　然而，第一条诫命毕竟是一个特殊的诫命，因为那里包含了作为要求之前提的应许：我，你的主你的神，是信实的神，是所有美好事物的保存者。可爱，正是因为相信上帝是良善的，并欣然接受祂所赐给我们的礼物，这才会成为可能。

4. 礼物

我们的爱是从上帝所赐的美好事物中产生出来。这个礼物的内容,被简要地概括在《使徒信经》(以下简称"信经")之中。那是"缩短了的上帝之道"。信经说,上帝把创造的、救赎的和圣洁的每好事物赏赐给我们,即天上地下的一切所有(路德语)。

在创造、救赎和圣洁的每一个过程中,上帝分别以不同的方式来赏赐不同的良善和美好。然而,这些不同的赐予,都是与上帝白白的爱相关的。不是诫命,而是唯独这个可爱的赐予,才能唤醒我们内心的爱。

信经的第一段说:我信上帝,全能的父,创造天地的主。

创造本身实际上是个恩赐。上帝的工作方式是从无中创造有,让不存在的东西变为存在。

存在本身其实就是上帝的礼物。如果上帝停止创造和保存这个存在的话,万有都将消失于虚无之中。只有对上帝的赞美才能回答"为什么一切会得以存在而不是都陷入虚无"这个问题。

造物主上帝不但决定存在,而且决定存在的是什么。当我们承认造物主上帝的时候,表明我们相信上帝所造的时间、空间和生命中那些物理的、生理的和心理的前提都是美好的。

联系当时的世界,《基督徒大问答》对相信造物主作出了如下的解说:

> "我信上帝,全能的父,创造天地的主",这句话是什么意思呢?回答:"我以为,也相信,我是上帝的造物。那就是说,祂

赐下并不断地保存我的身体、灵魂及性命、大小肢体、各类感官、理智、悟性等等;又有饮食、衣物、妻儿、仆婢、房屋、田地等等。此外,祂将一切受造之物供我生活的需求,诸如天空中的太阳、月亮和星宿,昼夜、空气、水火、土地与这一切所产生及带来的东西,如飞鸟、鱼、兽、五谷及各种植物;更有身体上及今世的福气,如好政府、和平与安全。"所以大家都当从这一段中得知,我们没有谁从刚才所列举或还可以继续列举的事物中,无论是生命或任何东西,能说是自己得来的,而且也无论事物是多么微不足道,我们自己还是不能加以保存。因为这一切都包括在"造物主"这个词汇当中了。

在母胎里,上帝就塑造了我。母亲的脸就是上帝的脸孔。上帝所赐的创造工作,就是我得以生长所需要的温暖、食物和饮料。同样的还有,我得到了玩耍的伙伴和朋友,我也得到了教育、知识和技能。

我们的父母、弟兄姊妹和老师,都是上帝的同工,不管这是有意识的,还是无意识的。他们都有着上帝所赐的任务和"职业",要将美好的事物分给我们。

上帝的创造工作,也包括设立公正制度,透过它,上帝不断与不公平,也就是那些损害人的事物相搏斗。公正制度使有序社会和国家生活成为可能,它的功能是促进共同的益处。所以说,它也是为上帝的保存和爱服务。

如果没有上帝在所有人的心田里种下自然(道德)律法,有序的集体生活是不可能的。如果是那样,控制一切的将是混乱了。

自然律法包含了爱人的诫命。这两条主要诫命,在爱的命令中,也就是在良知中,都有特别的表述。良知可以用不同的方式来表述。其中的一种方式是:"无论何事,你们愿意人怎样待你们,你们也要怎样待人,因为这就是律法和先知的道理。"(太7:12)另一种方式是"爱人如己"。

良知的这两种表达方式都有一个共同点:将自己放到他人处

境,就像你自己是他人一样。既用感情来想像,也用理智来思考:如果你处在他人的位置上,你会希望些什么。

上帝造人的时候,祂就把这种良知写进所有人的心里,尽管它现在已经变得模糊了。每个人对公义都有某种感觉和认识。所有的人都证明:有什么样的上帝,就有什么样的人。自然律法也就是因为有良知的同在使得社会的公正制度得以存活。

凭借要求,律法并不能把人的本质变成美好。然而,由于有上帝美好礼物的存在,所有具有良知的人,在原则上来说,都有可能凭努力解决堆积在人类社会面前的大问题。在所有人之中,都有一个共通点:那就是,通过考虑问题的处境和自己在那种情况下所想做的事,便有可能理解别人或自然的问题。在人类的实践中,也就是为别人考虑的时候,最可怕的障碍是偶像,因为偶像总是时时刻刻以绝对的名义使人眼瞎而看不到他人的问题。

信经的第一段,承认上帝和祂所创造的万物,无论在什么时候,即使是被罪损坏,却仍然是好的。然而,相信实在是好的,并不意味着否定罪恶的存在。人们会遇到很多"为什么"的问题而无法获得解答。实际上,作为创造者和存在者,上帝也保留了祂自己的秘密。既然这样,我们所剩下的只能是单纯地、毫无保留地相信上帝的良善。

信经的第二段是承认耶稣基督。这一段的内容也是信,即相信恩赐的上帝,不过现在所说的,是上帝以不同的方式将良善分享给世人。

上帝不仅仅把存在赐给祂所创造的真实世界,也不只是把良知写进所有人的心里。连祂自己也遵循这个良知,亲自来到人间。

上帝来到人间,并且成为人,祂担负着人的困难、软弱、伤心、罪恶和地狱,这些都像是祂自己的一样。基督成全了爱的律法。祂把自己作为礼物赐给了人,祂担负了人类的罪恶和应当受到的惩罚。

上帝在基督里赐下了两件不可分割的事情:饶恕人的罪和祂自己的同在。祂与人同在,因为祂恩待人。祂的同在就是祂的恩典，祂的恩典也就是祂的同在。

上帝并没有把祂的神性、荣耀和力量都变得让人无法体会。祂亲自变成了人。此后，真实的人在哪里，祂就在那里；祂在所有的人性之中、软弱之中和愚拙之中。

只有那个不是与人分离而是恩待人的、与人同在的上帝才是真正的上帝，祂活在我们的愚拙和地狱之中。真的上帝是那个想像我们一样的上帝。

在基督里，上帝表现了祂的友谊和仁慈。路德说，在整本圣经里，关于上帝恩典的话语没有什么比"友谊和爱人"更可爱的了。他接着说，狗、马和海豚是友好的，它们在本性上对人有着欲望和爱。上帝对人也有着同样的爱。祂不只向人表示友好的意愿，上帝也不仅仅接受人而把他们连接在自己周围；祂寻找人来到祂身边，并深深地进入人里面而和他们在一起。

信经的第三段是相信圣灵。圣灵是上帝自己住在我们中间。那么，我们还要问，上帝赐给我们的所谓成圣是什么呢？

成圣就是圣灵把我们和上帝连结在一起。"故此，成圣正是带到主基督面前的意思，使得我们在那里领受这份好意，不然，我们靠自己是无法得到的。"(《基督徒大问答》)

在成圣之中，在我们的里面，基督恩慈的同在就成了实实在在的事。

首先要强调的，是在我们里面，基督恩慈的同在变成了真实。上帝之道——基督，变成了肉身，其目的是要让我们这些肉身之人可以变成上帝之道，具有存在本身的上帝的特点，那会像火把铁烤红一样，借着圣灵来刺透我们。

上帝的力量，正是祂自己的同在，会把我们的软弱变为刚强。上帝之光，正是上帝的同在，会把黑暗变为光明。上帝的智慧，正是上帝自己的同在，会把我们的愚拙变为聪明。上帝的喜乐，正是上帝自己的同在，会把我们的忧伤变为喜乐。上帝永恒荣耀的生命，正是上帝自己的同在，会在我们里面与死亡争战。上帝的爱，正是上帝自己的同在，会让我们的萎缩伸展，并且成为良善而延伸到我们的周围。

其次要强调的,是在我们里面,基督恩慈的同在变成了真实。除了圣灵即声明创造者的工作之外,我们不断地需要饶恕。在基督的教会里,所有的事情都是可以饶恕的。上帝恩待了我们,我们也要互相恩待、互相扶持。《基督徒大问答》这样说:

> 因为纵使上帝的恩典已借基督而获得,圣洁亦已为圣灵所导致,我们还是因为肉身的缘故而常常被拖累,永远不能无罪。因此基督教会的一切安排,目的都在使我们借道和表记,天天领取纯然的赦罪,让我们在有生之日,良心得到安慰和建立。所以圣灵的工作就是使我们虽然有罪,还不致因此而受损。由于我们是生活在基督教会中,其中纯然是赦罪的缘故,所以就有两个意义,即不独上帝赦免我们,就是我们彼此间也当相互赦免、担当和挽扶。

上帝与我们同住的圣灵,通过圣而公的教会、圣徒相通、罪得赦免、肉身复活和永生来使我们成圣。在上述每一个情况里,上帝都赐下美好事物来与毁灭和死亡的力量相抗争。

信经所表明的一切,就是上帝所赐给我们的一切。这里是不是把信强调得太不恰当了呢?爱是不是被扔到了后边?每次做礼拜的时候都要朗诵信经。我们可不可以一起向上帝共同朗读"爱经"呢?

信经中占核心地位的恰恰是由爱来决定一切的。

信,其实只是一个工具,它是我们心里唯一用来接受上帝出于良善而恩赐下爱的工具。自然和人为的爱的物件,无疑都可以唤醒我们里面的爱。在这里,信代表着有限生命里的人对上帝的爱。信是爱的"代替者"(代替的运行力量,路德语)。借着信,人们可以接受上帝的爱,并且可以用上帝的爱去爱。

信的对象是三位一体的真神,祂给人类赐下了创造、保存和圣灵。全部被造物真实无限的丰富都是上帝的礼物。在存活期间,对罪恶的饶恕和圣灵自己对上帝之爱的参与,也是上帝的恩赐。所以,信不会排斥爱,乃是使爱成为可能。自发、喜乐和自由之爱,与一切痛苦的逃避刚好相反。

5. 自由

一切的爱，都是自发的和自由的，不然的话，那就不是爱。对被造的自然事物的爱是如此，上帝出于良善所赐下的爱也是如此。

对被造的自然事物的爱是不需要命令的。人们爱，是因为所爱的事物是可爱的和令人喜乐的。人的心和整体都是倾向于爱的那一方的。

上帝良善的意愿和赐下的爱，也是自由和自发的。它不是把爱的事物变得可爱，而是创造爱的事物。它不仅仅获取而是给予美善之物。

良善意愿的爱是自由和自发的，因为上帝自己正是自发溢出的爱。上帝不仅仅是爱的给予者，更是爱的真义和爱的本身。

人若借着信而成为上帝生命的一部分，爱在他里面就开始起作用了。可爱的东西是不需要命令而去爱的。"因为爱指向哪里，人的灵魂和身体就跟到那里"（路德语）。心里拥有上帝之爱，是人可以获得自由的根基。

在信里接受到新的意愿即爱，不但是人和上帝之间关系的根基，也是人与人之间关系的根基。

首先，爱是和上帝之间的一种自由的关系。信有把握地"知道"上帝是友善的和可爱的。这种知识决定人们把心指向良善和可爱的上帝。人们的心灵对上帝也就变得温和了。在这种爱里，人们信任上帝并且等待从祂而来的一切美好，也就是把上帝当作上帝来敬拜。在信里生发出对可爱上帝的信任，正是人和上帝关系的自由。在信里所实现的其实是路德所说的爱的自由根基："因为爱指向哪里，人的灵魂和身体就跟到那里。"

路德借男女之间可靠的爱来描述信和对上帝的爱。可靠的爱，意味着自发地和无强迫地进行的自由，这种自由知道另一种欲望的存在。

"如果一个男人或一个女人，向另一方表明自己良善的意愿，并且相信自己也将会从对方那里得到同样的回报，有谁在那时候教导他如何为自己定位、什么应该做、什么不应该做、什么应该说、什么不应该说、应该想什么？其实只有信教导他去做上述的一切，甚至所做的要超过所需要的。那时，对于他来说，是没有什么差别存在的。他会像做小、短、少的事情那样去做大、长、多的事情，反过来也是如此。另外，当他做这一切的时候，他是以喜乐和平安、平常之心来做的，而他是一个完全自由的人。

哪里有怀疑（对方的爱），那里就会在寻求什么是最好的，就会出现行为的区别，人就会试图用以取悦对方。然而在这种情况下，人的心情是沉重的，心底里是不情愿的。他好像被囚一样，他更像是半绝望似的，此外他还常常成为被戏弄之人。

这也是基督徒的栅栏，他就是活在对上帝有这样的信任中。他知道什么是该做的，他能够去做该做的一切，他敢于去做该做的一切。他喜乐而自由地去做一切，不是为了赢得好的奖赏和好的行为，而是因为心存喜乐地去取悦上帝。这样的人纯洁而不讲代价地为上帝服务，而且，因为能够服务上帝，他也就感到心满意足了。

相反，有些人根本不是和上帝在一起，或是怀疑祂，于是寻找并焦虑怎样才能做得足够。他以很多的行动来试图影响上帝。他跑到圣雅各（Santiago de Compostela），跑到罗马，跑到耶路撒冷，跑到这里跑到那里，他向圣毕乐达（Pyhä Birgitta）祷告，向这个祷告向那个祷告，今天禁食明天禁食，在这里忏悔在那里忏悔，去问问这个问问那个，然而，他就是找不到平安。此外，他做这一切的时候，心情是极其沉重的，他是绝望的和不情愿的。所以，圣经用希伯来语把那些好的行为称作 auen amal，翻译过来就是"受罪"和"作工"。另外，那些好行为其实并不是好行为，而是迷失沉沦。这种人还害怕从受苦到贫穷的一切苦难。关于这种人，《智慧书》第 5 章说："……我们在不义的路上已经困倦了，我们经历了沉重和苦难的道路，但是，我们不知道上帝的路，公义的阳光也没有向我们升起。"（路德关于好行为的谈话，Studienausgabe，2，20—21）

其次，在人与人的关系里，爱也是一种自由。在爱和他人的关系中，爱也表现为自由。

信的意思是行动的自由。路德把行动的基督徒比做一个孩子，他高兴地做着玩着，因为他知道，他本人和他所做的一切都是合父母的心意并且会让他们喜欢的。

活在信之中的基督徒会在爱里自由行动。爱的自由和确据，是与所有苦难都相反的。基督徒在任何时间、任何地点和任何人面前，都是自由的。他是凭着信心，去做一切他认为是符合上帝旨意和对他人最好的事情。下面是路德对《诗篇》第一篇开头部分的解说，从中我们可以看出，苦难的限制和自由的无限制之间的区别。这里，路德把"受祝福的人"比作栽在流水旁边按时结果子的树：

金子一般可爱的话语啊，你坚固了基督教的自由。无神者是有其所依靠的固定日子、固定时间、固定行为和特定地方的，所以，即使他人已经处于死亡的危险之中，这种问题也是不能把他们从自己的时间和地点中区别出来的。但是，这个"受祝福的人"则是在所有的时间、所有的地点和所有的人面前都是自由的。无论他面临什么情况，他的手能做什么，他便会做什么。他不是犹太人，也不是外邦人，不是希腊人，也不是野蛮人，……但是不论他的行为如何，他赖以生长的身边流水也没有名称。他不是为了某一个人、某一个时间、某一个地方或某一个行为的，他乃是为了万有和凭借万有。他是所有时间、所有地点和所有人的人，根据天父的形象，他是一切的一切，是超越一切的。无神的人把自己关进自己的狭隘之中，把自己囚进自己选择的行为、时间和地点之中折磨自己，除了谋杀、审判和评论别人的果实之外，他们什么也不做，他们却尽

可能严厉地批评别人……①

爱是自由。人是不可以被命令去爱的。只有当他被爱的时候，他才会去爱。如果他爱的话，他是自由地去爱。不过，"爱是自由"另有一种意思，即在人探寻什么是上帝的心意和什么是对人最好的时，爱的指示能够把人的行动吸引到自由之中。

---

① Operationes in Psalmos，Weimarer Ausgabe，38 - 39.

6. 良知

人与人之间全部关系所涉及到的,其实是律法中所包含的爱的诫命,也就是良知。保罗写道:"凡事都不可亏欠人,惟有彼此相爱,要常以为亏欠;因为爱人的,就完全了律法。像那不可奸淫,不可杀人,不可偷窃,不可贪婪,或有别的诫命,都包含在爱人如己这一句话之内了。爱是不加害与人的,所以爱就成全了律法。"(罗13:8-10)

当我们设身处地借着理智和感情来替他人寻求好处的时候,"爱人如己"的良知就会在人与人之间的关系中得到实现。爱可以吸引我们基本的人格:我们设想自己处在他人的位置时,我们会像为我们自己一样,来为他人寻求好处。

然而,良知并不是要把自己的人格当成评审标准来评论他人该做些什么。实际上,良知要求我们设身处地为他人着想。只有成为另一个人、知道他人的感情和思想的那个我,才是真的以良善来引导行动的我。

实际上,好行为的标准就是这种为"另一个人"的需要而设想。决定行为的好坏,不是在于我的好处和权利,而是在于他人的好处和权利。尽管我和他人的好处可能雷同,但寻求自己的好处总会危害到他人的好处。

路德说:

> "如己"这个词把所有爱的骄傲都排除了。因此,由于财富、荣誉、教育、声望、权利或安慰的缘故而去爱一个人的话,

是不能同样去爱一个贫穷、下贱、没有受过教育、反抗型的、地位低下或难缠的人的。这样的爱很明显就是出于骄傲：他爱的不是人本身，而是那些对人有好处的东西。基于这个原因，这种爱就不是"如己"的爱。因为每个人都爱自己，哪怕他贫穷、愚蠢、甚至简直一钱不值。[①]

只要我能从他人得到好处和益处，我总是会有爱他的动力的。同样，那里的好处利益没有了，那里的爱也就没有了。

对于他人表达"我的好意"，即我对他人真正好的意念，所反映的往往是我们自己的需要。要我爱人"如己"的诫命，促使这种"我的好意"产生。我所要做的，是把自己放到他人的位置，而不是把我的愿望强加到他人身上。

爱的诫命，就是良知的要求，是从我之外的他人和他的脸孔那里来指向我的。良知一而再、再而三地追问我自己，我做什么才是对他人有好处。借着理智和感情的帮助，对他人的好愿望和好行为将形成一个持续不断的追求：什么才是真的对他人有好处。

所有与他人有关的律法诫命，只是设身处地为他人着想这个爱的基本命令。所有诫命的最根本目的都是为了他人的好处。如果不明白诫命内涵和爱的联系，诫命是会被误解的。

爱使所有的诫命生效，也同样会使它们失效。它存在于诫命的其他地方，它没有自己的名称，它使所有的其他诫命和良善成为公义，又因缺少了它而成为错误。所以，爱要么使所有的诫命都生效，要么使所有的诫命都失效。

良知使人们的自由行动有可能在自己的生活中服务上帝和他人。

只有当我们正确地理解爱的诫命和其他诫命之间的关系，我们才能够理解爱的诫命具有无限的挑战。紧密联系的诫命网路，并不保证我能够正确地理解律法的核心要求：即每时每刻寻求他人的最大好处。

---

① 《罗马书讲义》。WA 56,482,29-483,11。

7. 生命的编织

良知要求我们的,是那种出于美好愿望的爱,不同于被造世界中那些可爱和令人高兴的东西,诸如对自然、植物、动物、朋友、男人和女人的爱。

然而,这两种爱的形式却是同属于一种爱。它们不一样,却不可分开。上帝所创造的生命就是这样,祂使这两种形式的爱像婚礼地毯上的经和纬一样连结在一起。

纬就是造物被赐予豪华及色彩艳丽的可爱形式,使我们心旷神怡,充满喜乐。在这种爱的形式里,造物是有价值的、可爱的和令人高兴的。

经则是由美好意愿和上帝之爱所形成的,是为他人寻求好处,而且会从以外的奖赏中得到好处。这种爱的根据不是他人是一个什么样的人,而是因为有他人的存在。它并不是在所爱的客体中找到可爱之处,而是在那里创造出爱来。实际上,爱的动力是那个超越形式的良善。

就像地毯是由紧密的纬和色彩艳丽的经所织成一样,我们生命的编织也是由两个方面造成的,一方面是美好的意愿和被赐予的爱,另一方面是上帝在造物中赐下爱的特质,如对自然、植物、动物、朋友、男人和女人的爱。

如果没有对爱的美好愿望,对自然之爱就会死亡。我们开始自私地利用一切,在造物中为自己攫取那些赐予我们的可爱对象,如男人和女人。爱被败坏了,因为没有什么比因爱的权利受到伤害和利用造成的毁灭更厉害了。

美好愿望的爱，是直接以恩典作为核心表现出来的。我们都是不完美的，毫无疑问，我们会互相伤害对方的权威，同时盼望对方施行公义。如果没有以恩典为核心那种美好意愿的爱，自然之爱是无法生存下去的。恩典的爱就像氧气一样，缺少了它，所有爱的火焰都会熄灭。

恩典的同在会在人的内心把造物的美好可爱的一面和罪恶、消极的一面保持统一。人生中最人道的地方是，他努力恩待另一个人。

美好意愿之爱，像任何爱一样，不是从诫命产生出来的。同样，美好意愿之爱，也不可能是由自愿的抉择而自我决定的。只有爱才能产生爱。如果我们得不到一点爱的话，我们是不能去爱的。我们所能做的，取决于我们所领受的。所以，我们的可塑性只能向上帝祈求，祂会把祂希望我们索要的赐给我们。

8. 祷告

　　爱的诚命表明什么是我们应该做的,但是我们却没有这样做的能力。信经说,上帝所赐给我们的,即他所命令的爱,是可能实现的。在祷告中,上帝所赐的将会变成真实。

　　对于人真实的存在和意义来说,没有什么信仰的内容是在祷告中不能实现的。

　　祷告是所有基督徒的生命得以实现的核心部分。在本质上,它是属于信的行动。相信上帝和祷告是互相贯通的。如果没有祷告,也就没有信仰和上帝的真实,也就没有爱和希望。

　　简单地说,完整的祷告只有在上帝面前和上帝光照之下存在,在那里发生的,是人和上帝之间的对话。

　　上帝的容光,是一个用基督教的语言描绘的画像,它在基督脸上的荣耀中把我们照亮。祷告出于爱并且生活在爱之中。

　　在阳光的照射下,光线本身是无法从太阳中分离出来的。光线是太阳的一部分。同样,上帝脸上的容光和上帝自己也是无法分开的。那个照亮我们意念的上帝荣耀光线,就是上帝自己。正是在上帝自己的里面我们才看得到上帝。只有在这个光里面,我们才能看到祂。只有在那里,上帝对我们来说才是最强烈的、可体验得到的真实。

　　路德说,信就是上帝脸上的容光发射到我们黑暗之中的光线,除此之外并没有信。这种信在祷告中会变成真实,它是在上帝面前和祂脸上容光中存在的。

　　祷告中有一点是显然的,即我一直是在上帝的面前,我可以说、想、做一切该说、该想和该做的。

祷告意味着跟人格化的三位一体真神见面。正是在此时此刻，人正在上帝面前承认创造、保存和圣洁的美好都是上帝的可爱和令人高兴的良善。在祷告中，人们相信，也就是以上帝为良善而且赞美祂。

祷告的一个较大障碍是我们的良心有亏欠。我们不是所应该成为的那样，我们对上帝和他人的亏欠使我们痛苦。我们躲避自己，不愿意去和上帝见面。所以，认罪是重要的。认罪是基督徒生命中的第一个和最后一个祷告。它从始至终保守着基督徒。

所有的祷告和对上帝的认识，都是以认罪为前提的。这就是说，我们像孩子似的将所有愚蠢和疯狂的事情都告诉上帝：我们是什么，压抑着我们的是什么，以及我们容易躲避的是什么，等等，直接而勇敢地诉说。初期教会里的基督徒，被人称作呼喊主的名字以求帮助的人。如果运行于上帝话语中的圣灵不来引导我们去喊"阿爸、父"的话，换句话说，如果上帝不呼召我们来信祂是完全的爱和良善，而且这种爱和良善是不会从我们面前离去的话，人是不可能借着上帝的名来呼喊的。

对上帝之爱的承认，是认罪祷告不可避免的结果。如果不相信上帝是良善而怜悯人的话，没有哪个不完美的人能够在上帝面前毫无拘束地敞开一切。

运行在上帝话语中的灵呼召我们来相信上帝，相信上帝是我们的父亲，是所有良善的赐予者。在好的父亲面前，我们敢于面对自己本身，面对自己的丑陋，面对自己的不成功和面对自己的罪恶。我们从上帝和他人面前走过。在上帝和蔼容光的照射下，我们也敢于把自己的忧伤和绝望的黑暗带到上帝面前。

正确地认识自己和正确地认识上帝，是互相关联又互为前提的。基督徒的生命，就是光的不停照射，以及把那一切使我们内心痛苦和使我们在本性上跟上帝分开的东西带到上帝面前。上帝的灵寻求开放和光明。我们的羞耻感和有亏的良心则把我们的错误紧紧地关在自己里面而离开上帝。这样的结果，我们将会失去见到上帝和祷告的机会。

只有当我们同时相信福音,也就是当我们处于上帝的恩典之光里面的时候,认罪的祷告才会成为可能。这里所面临的既是祷告的深层试炼,也是基本的祝福。

相信可爱的上帝,不但是认罪的前提,也是祈求祷告的前提。如果他不信的话,即他不把上帝当作纯粹是洋溢着丰盛的赐予者的话,谁也不能向上帝祈求什么。

上帝的赐予,实际上经常是隐藏在祂的反面之中,而且看起来是不关心甚或是反对人类似的。然而,穿过这个画面,信仰是可以看得见的,知道它在不停的、充满信心的祷告中涌现。

没有祈求,上帝也可能会赐福予人,但是,祈求是祷告本身的一个向度。祈求是人和上帝见面、对话和分享的一部分。在向上帝祈求的时候,人也想让上帝成为他自己生命中的上帝,即赐予者和所有良善的源泉。同样,人类也是上帝的同工,他们把那些上帝所赐的美好事物分给其他人。祈求祷告的最深层根基,是参与上帝国度的事情:促进信和爱。

作为祭品,爱和祷告是统一的。在我们听上帝的话语和领受圣餐的时候,我们并不是在献祭,而是在领受。从一定的角度来说,祷告是爱的祭品。在那里我们是以两种方式来献祭的。

第一,我们在感谢和赞美中把自己献给上帝。在我们感谢的时候,我们让上帝成为上帝。同样,我们得以脱离自己的可憎可恨。我们自己并不是可以为了自己的好处而利用上帝和其他人的上帝。我们愿意成为领受者,愿意成为不停地被赐予的对象,即愿意相信上帝。

其次,在代祷中,我们在爱里把自己献上,来努力寻找自己以及设身处地去为他人的好处而寻求。作为上帝之灵的爱,把我们转向他人并且去为他人的好处而寻求。

祷告和爱他人是统一的。在代祷中,我们身旁的人都会出现在我们意念的周围。我们会看到他们的脸孔并且记起他们。如果我们不为他们代祷的话,他们就会忘记我们对他们的记念。所以,我们每天的祷告常常是这样开头的:神啊,我忘记了其他的人。

9. 实践

在祷告中所思索的"上帝",成了活生生的可以面对的实在。当我们注意"知道"和"实践"之间的区别时,祷告在整个信仰生活中的地位就变得非常显著了。

比如说,知道创造和整个被造世界是上帝的礼物,与把这个知识实践到自己的生活之中,并且以这种知识来决定和影响自己的生活,是两件不同的事情。

"知道"和"实践"并不互相排斥。它们倒是互为前提,二者都不可或缺。然而,光有知识还是不够,如果缺少了持续不断的实践,这种知识就不会在具体的生活中得到实践。同样,没有知识的实践,也是盲目的。

"知道"和"实践"的区别,也牵涉到祷告。比如说,知道祷告是信仰生活的中心,与祷告在真实生活中是我生活的核心,同样是两件不同的事情。耶稣说,门徒要常常祷告(路 18:1)。然而,这个知识并不表示我真的已经生活在祷告之中了。

我们再看另一个例子。根据信义宗的传统,我们可以借助信和爱这对概念来很好地解释整个基督教的信仰和生活。在信仰里,一个人接受从"上面的"上帝而来的创造、保存和圣洁的良善。而在爱里,他则把这些良善像流水一样分流给"下面的人"。

知道信和爱是整个基督教信仰的纲要,是钢铁般坚固的基础,这是一件事情;但要这些内容也成为我生活的中心,则又是另一件事情。我懂得信和爱是基督教信仰的核心内容,并不表示它们真的已经成为我生活的核心内容。

第三个例子是根据耶稣的教导，良知是"律法和先知"，或者说，是整本圣经的核心内容。像我们前面所说的那样，良知说的是要把自己放到他人的位置，就好像自己是他人一样。通过生活的感情和理智来思想，如果你自己处在他人的位置时，你会为自己做些什么。

这个良知可以把我们的眼睛和心灵，从我们自己炙手可热的欲望转向他人的真实困难和需要。同样，这个良知也会使我们像热烈地为自己的好处着想那样，去为他人寻求好处。从知识的角度说，良知是一条很短的诫命；然而，它的实践却是要一生的时间。直到死亡的时刻，我们也只是刚刚开始罢了。

我们再拿一个例子来看看，比如说，信仰的第一段，是相信上帝的创造。当我们看到光辉的太阳和充满生机的世界时，我们的心情是非常愉快的。然而，如果我们能够把这种喜乐和创造的信仰以及与上帝的关系联结起来，则会获得新的感受。

我们会注意到，作为上帝的创造之物，太阳是好的而且是令人喜悦的。实际上，它的意义更丰富：在此时此地，它就是为了我的好处和让我喜悦而被造的。上帝通过祂所赐的太阳光和温暖的世界，使我的心充满了信任和欢愉之情。祂利用太阳像祂的"面具"一样，借着它散发祂的良善。

知道上帝创造了太阳以及太阳是被造的礼物（即宝贵而令人喜悦的）这个真理，是一件事情；但是我的心是否真的高兴，而这种思想感情的运行能否影响我自己的行为和生活，则又是另一件事情。

除了祷告和默想，也就是除了来到上帝面前，在祂的光照下来发现真理之外，我们的心是得不到所要的答案的。

基督教的传统中有一种富有想像的表述：所知道的应该"在心里"而不是"在头脑里"。头脑的知识是必须的，但是，只有心灵中的所知才决定和控制着我们的生命。在心灵之中，上帝会变成活生生的实在。

在心灵和人格里面，爱和知识是统一的。信仰的实践会把单纯的"头脑知识"转化为"心灵的事情"，即整个人的事情。这正是信仰所表示的根本意思。在信里，上帝真实地和我们同在。

　　心灵中的实践是如此重要，如果没有它，单纯的知识就要消亡。没有在行为中、实践中和"心灵里"得到体现的事情，也会从头脑中被忘记并因此而失去其真实的本性。由于这个原因，对真理的信仰，在一定的意义上来说，总是一直被重新"发现"的。它们不可能就是这样一次过地占领一个人的整个生命，也不可能总是一成不变地为人所拥有。

　　人是知道他心里所爱的是什么的。如果他不爱某件事，他就不会去思考，也不会让他的意念去认识它，尽管这种知识的存在是他意识到的。

10. 试炼

    根据传统的基督教观念，一个人具体而真实的生活目标，取决于隐藏在其内心起作用的欲望。这种欲望是有可能被"扭曲"的。那时控制一切的将是自己，换言之，是在存求自己的好处。爱或许是正确的，但却应该符合信和美好的愿望。

    尽管人们有时不知道，但内里的爱总是在人的心里起作用的。它总是指向某处，总是追求某种东西，总是向某个方向去努力。

    这种隐藏在内里的欲望和它的运行情况，决定了我们的基本情绪：喜乐、忧伤、希望、害怕或者憎恨，以及所有各种不同的居间情感。

    我们无法去直接地、无阻地按着我们自己的愿望，来控制隐藏在我们里面起作用的欲望。决定内里欲望方向的，在于它影响的是什么以及控制着它的又是什么。

    自我好处的寻求，决定着"自然人"的隐蔽欲望。它为自己渴望好处。这时，控制着这个欲望的便是毁灭。

    然而，上帝的灵也有可能来引导这个隐蔽的欲望。这时他所寻求的是符合上帝旨意和他人好处的事情。那时，他也会为上帝和其他人所得到的好处而高兴。

    在人的整体中有什么样隐蔽的内里欲望，他就会怎样来认识自己。人的本质，其实就是他所愿意和自己联系在一起的，以及他所爱的事。

    当上帝开始把人变成和上帝一样的时候，祂就会塑造人的内里意念，即人的爱，也就是人的完整人格。

上帝和人一起工作,就像雕塑师和石头一起工作一样。给原材料赋予新的、符合自己意志的形状,艺术家总是需要把材料原有的形象打破。在塑造的过程中,原来的形象消失得愈多,新的形象就会愈发鲜明。然而,只有当作品完工的时候,艺术家对于材料的意图才会显露出来。

上帝和人的行为是不一样的。人总是在行动之前先定下目的,而上帝的工作刚开始的时候,人是不理解的,只有当上帝的工作完成的时候,人才会明白。在上帝工作的开始阶段,人们所感受到的只是被雕琢的疼痛和自己形象被破坏的苦楚。作为上帝工作的物件,人会以为上帝是要把自己毁灭掉似的,人的前途看起来是一片黑暗和虚无。上帝所要塑造成什么样的新形象,在那时是完全不在人的理解范围之内的。上帝看来是人的反对者:即不是赐予者,而是毁灭者。路德说:

> 最后你们将明白祂的意图:起初,我们最先明白的是自己的计划,但是最后我们将明白上帝的计划,……像一个艺术家来到一个可以被塑造成他的艺术品的原材料跟前一样,这个材料的可塑性就像我们所不知道的祷告和欲望的形式,那个艺术家知道那块材料适合做成什么,并且开始按照这个可塑性来雕琢它。同样,上帝看着我们的爱和思想、我们的所求、我们的所适与我们的所愿,祂会按照祂的艺术和思想的形式来赐给我们。在那里,我们的思想欲望和形式,是必须失去的。就像《创世记》所说:"渊面黑暗;上帝的灵运行在水面上。"特点是"渊面黑暗",而不是"渊头黑暗",因为上帝开始为我们的所求而工作时,祂从外面看起来好像是与我们相反的。①

上帝把我们的形象破坏掉,赐给我们祂自己的形象。所以,上帝看起来与我们的理智所塑造的上帝完全相反。上帝的工作是隐

---

① 《罗马书讲座》。WA 56,377,24-378,12。

藏在我们的对立面之中。

当上帝要把人塑造为圣洁的时候,祂允许人先堕落。当祂医治的时候,祂允许生病。当祂要塑造刚强的时候,祂造了软弱。当祂要塑造聪明的时候,祂使人愚拙而对什么都不知道。

在我们看来,上帝的意图是一幅破碎的画,于是一而再、再而三地加以改变,不过这幅画却要引导我们的爱。在这幅画中,我们是自己的上帝,我们把上帝和他人都当作可利用的物品。其实,当上帝打碎我们以前的形象时,祂的意思并不是要将我们打碎,更不是要让我们成为虚无。祂所要打碎的是我们的错误观念和我们对自己的偏见。祂所要做的是要使我们成为真实:换言之,对于我们自己来说,我们将成为在实在里我们所应该成为的那样。

只有在这个真实和基督自己所在的地方,上帝和人才能相见。这些地方在底层,在人的愚拙之中,在软弱之中,在忧伤之中,在罪恶之中,在地狱之中。如果人以为他是在其他的什么地方,上帝一定会把他的这种臆想除掉。只是在"底层",作为创造者的上帝,才会把虚无和虚空变成实在。

> 因为,除了罪人以外,上帝并不拯救谁;除了愚拙的人和那些什么也不懂的人之外,上帝谁也不教;除了贫穷者以外,祂并不使谁变成富有;除了死亡者以外,祂并不使谁获得生命。然而,他们并不是那些自以为是这类人的人,而是那些真正是并且承认是这类人的人。[2]

> ……因为只有病人才需要医生,只有迷失者才需要被寻见,只有被囚者才需要被释放,只有软弱者才需要刚强,只有下降者才需要被提升,只有破坏者才需要被建造。像哲学所说:只有那些缺乏形式和以前的形式被拿掉了的抵挡,才会被

---

[2] 《罗马书讲义》。WA 56,427,1-6。

233

赋予形式……③

　　因为上帝的行动是隐藏在对立面之中的,我们无法按着人类的理性来理解祂。这种思想其实是基督教传统的一个部分。路德在描述上帝隐藏之行动时说:

　　　　我们不是经常在宣讲上帝的力量、智慧、良善、公义和怜悯是多么的伟大和神奇吗? 然而,我们并不懂这些。这是为什么呢? 因为我们的理解是隐喻性的,换句话说,就是我们一般都是按着所谓的表面而不是隐藏面来理解那些本质。然而,祂把力量隐藏在软弱之中,把智慧隐藏在愚拙之中,把良善隐藏在苦难之中,把公义隐藏在罪恶之中,把怜悯隐藏在憎恨之中。因此,当他们看到软弱的时候,他们不懂得上帝的力量……正如《诗篇》81 篇所说:"我在雷的隐秘处应允你。"这里所说的"隐秘处"是:当仇恨的风暴把怜悯的爱掩盖起来的时候,当我们在自己的思想里反对而上帝听到我们的时候,我们祈求得救,上帝为了拯救我们,就把我们带向更深的地狱而把祂的倾听隐藏在那种风暴里面。《出埃及记》2 章对此进行了描述,当上帝开始要给犹太人自由的时候,祂却让法老比以前更加厉害地压迫这个民族,看起来,上帝好像更加不希望犹太人获得自由似的。④

　　上帝的行为在对立面中被隐藏得如此之深,以至于在上帝成为我们的上帝以前,祂必须先以虚无或者撒但的形式出现。上帝的真理必须先成为谎言,然后我们才能认其为真理。

　　我们被带到黑暗之中。我们所有之爱都离开了我们。在那些控制了真理的概念和图像之中,我们的理解才会显明出来。它会

---

③ 《罗马书讲义》。WA 56, 218,17—219, 2.
④ 《罗马书讲义》。WA 56, 380—381.

什么都不再知道。在黑暗里,只有上帝之道这个小小的灯还在闪烁。

那时,将是信的时刻。上帝良善之道,将会毫无遮盖地冲破那些令人窒息的黑暗和虚无,祂将会重新为自己而把世界找回来,人类和上帝的统一会仍然像儿时的记忆那样新鲜。

11. 默想

控制着人内里欲望的,是良善抑或是罪恶? 我们无法直接决定我们内里欲望的流向。然而,我们可以去寻求那些将我们的存在引向好的发展方向的事情。

对于自然、植物和动物的感触,能够加强和滋养我们的观念。

人与人之间的友好相处,是趋向良善不可缺少的源泉。上帝创造人,就是要他们相互交往,这是不可忽视的。

音乐可以感动我们内里的欲望,并强烈地影响我们的基本生活欲望。好像书面语和口语一样,上帝通过这些手段来接近人类;同样,音乐也是一种特别的语言,通过它,上帝以一种特别的方式走到人的身旁。

音乐是上帝的礼物,它能够打开、滋养并坚固人的心灵。音乐可以把人内里的"良善"和"令人高兴的特质"联结在一起。"音乐夫人"影响着人隐蔽的欲望,并且能够以它的深沉和魅力来震撼人。

那种把上帝之道和曲子结合在一起的音乐,特别能够把人的心灵引导到正确的地方。在那里,人们可以尝到"良善"和它的可爱。

信是与感觉紧密相连的知识,它是看不到的。然而,在这个看不透的黑暗之中,上帝与祂的话语同在。音乐是话语之外另一种可以震动信仰的黑暗,并将它转向光明的工具。

绘画也影响我们内里的欲望。从绘画的意义上看,上帝的话语本身就是一幅图画,每一个福音故事都是一幅图画。宗教礼仪里的象征和圣餐,影响着我们所说的事情。

控制着我们内里隐蔽欲望的最高统治者,是上帝之道。三位一体真神的第二位格,圣言,也就是罗格斯(道),在基督里变成了人。基督是道成了肉身的上帝之言。

基督在祂的话语里可以被人看到,而且我们可以在话语里和祂相见。我们真的可以感觉到上帝临在于这个话语之中,但是,对于我们有限的智力来说,这种同在是隐蔽的。

话语里含有灵,其实话语就是灵。基督说:"我所给你们说的话,就是灵,就是生命。"

上帝的话语也就是上帝自己,祂在活水中、在圣坛的圣餐中和所听到的每一句对我们所说的话中。上帝的话语和上帝自己,是融化在我们的灵魂里的。

人里面的"住处"这个词,就是心灵的记忆。位于记忆隐秘处的上帝之道,不是静止的,而是在起作用的。

无论我们是否一直渴望它,基督的话语已经刻入了我们的意念之中,并在我们的里面发生作用。在话语中起作用的灵,是照亮我们的理解的光。它温暖我们的意念,是我们爱的热能。

然而,话语和灵的影响并不是一次就可以完成的。上帝的话语是"脚前的灯"。话语中的灵,引导着脚步向前走,一直把人送到信和爱之中。

缺少实践,上帝的话语则不可能控制我们内里的欲望。话语进入我们的心里,融化在我们的里面。这是在默想中发生的。

在基督教传统中,默想被理解为中心。在默想中,上帝的话语把人引向核心和心灵深处,在那里知识和欲望的行动是一致的。在默想之中,圣经中的话语、图像和思想开始影响我们内里隐蔽的欲望。上帝的话语把我们带到生活的实践之中。

在基督教的恶传统中,对上帝话语的默想是拿牛的反刍来作比喻的。在路德所生活的中世纪时代,语言是非常丰富的。默想就好像是用"反刍动物的瘤胃"来吃上帝的话语,而且最好是在早晨。每天,他都将"反刍"和"咀嚼"瘤胃中的,也就是记忆中的上帝的话语。从那里将流出他所需要的生命与力量、光与爱。

为了使默想和记忆变得更加容易,背诵圣经和赞美诗被当作一件重要的事情。背诵正好可以满足默想的需要。思想并不能单纯从强调人的知识中产生出来,而是要在我们每天的默想的礼拜中,来对所学过的进行运用。

默想的本质也可以用不同的传统来领会。默想像鸟叫一样。鸟在不停地和它的配偶一起互鸣。同样,可爱的人也在努力和他所爱的对象进行对话。他把所爱的话语和图像放到自己的心里,并且去"默想"它们。可爱者在自己的里面说话、写作、弹琴、歌唱,也是像鸟一样去向他所爱的对象倾诉自己(奥古斯丁语)。没有人命令,也没有人强迫,但一个人会夜以继日地去进行这种对话。

圣经中也用了鸟的图像来描绘默想的事物,《诗篇》第一篇说:"惟喜爱耶和华的律法(也就是圣经),昼夜思想,这人便为有福!"从上帝产生的光和爱会把人转向上帝这一边。默想者把上帝话语埋藏在他的内心来思索,这种思索是单单出于心灵的渴望而不是命令。只有这种从上帝而产生的爱之光,才能够明白圣经,因为圣经是上帝对人说的"心里话"。在爱的默想中,会把人引向一种深度,那是单纯的表面考察永远无法到达的。

默想最中心的地方是教会的共同礼拜或弥撒。讲道、圣餐、神圣的礼仪和教堂里的绘画,都会使人们感到上帝在心灵中的同在变成了一种令人震撼的实在。

礼拜的真实,在于平常的日子,使个人的默想不断获得实践。那是一种"私人"礼拜的生活,它没有时间和空间的限制。

在信义宗的传统中,个人对于上帝之道的默想有两种形式:一是对教义的默想;二是对真正的圣经的默想。

教义默想也是一种对上帝之道的默想。教义的中心内容是十诫、信经和主祷文,它们是圣经内容的纲要,是"缩短了的上帝之道"。尽管教义默想没有指向具体的圣经语句,但是它指向的仍然是上帝的话语。

路德说,人什么时候也不可能完全准备好而成为教义的学生。

"孩子似的信",即教义的内容每天一再被刻入心灵中去,会不断地为理解和生命打开新的天地。

在默想教义的时候,先读十诫,然后是信经,最后是主祷文。十诫教导我们什么是应该做而我们不能做到的。信经则表明上帝给了我们些什么,以及借着什么我们可以去完成十诫所教导的——爱的律法。主祷文令人兴奋地告诉我们,上帝所赐的会怎样成为我们自己的一部分。

在实践中,默想就是我们诵读(最好是放声朗读)的时候,从思想中涌现出来的某个意念会停留在那里。人的注意力都被吸引到了那里。在思索之中,这个意念将融化到我们的里面,然后,这种思想会保持在记忆之中,于是整天都在影响着人。

所以,教义的意思就不仅仅是对基督教知识的掌握,它实际上是为人每天生活的默想所准备的基本材料。

当知识与实践之间的区别变得模糊不清的时候,教义的原始功能和它的"生命地位"也将同样变成昏暗。

尽管对教义的默想是一种对圣经的默想,在信义宗的传统里,直接对圣经的默想也是很重要的。首先要思索的是经文的字面意思,其次是把某段固定的经文和与其他事情相联系的经文进行比较。路德把这种过程命名为"游戏中的四不像跳跃"。在那里,思想会像游戏一样被推向前进,而圣经的整体意思就开始使读者的意念得以定型。

圣经默想可以通过多种形式来进行。可以有系统地来阅读圣经、可以使用章节指南,或者使用祷告中涌入脑海的和思索渴望的经节。

在圣经的经文中,人可以和上帝之道进行对话。默想构成一定的轨迹:上帝之道使我们一再地和圣灵连结在一起。在祂自己的爱里,上帝的"心里话"会把我们的心转变过来。信心增长。光和热量的焕发将会更深地渗透人的存在本质。

默想可以寻回心灵之信的纯朴境地。我们连续不断而又分散的努力将会冷却下来,我们复杂的思想将会沉默寡言,我们会自由自在地呼吸和观看我们的周围。

默想会把我们送到生命、生命冲突、试炼、受苦和死亡的中间。心灵中的祷告，是向永活真神的自然呼唤。

上海三联人文经典书库

已出书目

1. 《世界文化史》（上、下）　［美］林恩·桑戴克　著　陈廷璠　译

2. 《希腊帝国主义》　［美］威廉·弗格森　著　晏绍祥　译

3. 《古代埃及宗教》　［美］亨利·富兰克弗特　著　郭子林　李凤伟　译

4. 《进步的观念》　［英］约翰·伯瑞　著　范祥涛　译

5. 《文明的冲突：战争与欧洲国家体制的形成》　［美］维克多·李·伯克　著　王晋新　译

6. 《君士坦丁大帝时代》　［瑞士］雅各布·布克哈特　著　宋立宏　熊莹　卢彦名　译

7. 《语言与心智》　［俄］科列索夫　著　杨明天　译

8. 《修昔底德：神话与历史之间》　［英］弗朗西斯·康福德　著　孙艳萍　译

9. 《舍勒的心灵》　［美］曼弗雷德·弗林斯　著　张志平　张任之　译

10. 《诺斯替宗教：异乡神的信息与基督教的开端》　［美］汉斯·约纳斯　著　张新樟　译

11. 《来临中的上帝：基督教的终末论》　［德］于尔根·莫尔特曼　著　曾念粤　译

12. 《基督教神学原理》　［英］约翰·麦奎利　著　何光沪　译

13. 《亚洲问题及其对国际政治的影响》　［美］阿尔弗雷德·马汉　著　范祥涛　译

14. 《王权与神祇：作为自然与社会结合体的古代近东宗教研究》

（上、下） ［美］亨利·富兰克弗特 著 郭子林 李 岩 李凤伟 译

15.《大学的兴起》 ［美］查尔斯·哈斯金斯 著 梅义征 译

16.《阅读纸草，书写历史》 ［美］罗杰·巴格诺尔 著 宋立宏 郑 阳 译

17.《秘史》 ［东罗马］普罗柯比 著 吴舒屏 吕丽蓉 译

18.《论神性》 ［古罗马］西塞罗 著 石敏敏 译

19.《护教篇》 ［古罗马］德尔图良 著 涂世华 译

20.《宇宙与创造主：创造神学引论》 ［英］大卫·弗格森 著 刘光耀 译

21.《世界主义与民族国家》 ［德］弗里德里希·梅尼克 著 孟 钟捷 译

22.《古代世界的终结》 ［法］菲迪南·罗特 著 王春侠 曹明 玉 译

23.《近代欧洲的生活与劳作（从 15—18 世纪）》 ［法］G.勒纳尔 G.乌勒西 著 杨 军 译

24.《十二世纪文艺复兴》 ［美］查尔斯·哈斯金斯 著 张 澜 刘 疆 译

25.《五十年伤痕：美国的冷战历史观与世界》（上、下） ［美］德瑞 克·李波厄特 著 郭学堂 潘忠岐 孙小林 译

26.《欧洲文明的曙光》 ［英］戈登·柴尔德 著 陈 淳 陈洪 波 译

27.《考古学导论》 ［英］戈登·柴尔德 著 安志敏 安家 瑗 译

28.《历史发生了什么》 ［英］戈登·柴尔德 著 李宁利 译

29.《人类创造了自身》 ［英］戈登·柴尔德 著 安家瑗 余敬 东 译

30.《历史的重建：考古材料的阐释》 ［英］戈登·柴尔德 著 方 辉 方堃杨 译

31.《中国与大战：寻求新的国家认同与国际化》 ［美］徐国琦 著 马建标 译

32.《罗马帝国主义》 ［美］腾尼·弗兰克 著 宫秀华 译

33.《追寻人类的过去》 ［美］路易斯·宾福德 著 陈胜前 译

34.《古代哲学史》 ［德］文德尔班 著 詹文杰 译

35.《自由精神哲学》 ［俄］尼古拉·别尔嘉耶夫 著 石衡潭 译

36.《波斯帝国史》 ［美］A.T.奥姆斯特德 著 李铁匠等 译

37.《战争的技艺》 ［意］尼科洛·马基雅维里 著 崔树义 译 冯克利 校

38.《民族主义:走向现代的五条道路》 ［美］里亚·格林菲尔德 著 王春华等 译 刘北成 校

39.《性格与文化:论东方与西方》 ［美］欧文·白璧德 著 孙宜学 译

40.《骑士制度》 ［英］埃德加·普雷斯蒂奇 编 林中泽 等译

41.《光荣属于希腊》 ［英］J.C.斯托巴特 著 史国荣 译

42.《伟大属于罗马》 ［英］J.C.斯托巴特 著 王三义 译

43.《图像学研究》 ［美］欧文·潘诺夫斯基 著 戚印平 范景中 译

44.《霍布斯与共和主义自由》 ［英］昆廷·斯金纳 著 管可秾 译

45.《爱之道与爱之力:道德转变的类型、因素与技术》 ［美］皮蒂里姆·A.索罗金 著 陈雪飞 译

46.《法国革命的思想起源》 ［法］达尼埃尔·莫尔内 著 黄艳红 译

47.《穆罕默德和查理曼》 ［比］亨利·皮朗 著 王晋新 译

48.《16世纪的不信教问题:拉伯雷的宗教》 ［法］吕西安·费弗尔 著 赖国栋 译

49.《大地与人类演进:地理学视野下的史学引论》 ［法］吕西安·费弗尔 著 高福进 等译 ［即出］

50.《法国文艺复兴时期的生活》 ［法］吕西安·费弗尔 著 施诚 译

51.《希腊化文明与犹太人》 ［以］维克多·切利科夫 著 石敏敏 译

52.《古代东方的艺术与建筑》 ［美］亨利·富兰克弗特 著 郝

海迪　袁指挥　译

53.《欧洲的宗教与虔诚：1215—1515》　〔英〕罗伯特·诺布尔·斯旺森　著　龙秀清　张日元　译

54.《中世纪的思维：思想情感发展史》　〔美〕亨利·奥斯本·泰勒　著　赵立行　周光发　译

55.《论成为人：神学人类学专论》　〔美〕雷·S. 安德森　著　叶汀　译

56.《自律的发明：近代道德哲学史》　〔美〕J. B. 施尼温德　著　张志平　译

57.《城市人：环境及其影响》　〔美〕爱德华·克鲁帕特　著　陆伟芳　译

58.《历史与信仰：个人的探询》　〔英〕科林·布朗　著　查常平　译

59.《以色列的先知及其历史地位》　〔英〕威廉·史密斯　著　孙增霖　译

60.《欧洲民族思想变迁：一部文化史》　〔荷〕叶普·列尔森普　著　周明圣　骆海辉　译

61.《有限性的悲剧：狄尔泰的生命释义学》　〔荷〕约斯·德·穆尔　著　吕和应　译

62.《希腊史》　〔古希腊〕色诺芬　著　徐松岩　译注

63.《罗马经济史》　〔美〕腾尼·弗兰克　著　王桂玲　杨金龙　译

64.《修辞学与文学讲义》　〔英〕亚当·斯密　著　朱卫红　译

65.《从宗教到哲学：西方思想起源研究》　〔英〕康福德　著　曾琼　王涛　译

66.《中世纪的人们》　〔英〕艾琳·帕瓦　著　苏圣捷　译

67.《世界戏剧史》　〔美〕G. 布罗凯特　J. 希尔蒂　著　周靖波　译

68.《20世纪文化百科词典》　〔俄〕瓦季姆·鲁德涅夫　著　杨明天　陈瑞静　译

69.《英语文学与圣经传统大词典》　〔美〕戴维·莱尔·杰弗里（谢大卫）主编　刘光耀　章智源等　译

70. 《刘松龄——旧耶稣会在京最后一位伟大的天文学家》 〔美〕
    斯坦尼斯拉夫·叶茨尼克 著 周萍萍 译

71. 《地理学》〔古希腊〕斯特拉博 著 李铁匠 译

72. 《马丁·路德的时运》〔法〕吕西安·费弗尔 著 王永环
    肖华峰 译

73. 《希腊化文明》〔英〕威廉·塔恩 著 陈恒 倪华强 李
    月 译

74. 《优西比乌:生平、作品及声誉》〔美〕麦克吉佛特 著 林中
    泽 龚伟英 译

75. 《马可·波罗与世界的发现》〔英〕约翰·拉纳 著 姬庆
    红 译

76. 《犹太人与现代资本主义》〔德〕维尔纳·桑巴特 著 艾仁
    贵 译

77. 《早期基督教与希腊教化》〔德〕瓦纳尔·耶格尔 著 吴晓
    群 译

78. 《希腊艺术史》〔美〕F·B·塔贝尔 著 殷亚平 译

79. 《比较文明研究的理论方法与个案》〔日〕伊东俊太郎 梅棹
    忠夫 江上波夫 著 周颂伦 李小白 吴玲 译

80. 《古典学术史:从公元前6世纪到中古末期》〔英〕约翰·埃
    德温·桑兹 著 赫海迪 译

81. 《本笃会规评注》〔奥〕米歇尔·普契卡 评注 杜海龙 译

82. 《伯里克利:伟人考验下的雅典民主》〔法〕樊尚·阿祖莱
    著 方颂华 译

83. 《旧世界的相遇:近代之前的跨文化联系与交流》〔美〕杰
    里·H.本特利 著 李大伟 陈冠堃 译 施诚 校

84. 《词与物:人文科学的考古学》修订译本 〔法〕米歇尔·福柯
    著 莫伟民 译

85. 《古希腊历史学家》〔英〕约翰·伯里 著 张继华 译

86. 《自我与历史的戏剧》〔美〕莱因霍尔德·尼布尔 著 方
    永 译

87. 《马基雅维里与文艺复兴》〔意〕费代里科·沙博 著 陈玉
    聃 译

88. 《追寻事实:历史解释的艺术》 ［美］詹姆士 W.戴维森 著 ［美］马克 H. 利特尔著 刘子奎 译
89. 《法西斯主义大众心理学》 ［奥］威尔海姆·赖希 著 张峰 译
90. 《视觉艺术的历史语法》 ［奥］阿洛瓦·里格尔 著 刘景联 译
91. 《基督教伦理学导论》 ［德］弗里德里希·施莱尔马赫 著 刘平 译
92. 《九章集》 ［古罗马］普罗提诺 著 应明 崔峰 译
93. 《文艺复兴时期的历史意识》 ［英］彼得·伯克 著 杨贤宗 高细媛 译
94. 《启蒙与绝望:一部社会理论史》 ［英］杰弗里·霍松 著 潘建雷 王旭辉 向辉 译

欢迎广大读者垂询,垂询电话:021—22895557

图书在版编目（CIP）数据

曼多马著作集/[芬兰]曼多马（Tuomo Mannermaa）著；黄保罗译.
—上海：上海三联书店，2018.5
（上海三联人文经典书库）
ISBN 978-7-5426-5957-6

Ⅰ.①曼…　Ⅱ.①曼…②黄…　Ⅲ.①马丁·路德（Matin
Luther，1483-1546）—人物研究—文集　Ⅳ.①B979.9-53

中国版本图书馆 CIP 数据核字（2017）第 160338 号

曼多马著作集
——芬兰学派马丁·路德新诠释

著　　者 /［芬兰］曼多马
译　　者 / 黄保罗
主持编辑 / 黄　韬
责任编辑 / 邱　红
装帧设计 / 夏艺堂
监　　制 / 姚　军
责任校对 / 张大伟

出版发行 / 上海三联书店
　　　　　（201199）中国上海市都市路 4855 号 2 座 10 楼
邮购电话 / 021-22895557
印　　刷 / 上海盛通时代印刷有限公司

版　　次 / 2018 年 5 月第 1 版
印　　次 / 2018 年 5 月第 1 次印刷
开　　本 / 640×960　1/16
字　　数 / 220 千字
印　　张 / 18.75
书　　号 / ISBN 978-7-5426-5957-6/B·532
定　　价 / 68.00 元

敬启读者，如发现本书有印装质量问题，请与印刷厂联系 021-37910000